『聞けちゃう，書けちゃう，フランス語ドリル』
練習問題解答
Corrigés des exercices

9 Leçon 1
1. C'est rouge
2. C'est beige
3. C'est jaune et vert
4. C'est indigo, marron, jaune et vert

11 Leçon 2
1. C'est amer
2. Ce n'est pas sucré
3. Ce n'est pas léger. C'est lourd
4. Ce n'est pas mauvais. C'est bon

13 Leçon 3
1. ce n'est pas chaud. C'est froid
2. c'est cuit
3. ce n'est pas sucré. C'est salé
4. C'est sucré

15 Leçon 4
1. Si, c'est vieux
2. Non, c'est laid
3. Non, c'est large
4. Si, c'est élégant et cher

17 Leçon 5
1. C'est / Une commerçante
2. C'est / Un peintre
3. C'est / Une interprète
4. C'est / Un journaliste

19 Leçon 6
1. un scanner
2. une imprimante
3. une clé USB
4. un CD et un DVD

21 Leçon 7
1. Ce sont des secrétaires
2. Ce sont des cinémas
3. Ce sont des banques
4. Ce sont des employés

23 Leçon 8
1. Oui, c'est une touriste
2. Non, c'est un restaurant
3. Non, ce sont des bureaux
4. Si, ce sont des étudiants

25 Leçon 9
1. la
   Oui / la gare
2. le
   Oui / le pont
3. le
   Non / le parc
4. le
   Si / le boulevard

ページ 27 **Leçon 10**
1. des
   Oui / les pizzerias
2. les
   Non / les supérettes
3. des
   Oui / les boutiques
4. les
   Oui, c'est ça

ページ 29 **Leçon 11**
1. le / de
   le / de
2. la / de
   la / de
3. les / de / d'
   les / de / d'
4. la / de
   la / de
5. les / de
   les / d'

ページ 31 **Leçon 12**
1. la
   la / de
2. l'
   l' / de
3. les
   les / de
4. les
   les / de
5. la / d'
   la / de

ページ 33 **Leçon 13**
1. l'
   l' / de
2. la
   la / de / de
3. le
   le / d'
4. les
   les / de / d'
5. les
   les / de

ページ 35 **Leçon 14**
1. cette
   Une
2. ce
   L'
3. Cet
   Le
4. cette
   La
5. Ce
   Un

ページ 37 **Leçon 15**
1. Ce / le
   le / de
2. Cette / l'
   l' / de
3. Cet / l'
   l' / de / de
4. Cette / l'
   l' / d'
5. Ce / le
   le / de

ページ 39 **Leçon 16**
1. Ces
　 des
2. ces
　 des
3. ces
　 les / de
4. ces
　 des
5. Ces
　 les / de

ページ 41 **Leçon 17**
1. le / de
　 son
2. la / de
　 sa
3. le / de
　 le / de
4. l'/ de
　 l' / d'
5. le / de
　 son

ページ 43 **Leçon 18**
1. cette / ta
　 ma
2. ce / ton
　 mon / le / de
3. ce / ton
　 mon / l' / d'
4. cette / ton
　 mon
5. cet / ton
　 mon

ページ 45 **Leçon 19**
1. tes
　 mes
2. les / de
　 ses
3. les / d'
　 ses
4. tes
　 mes
5. les / de
　 ses

ページ 47 **Leçon 20**
1. votre
　 notre
2. le / de / de
　 leur
3. le / de / de
　 leur
4. votre
　 notre
5. l' / de
　 leur

ページ 49 **Leçon 21**
1. vos
　 nos
2. vos
　 nos
3. les
　 leurs
4. les
　 leurs
5. nos
　 vos

ページ
51 **Leçon 22**
1. Quel
   Ce
   mon
2. Quelle
   Cette
   notre
3. Quel
   Ce
   leur
4. Quelle
   Cette
   ma

53 **Leçon 23**
1. Quelles
   Ces
   mes
2. Quels
   Ces
   nos
3. Quels
   Ces
   leurs
4. Quelles
   Ces
   leurs

55 **Leçon 24**
1. la / de
   la / de mon
2. le / de
   le / de ma
3. les / de
   les / de mes
4. la / de
   la / de sa
5. la / de
   la / de ma

ページ
57 **Leçon 25**
1. la / du
2. le / de
3. les / de la
4. les / de l'
5. les / des

59 **Leçon 26**
1. À
   à
2. À la
   à la
3. À la
   à l'
4. Aux
   au
5. Dans le
   aux

61 **Leçon 27**
1. au
2. en
3. en
4. aux / à
5. dans les / en

63 **Leçon 28**
1. marron / blanc
2. orange / noire
3. verts / bleus
4. grises / jaunes
5. blancs / noirs

65 **Leçon 29**
1. excellente pizzeria
2. boutique chère
3. femme sympathique
4. bonne patronne
5. musicienne douée

ページ 67 **Leçon 30**
1. jolie peinture décorative
2. petite chatte craintive
3. jeune femme amoureuse
4. grosse voiture rouge
5. petite pâtisserie sucrée

ページ 69 **Leçon 31**
1. public
   publique
2. neuf
   neuve
3. frais
   fraîche
4. blanc
   blanche
5. nouvel
   nouvelle

ページ 71 **Leçon 32**
1. belle
2. spéciaux
3. vieilles
4. vifs
5. nouveaux

ページ 73 **Leçon 33**
1. est
   est japonais
   est chinois
2. es
   suis japonaise
   suis coréenne
3. est
   est brésilienne
   est canadienne
4. suis
   es anglaise
   es américaine
5. est
   est suisse
   est russe

ページ 75 **Leçon 34**
1. sont espagnols
   sont portugais
2. sont chiliennes
   sont brésiliennes
3. sommes coréennes
   sommes japonaises
4. sont hollandais
   sont anglais
5. est anglaises
   est australiennes

ページ 77 **Leçon 35**
1. elle
2. lui
3. elle
4. moi
5. moi / elle

ページ 79 **Leçon 36**
1. Moi aussi
2. Moi non plus
3. Lui aussi
4. non plus
5. Moi

ページ 81 **Leçon 37**
1. nous
2. pour elles
3. chez nous
4. chez eux
5. Eux aussi

ページ 83 **Leçon 38**
1. il / au
2. ce / des
3. c' / de la
4. ils / à cette
5. ce / des

ページ 85 **Leçon 39**
1. ont
   n'ont pas de
2. avez
   avons
3. a
   n'a pas de
4. avez
   ai des
5. avez
   n'a pas de

ページ 87 **Leçon 40**
1. il y a le
2. il n'y a pas de
3. il n'y a pas de
4. il y a le
5. il n'y a pas / d'

ページ 89 **Leçon 41**
1. besoin d'une
2. envie de
3. besoin de / de
4. envie de
5. l'air gentil [gentille]

ページ 91 **Leçon 42**
1. un
2. au
3. de la
4. aux
5. De l'
   de l'

ページ 93 **Leçon 43**
1. chante
2. ne reste pas
3. dansons
4. garde
5. ne regardent pas

ページ 95 **Leçon 44**
1. ne / pas
2. ne / plus
3. encore
4. ne / pas
5. ne / plus

ページ 97 **Leçon 45**
1. beaucoup ça
2. n' / pas du tout ça
3. bien ça
4. n' / pas trop ça
5. assez ça

99 **Leçon 46**
1. aime beaucoup ça
2. déteste ça
3. adore ça
4. aiment vraiment ça
5. n'aime pas / ni [n'aime ni / ni]

101 **Leçon 47**
1. explique / à
2. organisent / à la
3. apporte / de
4. utilise / avec
5. exporte / en / au

103 **Leçon 48**
1. Dans le quinzième
2. Au deuxième
3 Dans le douzième
4. Au rez-de-chaussée
5. Dans le huitième

105 **Leçon 49**
1. Le / La
   le / à la
2. Le / la
   le / la
3. L' / le
   l' / au
4. Les / Les
   les / aux
5. À / à
   à

107 **Leçon 50**
1. le / la
   n' / ni le / ni la
   le
2. à / à
   n' / ni à / ni à
   à
3. le / le
   n' / pas dans le / ni dans le
   dans le
4. une / un
   n' / pas de / ni d'
   n' / un

109 **Leçon 51**
1. quelqu'un
   appelle
   n' / personne
2. quelque chose
   jette
   ne / rien
3. quelque chose
   feuillettent
   ne / rien
4. quelque chose
   renouvelle
   ne / rien

7

ページ
111 **Leçon 52**
1. quelque chose
   achète
   n' / rien
2. Quelqu'un
   achetons
   personne n'
3. quelque chose
   il y a
   rien
4. Quelqu'un
   pèlent
   personne ne

113 **Leçon 53**
1. Quand
   envoie / à la fin de l'
2. Quand
   nettoie / quand
3. quand
   appuient / quand
4. Quand
   essuyons / quand
5. quand
   envoient / au début du

115 **Leçon 54**
1. remplacent parfois
   parfois
2. commençons / souvent
   pas souvent
3. prononce toujours
   toujours
4. plaçons toujours
   toujours

ページ
117 **Leçon 55**
1. mangeons / de temps en
   temps
   de temps en temps
2. ne voyagent jamais
   jamais
3. corrige / quelquefois
   quelquefois
4. change / chaque
   chaque

119 **Leçon 56**
1. seulement
   n'étudient que
2. ne / que
   remercie seulement
3. seulement
   ne vérifie que
4. ne / que
   skient seulement
5. seulement
   ne crie que

121 **Leçon 57**
1. à marcher
2. à discuter
3. de danser
4. de corriger
5. à réviser

123 **Leçon 58**
1. souvent / vous
2. ne / plus / ça
3. parfois / appeler
   parfois
4. toujours / ne pas
   toujours / ça

ページ
125 **Leçon 59**
1. jouent / à la
2. jouent / de la
3. joue / au
4. jouons de l'
5. joue aux

127 **Leçon 60**
1. continuent / à parler
2. arrête de passer
3. continuent / natation
4. arrête / marche
5. arrête / de danser

129 **Leçon 61**
1. très
   crée
2. plutôt
   crée
3. longtemps
   créons
4. toujours
   crée
5. ailleurs
   recrée

131 **Leçon 62**
1. réfléchis / ça
2. pensent / elle
3. réfléchit / ça
4. réfléchis / ça
5. pense / toi

ページ
133 **Leçon 63**
1. la / violette
   laquelle
   La violette
2. le / blanc
   lequel
   Le blanc
3. les / bleus / les / rouges
   lesquels
   Les bleus / les rouges

135 **Leçon 64**
1. onze heures
   vingt-trois heures
2. neuf heures et demie
   vingt et une heures trente
3. une heure dix
   treize heures dix
4. dix heures et quart
   dix heures quinze

137 **Leçon 65**
1. est-ce qui dort
   C'est
2. est-ce que / secourent
   secourent
3. qui est-ce que / servez
   sers
4. est-ce qui ment
   c'est
5. qui partez
   Avec

139 **Leçon 66**
1. Qu'est-ce que / lis
   lis
2. sent / quoi
   C'est
3. Que traduisez
   traduis
4. Qu'est-ce que / produit
   produit
5. Qui est-ce qui conduit
   C'est

141 **Leçon 67**
1. promet
2. permet
3. combat
4. admet
5. mets

143 **Leçon 68**
1. pas trop
2. plutôt bien
3. assez souvent
4. très bien
5. Très volontiers

145 **Leçon 69**
1. Parce que
2. comme
3. Parce qu'
4. comme
5. très

147 **Leçon 70**
1. N'importe où
2. N'importe qui
3. N'importe comment
4. De n'importe quoi
5. Avec n'importe qui

149 **Leçon 71**
1. tendrement
2. difficilement
3. doucement
4. lentement
5. rapidement

151 **Leçon 72**
1. difficilement
2. prudemment
3. passionnément
4. facilement
5. aimablement

153 **Leçon 73**
1. ils le croient
2. il le pense
3. je ne le crois pas
4. nous ne le pensons pas
5. nous le croyons

155 **Leçon 74**
1. étends le linge
2. attend sa femme
3. entends / rouler
4. voient / voler
5. entend / chanter

157 **Leçon 75**
1. l'
2. le
3. la
4. l'
5. me

ページ
159 **Leçon 76**
1. nous
2. les
3. les
4. l'
5. les

161 **Leçon 77**
1. lui
2. me
3. lui
4. lui
5. vous

163 **Leçon 78**
1. nous
   vous
2. leur
   leur
3. vous
   nous
4. nous [moi]
   vous [te]
5. leur

165 **Leçon 79**
1. fait un bureau
2. font une maison
3. fait / cher
4. fait / de plaisanteries
5. fait du piano

ページ
167 **Leçon 80**
1. vous
   me maquille
2. nous
   se couche
3. se
   me rase
4. vous
   nous promenons
5. s'
   s'amuse

169 **Leçon 81**
1. rien
2. t'
3. quelqu'un
4. le
5. personne

171 **Leçon 82**
1. de la
   pot de
2. du
   tasse de
3. du
   verre d'
4. du
   bouteilles de
5. de l'
   carafe d'

173 **Leçon 83**
1. la connais
2. sais / l'utiliser
3. le connaissent
4. sait / nager
5. les connais

ページ 175 **Leçon 84**
1. au
2. en
3. chez
    à l'
4. à la
5. aux

ページ 177 **Leçon 85**
1. des
2. de / de
3. de la
4. du
5. de chez

ページ 179 **Leçon 86**
1. y travaillons
2. y vont
3. y va
4. n'y vais pas
5. n'y habitent plus

ページ 181 **Leçon 87**
1. en rentre
2. n'en vient pas
3. n'en revient pas
4. en arrivent
5. en reviens

ページ 183 **Leçon 88**
1. viens d'acheter
2. viennent de déménager
3. viens / d'aller
4. vient de perdre
5. vient de trouver

ページ 185 **Leçon 89**
1. est en train de téléphoner
2. est en train de travailler
3. sont en train d'étudier
4. suis en train de terminer
5. sont en train de faire

ページ 187 **Leçon 90**
1. vais chercher
2. va avoir
3. vais rentrer
4. ne vont pas venir
5. ne va pas sortir

ページ 189 **Leçon 91**
1. le pense
2. ne le peut pas
3. le veux
4. le faut
5. l'espère

ページ 191 **Leçon 92**
1. en ont trois
2. n'en achète pas
3. en prends six
4. n'y en a pas
5. en met deux

ページ 193 **Leçon 93**
1. en fabrique beaucoup
2. en voulons
3. en ont assez
4. n'en prennent pas
5. en ai trop

195ページ **Leçon 94**
1. n'y crois plus
2. y pense
3. n'y participe jamais
4. y fait attention
5. n'y contribuent plus

197ページ **Leçon 95**
1. vente
2. neige
3. fait / humide
4. pleut
5. fait / nuageux

199ページ **Leçon 96**
1. lui faut
2. ai besoin d'
3. leur faut
4. nous faut
5. a besoin de

201ページ **Leçon 97**
1. faut venir
2. devez mettre
3. faut fumer
4. doivent reprendre
5. faut / étudier

203ページ **Leçon 98**
1. moins chères que
2. plus souvent que
3. plus fréquemment que
4. aussi âgée que
5. meilleur que

205ページ **Leçon 99**
1. plus de / que
2. moins que
3. plus que
4. moins de / que
5. autant que

207ページ **Leçon 100**
1. le moins sérieusement
2. le plus
3. les plus gentilles
4. le plus vite
5. le moins

209ページ **Leçon 101**
1. parlez
2. ne ferme pas
3. Étudie
4. Écoute
5. Ne travaillons pas

211ページ **Leçon 102**
1. réunis-les
2. ne le choisissons pas
3. Remplis-la
4. Réussissez-le
5. Définissez-les

213ページ **Leçon 103**
1. Offre-lui
2. téléphone-lui
3. Cueille-les
4. Attendons-la
5. Buvez-la

ページ 215 **Leçon 104**
1. ne nous reposons pas
2. ne vous disputez pas
3. Souviens-toi
4. lavez-vous
5. amuse-toi

ページ 217 **Leçon 105**
1. ai déjà travaillé
2. a déjà dîné
3. ont téléphoné
4. ai déjà dansé
5. ont déjeuné

ページ 219 **Leçon 106**
1. suis retournée
2. sommes arrivés
3. est venue
4. est restées
5. suis tombé

ページ 221 **Leçon 107**
1. se sont maquillées
2. nous sommes amusés
3. vous êtes trompé
4. se sont absentés
5. me suis couchée

ページ 223 **Leçon 108**
1. lui ont acheté
2. leur avons envoyé
3. nous a indiqué
4. leur a enseigné
5. lui ai / parlé

ページ 225 **Leçon 109**
1. ne les a pas prises
2. ne vous ai pas vues
3. les ont appelés
4. l'ai faite
5. ne vous a pas attendus

ページ 227 **Leçon 110**
1. y a travaillé
2. n'y a pas / réfléchi
3. y fais
4. s'en sont / souvenues
5. en avons

ページ 229 **Leçon 111**
1. en utilisant
2. en roulant
3. en faisant
4. en étudiant
5. en nous couchant

ページ 231 **Leçon 112**
1. parlait
2. était / avait
3. faisait
4. allions
5. pleuraient

ページ 233 **Leçon 113**
1. a mangé
2. allions
3. se sont reposés
4. suis sortie
5. étais

235 **Leçon 114**
1. ouvrent
2. part
3. déménage
4. changeons
5. prennent

237 **Leçon 115**
1. irai
2. jouera
3. prendront
4. réussiras
5. pourrez / pleuvra

239 **Leçon 116**
1. était / partie
2. avaient / étudié
3. avait / eu
4. étiez / sorties
5. avais / mangé

241 **Leçon 117**
1. auront réussi
2. aurons fini
3. serai allé
4. seront rentrés
5. serai / partie

243 **Leçon 118**
1. travaille / économise
2. échouerez
3. regarde
4. seront

245 **Leçon 119**
1. Pourriez
2. offrirais
3. achèterions
4. viendraient
5. aimerais

247 **Leçon 120**
1. comprennes
2. achetions
3. vienne
4. soyez
5. choisissiez

聞けちゃう書けちゃうフランス語ドリル

富田正二／セルジュ・ジュンタ／ミシェル・サガズ
Syoji TOMITA / Serge GIUNTA / Michel SAGAZ

MP3 CD-ROM 付

Exercices de grammaire du français parlé

駿河台出版社

まえがき

親しみやすいフランス語

　本書はフランス語教育への貢献をめざして作成しました。もっとも気をつけたのは，「一歩ずつ　pas à pas」ということです。フランス語のしくみをきめ細かく，段階的に習得していけるよう工夫しました。ゆるやかなフランス語の坂を，ゆっくりと一歩ずつ登っていけるようにとつねに心がけました。

自習書として，補助教材として

　本書はフランス語学習を始めたいと思っている人たち，あるいはフランス語学習を始めたばかりの初級者が自習できるように作ってあります。例文は難しくならないように細心の注意をはらいました。文法はごく簡単な段階からスタートして，一般に1項目にまとめられがちな文法事項も，複数課に分けて無理なくステップアップできるように構成しました。そして，最終課である120課まで到達したときには初歩文法のほぼ全体が習得できるようになっています。

構成

　本書は120課から成っています。各課は左右見開きで，文法，語彙，会話表現などを解説したページと，これに対応した練習問題を配置しました。解説ページを読んでから，あるいは読みながら練習問題を解いていくことができます。練習問題は記述式ですから，フランス語を読んだり，書いたりする練習になります。

音声教材

　コミュニケーション能力の育成が課題となっている今日，語学学習において不足しがちな，「話す，聞く」という能力を養成するために，音声教材の充実をはかりました。LEÇON 0 および PRATIQUONS！の例文（LEÇON 1 ～ LEÇON 30）と応答文（LEÇON 1 ～ LEÇON 120）が CD‐ROM（MP3）に録音されています。パソコンでお聞きください。練習問題もフランス語文を聞きながら，また発音しながら学習していくようにしましょう。また，音声教材はディクテ練習にも活用できます。

　本書は豊富な教師経験をもつ2名のフランス人教師と1名の日本人教師の共同作業によって生まれました。録音を担当した2名のフランス人も日本で教鞭をとっている

熱意あふれる教師です。本書の作成に携わったこの5名の教師を結びつけているのは，言語の習得においては「話す，書く，聞く，読む」という本来言語がもっている機能を，偏ることなく，無理のない段階をへながら，総合的に身につけていく必要があるという共通認識です。

「千里の道も一歩から」といいます。最後まで投げださないで，気軽な気持ちで一歩ずつの積み重ねを継続してください。小さな一歩ずつでも確実に頂上へ向かっていることを忘れずに。

2013年2月

著　者

も　く　じ

LEÇON 0	フランス語のアルファベと発音　2	**LEÇON 16**	指示形容詞(3)：ces　38 不定冠詞と定冠詞の使い分け 不定冠詞，定冠詞，指示形容詞のまとめ
LEÇON 1	肯定文　8		
LEÇON 2	否定文　10	**LEÇON 17**	所有形容詞(1)：son, sa　40 名詞と形容詞の女性形
LEÇON 3	疑問文　12		
LEÇON 4	否定疑問文　14	**LEÇON 18**	所有形容詞(2)：mon, ma, ton, ta　42
LEÇON 5	不定冠詞(1)：un, une　16	**LEÇON 19**	所有形容詞(3)：mes, tes, ses　44
LEÇON 6	不定冠詞(2)：un, une　18		
LEÇON 7	不定冠詞(3)：des　20 名詞の複数形(1)	**LEÇON 20**	所有形容詞(4)：notre, votre, leur　46
LEÇON 8	疑問文に対する答えかた　22	**LEÇON 21**	所有形容詞(5)：nos, vos, leurs　48 名詞の複数形(3)
LEÇON 9	定冠詞(1)：le, la　24		
LEÇON 10	定冠詞(2)：les　26	**LEÇON 22**	疑問形容詞(1)：quel, quelle　50 不定冠詞，定冠詞，指示形容詞，所有形容詞，疑問形容詞—単数形—のまとめ
LEÇON 11	定冠詞の用法(1)：定冠詞＋もの＋de＋地名　28		
LEÇON 12	定冠詞の用法(2)：定冠詞＋もの＋de＋人　30		
LEÇON 13	定冠詞の用法(3)：定冠詞＋人＋de＋人　32	**LEÇON 23**	疑問形容詞(2)：quels, quelles　52 不定冠詞，定冠詞，指示形容詞，所有形容詞，疑問形容詞—複数形—のまとめ
LEÇON 14	指示形容詞(1)：ce, cet, cette　34 不定冠詞，定冠詞，指示形容詞—単数形—のまとめ		
		LEÇON 24	前置詞 de と所有形容詞　54
LEÇON 15	指示形容詞(2)：ce, cet, cette　36 名詞の複数形(2)	**LEÇON 25**	前置詞 de と定冠詞の縮約　56
		LEÇON 26	前置詞 à と定冠詞の縮約　58

LEÇON 27	国名や地方名と前置詞の関係　60	
LEÇON 28	形容詞と名詞の性・数　62	
LEÇON 29	形容詞と名詞の女性形(1)　64	
LEÇON 30	形容詞と名詞の女性形(2)　66	
LEÇON 31	形容詞と名詞の女性形(3)　68	
LEÇON 32	形容詞と名詞の複数形　70	
LEÇON 33	être 動詞の直説法現在形(1)　72	
	国籍を表わす形容詞	
LEÇON 34	être 動詞の直説法現在形(2)　74	
LEÇON 35	強勢形人称代名詞(1)：moi, toi, lui, elle　76	
LEÇON 36	強勢形人称代名詞(2)：moi, toi, lui, elle　78	
	部分冠詞	
LEÇON 37	強勢形人称代名詞(3)：nous, vous, eux, elles　80	
LEÇON 38	être 動詞を用いた所有・所属の表現　82	
LEÇON 39	avoir 動詞の直説法現在形　84	
	否定の de	
	avoir を用いた慣用表現	
LEÇON 40	avoir 動詞を用いた表現(1)：il y a　86	
	数量表現	
LEÇON 41	avoir 動詞を用いた表現(2)：avoir l'air, avoir besoin de, avoir envie de　88	
LEÇON 42	avoir 動詞を用いた表現(3)：avoir mal à+体の一部　90	
LEÇON 43	-er 型規則動詞(第1群規則動詞)の直説法現在形(1)：regarder　92	
LEÇON 44	-er 型規則動詞の直説法現在形(2)：ramasser　94	
	否定表現(1)	
LEÇON 45	-er 型規則動詞の直説法現在形(3)：aimer＋名詞　96	
LEÇON 46	-er 型規則動詞の直説法現在形(4)：aimer＋不定詞　98	
	ça の使い方	
	否定表現(2)	
LEÇON 47	-er 型規則動詞の直説法現在形(5)：母音字で始まる動詞　100	
	基数詞(1)：1〜20	
LEÇON 48	-er 型規則動詞の直説法現在形(6)：habiter　102	
	序数詞：1er〜20ème	
LEÇON 49	-er 型規則動詞の直説法現在形(7)：語幹の綴り字・発音がかわる動詞 préférer　104	
	基数詞(2)：20〜70	
LEÇON 50	-er 型規則動詞の直説法現在形(8)：不定詞を従える動詞 espérer　106	
	否定表現(3)	
	基数詞(3) 70〜100	

| LEÇON 51 | -er 型規則動詞の直説法現在形 (9)：語幹の綴り字・発音がかわる動詞 appeler　108
不定代名詞：quelqu'un, quelque chose |
|---|---|
| LEÇON 52 | -er 型規則動詞の直説法現在形 (10)：語幹の綴り字・発音がかわる動詞 acheter　110
否定表現 (4) |
| LEÇON 53 | -er 型規則動詞の直説法現在形 (11)：語幹の綴り字・発音がかわる動詞 nettoyer　112
疑問副詞 quand |
| LEÇON 54 | -er 型規則動詞の直説法現在形 (12)：語幹の綴り字・発音がかわる動詞 commencer　114
時刻表現 (1)：12時間制
頻度の表現 (1) |
| LEÇON 55 | -er 型規則動詞の直説法現在形 (13)：語幹の綴り字・発音がかわる動詞 manger　116
頻度の表現 (2) |
LEÇON 56	-er 型規則動詞の直説法現在形 (14)：語末が -ier で終わる動詞 étudier　118
LEÇON 57	commencer と arrêter の用法　120
LEÇON 58	penser と oublier の用法　122
LEÇON 59	-er 型規則動詞の直説法現在形 (15)：語末が -uer で終わる動詞 jouer　124
LEÇON 60	continuer と arrêter の用法　126
LEÇON 61	-er 型規則動詞の直説法現在形 (16)：語末が -éer で終わる動詞 créer　128
副詞
LEÇON 62	-ir 型規則動詞（第2群規則動詞）の直説法現在形 (1)：réfléchir　130
LEÇON 63	-ir 型規則動詞の直説法現在形 (2)：choisir　132
選択を表わす疑問代名詞
色彩の表現
LEÇON 64	-ir 型規則動詞の直説法現在形 (3)：finir　134
時刻表現 (2)：24時間制
LEÇON 65	不規則動詞の直説法現在形 (1)：語末が -ir で終わる動詞 partir　136
〈人〉をたずねる疑問代名詞　136
LEÇON 66	不規則動詞の直説法現在形 (2)：語末が -ire で終わる動詞 conduire　138
〈もの〉をたずねる疑問代名詞　138
LEÇON 67	不規則動詞の直説法現在形 (3)：語末が -ttre で終わる動詞 mettre　140
LEÇON 68	不規則動詞の直説法現在形 (4)：語末が -eindre で終わる動詞 peindre
疑問副詞 (1)：comment, combien　142

LEÇON 69	不規則動詞の直説法現在形 ⑸：語末が -oindre で終わる動詞 joindre 疑問副詞 ⑵：comment, pourquoi　144	**LEÇON 78**	不規則動詞の直説法現在形 ⒀：faire, plaire　162 間接目的語人称代名詞 ⑵：nous, vous, leur　162
LEÇON 70	不規則動詞の直説法現在形 ⑹：語末が -aindre で終わる動詞 craindre　146 副詞句：n'importe où, quelque part, etc.	**LEÇON 79**	faire を用いた表現　164
		LEÇON 80	代名動詞の直説法現在形　166
LEÇON 71	不規則動詞の直説法現在形 ⑺：prendre　148 形容詞から副詞への変形 ⑴	**LEÇON 81**	不規則動詞の直説法現在形 ⒁：vouloir, pouvoir, devoir　168
LEÇON 72	不規則動詞の直説法現在形 ⑻：語末が -dre で終わる動詞 apprendre　150 形容詞から副詞への変形 ⑵	**LEÇON 82**	不規則動詞の直説法現在形 ⒂：語末が -oir で終わる動詞 recevoir　170
		LEÇON 83	savoir と connaître　172
LEÇON 73	不規則動詞の直説法現在形 ⑼：語末が -oir で終わる動詞 voir　152	**LEÇON 84**	不規則動詞の直説法現在形 ⒃：aller　174 前置詞 à＋場所　174
LEÇON 74	不規則動詞の直説法現在形 ⑽：語末が -dre で終わる動詞 attendre　154	**LEÇON 85**	不規則動詞の直説法現在形 ⒄：venir　176 前置詞 de＋場所　176
LEÇON 75	直接目的語人称代名詞 ⑴：me, te, vous, le, la　156	**LEÇON 86**	副詞的代名詞 ⑴：y　178 aller＋不定詞
LEÇON 76	不規則動詞の直説法現在形 ⑾：語末が -vrir, -frir で終わる動詞 découvrir, offrir　158 直接目的語人称代名詞 ⑵：nous, vous, les　158	**LEÇON 87**	副詞的代名詞 ⑵：en　180 venir＋不定詞
		LEÇON 88	近接過去形　182
		LEÇON 89	現在進行形　184
		LEÇON 90	近接未来形　186
LEÇON 77	不規則動詞の直説法現在形 ⑿：dire, écrire　160 間接目的語人称代名詞 ⑴：me, te, vous, lui　160	**LEÇON 91**	中性代名詞 ⑴：le　188
		LEÇON 92	中性代名詞 ⑵：en　190
		LEÇON 93	中性代名詞 ⑶：en　192

LEÇON 94	中性代名詞 (4)：y　194		LEÇON 107	直説法複合過去形 (3)：代名動詞　220
LEÇON 95	非人称構文 (1)：天候を表わす Il fait …　196 季節名，月名		LEÇON 108	直説法複合過去形と間接目的語人称代名詞の位置　222
LEÇON 96	非人称構文 (2)：Il faut ＋名詞　198 avoir besoin de		LEÇON 109	直説法複合過去形と直接目的語人称代名詞の位置　224
LEÇON 97	非人称構文 (3)：Il faut ＋不定詞　200		LEÇON 110	直説法複合過去形と中性代名詞 (y, en) の位置　226
LEÇON 98	形容詞と副詞の比較級　202		LEÇON 111	ジェロンディフ　228
LEÇON 99	名詞と動詞の比較級　204		LEÇON 112	直説法半過去形　230
LEÇON 100	最上級　206		LEÇON 113	直説法複合過去形と直説法半過去形　232
LEÇON 101	命令文：第1群規則動詞　208		LEÇON 114	未来のことを表わす直説法現在形　234
LEÇON 102	命令文（第2群規則動詞）と直接目的語人称代名詞の位置　210		LEÇON 115	直説法単純未来形　236
LEÇON 103	命令文（不規則動詞）と間接目的語人称代名詞の位置　212		LEÇON 116	直説法大過去形　238
LEÇON 104	命令文：代名動詞 中性代名詞の位置　214		LEÇON 117	直説法前未来形　240
			LEÇON 118	さまざまな仮定表現　242
LEÇON 105	直説法複合過去形 (1)：助動詞に avoir をとる動詞　216		LEÇON 119	条件法現在形　244
LEÇON 106	直説法複合過去形 (2)：助動詞に être をとる動詞　218		LEÇON 120	接続法現在形　246

聞けちゃう書けちゃう フランス語ドリル

LEÇON 0

フランス語のアルファベと発音
Alphabet et Phonétique

1. アルファベ (alphabet)

A a [ɑ]　B b [be]　C c [se]　D d [de]

E e [ə]　F f [ɛf]　G g [ʒe]　H h [aʃ]

I i [i]　J j [ʒi]　K k [kɑ]　L l [ɛl]　M m [ɛm]　N n [ɛn]

O o [o]　P p [pe]　Q q [ky]　R r [ɛːʀ]　S s [ɛs]　T t [te]

U u [y]　V v [ve]　W w [dubləve]　X x [iks]

Y y [igʀɛk]　Z z [zɛd]

注　1) 大文字をマジュスキュル (majuscule)，小文字をミニュスキュル (minuscule) といいます。

2) 26文字のアルファベのなかで，a, e, i, o, u, y の6文字を母音字とよびます。それ以外はすべて子音字です。また，アルファベには入りませんが，o と e が隣接すると œ と書き，これも母音字としてとり扱います。

2. 綴り字記号 (signes orthographiques)

記号	名称	例
´	アクサン・テギュ	é
`	アクサン・グラーヴ	à　è　ù
^	アクサン・シルコンフレックス	â　ê　î　ô　û
¨	トレマ	ë　ï　ü
¸	セディーユ	ç
'	アポストロフ	l'ami　l'Italie　l'école
-	トレデュニオン	peut-être　grand-père

注　綴り字記号は，必要な場合は綴り字の一部としてかならず書き加えなければなりません。ただし，アルファベが大文字の場合，3種類のアクサンとトレマは省略することができます。

Exercice

例にしたがって，つぎの単語のアルファベを言ってみましょう。

例：France　　Fマジュスキュル, r, a, n, c, e
　　église　　e アクサン・テギュ, g, l, i, s, e
　　Nîmes　　Nマジュスキュル, i アクサン・シルコンフレックス, m, e, s

1. Kyoto　　2. théâtre　　3. Hélène　　4. Noël　　5. français
6. Saint-Michel　7. Versailles　8. Emmanuel　9. あなたの氏名 _____

注　ll はドゥゼル，mm はドゥゼムとよみます。それぞれ 2 つの l，2 つの m という意味です。

3. 発音されないアルファベ

フランス語のアルファベのなかには，単語のなかに含まれていても発音されないものがあります。

1) 語末の e は発音されません。
2) 語末の子音字は一般に発音されません。ただし，**c, f, l, r** は語末にあってもふつう発音されます。英語の **careful** に入っている子音字です。
3) 子音字 h は発音されません。

4. 母音字の発音

1) 単母音字（単語のなかで母音字が隣接せずに単独であらわれているもの）

a, à, â [a, ɑ ア]	p*a*pa パパ	s*a*c サック	l*à* ラ	*â*me アーム
i, î, y [i イ]	m*i*di ミディ	*î*le イル	t*y*pe ティプ	
o, ô [o, ɔ オ]	l*o*to ロト	m*o*de モードゥ	t*ô*t ト	h*ô*pital オピタル
u, û [y ユ]	t*u* テュ	sal*u*t サリュ	m*û*r ミュール	s*û*r シュール

e の読み方

i）語末の e は発音しません。　madam*e* マダム　Mari*e* マリ

ii）e のあとが〈子音字 + 母音字〉の配列の場合，[ə 弱いウ] と発音します。
　　p*e*tit プティ　m*e*nu ムニュ

iii）e のあとが〈子音字〉または〈子音字 + 子音字〉の配列の場合，[e, ε エ] と発音します。
　　ch*e*z シェ　m*e*rci メるスィ

iv）綴り字記号がついた場合，é [e エ]，è, ê [ε エ] と発音します。
　　*é*té エテ　p*è*re ペーる　*ê*tre エートゥる

006 2) 複母音字（単語のなかで母音字が2つか3つ組みあわされてあらわれているもの）

ai, ei	[ɛ エ]	m*ai* メ	*Sei*ne セーヌ
au, eau	[o, ɔ オ]	*au*to オート	P*au*l ポール　b*eau* ボー
eu, œu	[ø, œ ウ]	p*eu* プ	s*œu*r スール
ou	[u ウ]	am*ou*r アムゥール	v*ou*s ヴー
oi	[wa ゥワ]	m*oi* ムワ	t*oi*t トゥワ

注 トレマ（¨）は，分音符号ともよばれ，先行する母音とは独立して発音することを示します。したがって，トレマがつくと複母音字の発音規則は適用されません。

na*ï*f ナイフ　　hér*oï*ne エろイーヌ

007 3) 鼻母音を表わす綴り（母音字 + m, n）

am, an	⎫ [ɑ̃ アン]	t*am*bour タンブール	d*an*s ダン
em, en	⎭	*en*semble アンサンブル	lyc*én* リセアン
im, in	⎫	s*im*ple サンプル	mat*in* マタン
ym, yn	⎬ [ɛ̃ アン]	s*ym*bole サンボル	s*yn*dicat サンディカ
aim, ain, ein	⎭	f*aim* ファン	p*ain* パン　　p*ein*tre パントゥル
um, un	[œ̃ アン]	parf*um* パるファン	l*un*di ランディ
om, on	[ɔ̃ オン]	n*om* ノン	Jap*on* ジャポン

注 〈母音字 + m, n〉+ 母音字，または〈母音字 + m, n〉+ m, n の場合，鼻母音は生じません。つまり，m [m], n [n] を発音します。

parf*um*er パるフュメ　　jap*on*ais ジャポネ　　n*om*mer ノメ
lyc*én*ne リセエヌ

008 4) 半母音を表わす綴り

i + 母音字	[j]	p*i*ano ピアノ	p*i*ed ピエ
u + 母音字	[ɥ]	fr*u*it フリュイ	S*u*ède シュエドゥ
ou + 母音字	[w]	*ou*i ウィ	d*ou*ane ドゥワーヌ
母音字 + y + 母音字 (y = i + i)	[j]	cra*y*on クれィオン	vo*y*age ヴワィアジュ

注 母音字にはさまれた y は，2個の i に置きかえて発音します。たとえば，crayon は，cra*ii*on とみなして発音します。すると，複母音 ai [ɛ エ] があらわれ，ion の発音が半母音の発音になります。同様に，voyage は vo*ii*age とみなして発音しますから，複母音 oi [wa ゥワ] があらわれ，ia の発音が半母音の発音になります。

子音字 + **ill**	[ij イユ]	f**ill**e フィーユ	fam**ill**e ファミーユ
		例外：v**ill**e ヴィル	m**ill**e ミィル
ai(l)	[aj アユ]	trav**ail** トゥらヴァーユ	Vers**aill**es ヴェるサーユ
ei(l)	[ɛj エユ]	sol**eil** ソレーユ	bout**eill**e ブテーユ
eui(l)	[œj ウユ]	faut**euil** フォトゥーユ	f**euill**e フゥーユ
oin	[wɛ̃ ゥワン]	l**oin** ルワン	p**oin**t プワン

5. 子音字の発音

b	[b ブ]	**b**ateau バトー	**b**ien ビアン
+ **c, s, t**	[p プ]	a**b**sent アプサン	o**b**tenir オプトゥニーる
c, k, qu	[k ク]	sa**c** サック	**k**ilo キロ	**qu**i キ
c + **a, o, u**	[k ク]	**c**afé カフェ	en**c**ore アンコる
+ **e, i**	[s ス]	**c**ette セトゥ	**c**inéma スィネマ
ç + **a, o, u**	[s ス]	**ç**a サ	le**ç**on ルソン
cc + **a, o, u**	[k ク]	a**cc**abler アカブレ	a**cc**ueil アキュユ
+ **e, i**	[ks クス]	a**cc**ent アクサン	a**cc**ident アクスィダン
ch	[ʃ シュ]	**ch**at シャ	mar**ch**é マるシェ
	[k ク]	**ch**rétien クれティアン	**Ch**ristophe クリストフ
d	[d ドゥ]	mala**d**e マラドゥ	**d**ans ダン
f, ph	[f フ]	**F**rance フらンス	télé**ph**one テレフォヌ
g	[g グ]	**g**ras グら	**g**ros グろ
g + **a, o, u**	[g グ]	**g**are ガる	**g**omme ゴム
+ **e, i**	[ʒ ジュ]	â**g**e アジュ	**g**ilet ジレ
ge + **a, o, u**	[ʒ ジュ]	**Ge**orges ジョるジュ	
gu + **e, i**	[g グ]	fati**gu**é ファティゲ	**gu**itare ギターる
gn	[ɲ ニュ]	monta**gn**e モンターニュ	co**gn**ac コニャック
h	[ゼロ]	無音の **h** **h**ier イエる	
		有音の **h** †**h**aut オ	

> **注** 語頭の **h** は、つねに発音されませんが、文法上〈無音の h〉と〈有音の h〉にわけられます。無音の h の場合、その単語は母音字で始まるものとみなします。辞書では有音の h には、†haut のように†のマークがついています。

cinq 05

j	[ʒ ジュ]	*j*e ジュ	*J*acques ジャック
l	[l ル]	ma*l* マル	*l*ait レ
m	[m ム]	ca*l*me カルム	a*m*i アミ
n	[n ヌ]	mi*n*e ミヌ	*N*ice ニース
p	[p プ]	*P*aris パリ	*p*omme ポム
r	[ʀ る]	no*r*mal ノるマル	*r*ouge るージュ
s	[s ス]	di*s*que ディスク	au*ss*i オスィ
	[z ズ](母音字 + s + 母音字)	mai*s*on メゾン	demoi*s*elle ドゥムワゼル

注 au*ssi* や mademoi*selle* のように子音字が重なっているとき,「オススィ」「マドゥムワゼルル」というように子音字を2回にわけて発音してはいけません。

sc + a, o, u	[sk スク]	*sc*andale スカンダル	*sc*olaire スコレーる
		*sc*ulpture スキュルテューる	
+ e, i	[s ス]	*sc*ène セーヌ	*sci*ence スィアンス
t, th	[t トゥ]	qua*t*re カトゥる	é*t*at エタ *th*é テ
ti	[ti ティ]	bou*ti*que ブティック	ques*ti*on ケスティオン
	[si スィ]	démocra*ti*e デモクラスィ	atten*ti*on アタンスィオン
v	[v ヴ]	a*v*oir アヴワーる	
w	[v ヴ]	*w*agon ヴァゴン	
	[w ウ]	*w*eek-end ウィケンドゥ	
x	[ks クス]	te*x*te テクストゥ	ta*x*i タクスィ
	[gz グズ]	e*x*amen エグザマン	e*x*ercice エグゼルスィス
z	[z ズ]	on*z*e オンズ	*z*oo ゾオ

注 単語末の子音字は一般に発音されません。
 gran*d* [gʀɑ̃ グらン]   lon*g* [lɔ̃ ロン]   cou*p* [ku クー]   troi*s* [tʀwa トゥるわ]
 ただし, **c** [k ク], **f** [f フ], **l** [l ル], **r** [ʀ る] は語末にあってもふつう発音されます。
 la*c* [lac ラック]   acti*f* [aktif アクティフ]   se*l* [sɛl セル]   me*r* [mɛʀ メーる]

6. 2つの単語をつづけて発音するときの規則

1) アンシェヌマン
   発音される最後の子音が,次の母音(母音字または無音のhではじまる単語)と続けて発音されることです。

il a [i-la イラ]　　　une étudiante [y-netydjãt ユネテュディアントゥ]
elle habite [ε-labit エラビトゥ]　　quatre heures [kat-RœR カトゥるーる]

2) リエゾン

発音されない単語末の子音字が，母音（母音字または無音のhではじまる単語）のまえで発音されることです。このとき，s, x は [z]，d は [t] と発音されます。

vous avez [vuzave ヴザヴェ]　　trois heures [tRwɑzœR トゥるワズーる]
quand il [kɑ̃til カンティル]
un ami [œ̃nami アンナミ]　　chez elle [ʃezεl シェゼル]

7. エリズィオン

単語末の母音字が母音（母音字または無音のhではじまる単語）のまえで脱落して，アポストロフ（'）におきかえられることです。エリズィオンがおこなわれるのは，次の単語です。なお，筆記体で書くときには，2つの単語をはなして書かなければなりません。

ce, de, je, la, le　　　　　　　c', d', j', l', l'
　　　　　　　　　　　+ 母音 →
me, ne, que, se, te　　　　　　m', n', qu', s', t'

　　ce + est → c'est [sε セ]　　　　le + hôtel → l'hôtel [lotεl ロテル]

注　si は il, ils とだけエリズィオンします。
　　si + il [ils] → s'il [ils] [sil スィル]

8. 句読記号

.	point	プァン
,	virgule	ヴィルギュル
;	point-virgule	プァン・ヴィルギュル
:	deux points	ドゥ・プァン
?	point d'interrogation	プァン・ダンテロガシオン
!	point d'exclamation	プァン・デクスクラマシオン
…	points de suspension	プァン・ドゥ・シュスパンシオン
—	tiret	ティレ
« »	guillemets	ギユメ
( )	parenthèses	パランテーズ

sept 07

LEÇON 1 — 肯定文

C'est blanc. これは白いです。

<C'est ＋形容詞>の構文を使って，ものの特徴や性質の表現法を学習します。

C'est ＋ 形容詞　　これ［それ，あれ］は…です。

C'est blanc.　　　　　　　　　　これは白いです。

C'est noir.　　　　　　　　　　　これは黒いです。

C'est orange.　　　　　　　　　　これはオレンジ色です。

C'est ＋ 形容詞 ＋ et ＋ 形容詞

C'est blanc *et* noir.　　　　　　　それは白と黒です。

C'est bleu, marron *et* indigo.　　それは青と栗色と藍色です。

注　1) C'est は，Ce と est を続けて書くときの書き方です。Ce の e は，母音字（a, e, i, o, u, y, œ）または無音の h のまえで脱落してアポストロフ（'）になります。（エリズィオン）

　　　Ce est → C'est

　2) est は次の単語が母音字または無音の h ではじまるときリエゾンすることがあります。et は次の単語が母音字または無音の h ではじまるときもリエゾンしません。

　　　C'est‿orange et indigo.［セトランジュエアンディゴ］

　3) et「…と，そして」は英語の and と考えてください。

7色の虹（les 7 couleurs de l'arc-en-ciel）

rouge	赤色	orange	オレンジ色	jaune	黄色	vert	緑色
bleu	青色	indigo	藍色	violet	紫色		

注　色を表わす形容詞は，そのままの形で男性単数名詞としても用いられます。

PRATIQUONS !   練習しましょう!

例にならって，文を書き，CD を聞きながら繰り返し発音してください。
Complétez suivant le modèle, puis écoutez le CD et répétez.

例　1. blanc　　　　　　*C'est blanc.*
　　　　　　　　　　　　これは白いです。

　　　2. blanc / noir　　　*C'est blanc et noir.*
　　　　　　　　　　　　これは白と黒です。

　　　3. bleu / gris / rouge　*C'est bleu, gris et rouge.*
　　　　　　　　　　　　これは青と灰色と赤です。

　　　赤い
1. rouge

— ....
　　これは赤です。

　　ベージュ色の
2. beige

— ....
　　これはベージュです。

　　黄色の　　緑の
3. jaune / vert

— ....
　　これは黄色と緑です。

　　藍色の　　栗色の　　黄色の　　緑の
4. indigo / marron / jaune / vert

— ....
　　これは藍色と栗色と黄色と緑です。

LEÇON 2 否定文

Ce n'est pas bon. これはおいしくないです。

Ce n'est pas ＋ 形容詞　これ［それ，あれ］は…ではないです。

C'est petit.　　　→ Ce *n'*est *pas* petit.
これは小さいです。　　　これは小さくないです。

C'est bon.　　　→ Ce *n'*est *pas* bon.
これはおいしいです。　　　これはおいしくないです。

会話の場合

C'est petit.　　　→ Ce *n'*est *pas* petit. C'est grand.
これは小さいです。　　　これは小さくないです。大きいです。

C'est bon.　　　→ Ce *n'*est *pas* bon. C'est mauvais.
これはおいしいです。　　　これはおいしくないです。まずいです。

C'est long.　　　→ Ce *n'*est *pas* long. C'est court.
これは長いです。　　　これは長くないです。短いです。

C'est rond.　　　→ Ce *n'*est *pas* rond. C'est carré.
これは丸いです。　　　これは丸くないです。四角いです。

C'est haut.　　　→ Ce *n'*est *pas* haut. C'est bas.
これは高いです。　　　これは高くないです。低いです。

C'est sucré.　　　→ Ce *n'*est *pas* sucré. C'est amer.
これは甘いです。　　　これは甘くないです。苦いです。

注　否定形は，〈ne + 活用している動詞 + pas〉の形をとります。このとき，ne は，次の語が母音字または無音の h で始まるとき，n' となります。

PRATIQUONS !　　練習しましょう!

例にならって，文を書き，CD を聞きながら繰り返し発音してください。
Complétez suivant le modèle, puis écoutez le CD et répétez.

例　1. petit（＋肯定）　　　*C'est petit.*
　　　　　　　　　　　　　これは小さいです。

　　2. grand（－否定）　　　*Ce n'est pas grand.*
　　　　　　　　　　　　　これは大きくないです。

　　3. épais（－否定，→ mince）　*Ce n'est pas épais. C'est mince.*
　　　　　　　　　　　　　これは厚くないです。薄いです。

　　　苦い
1. amer（＋）

　—
　..
　これは苦いです。

　　　甘い
2. sucré（－）

　—
　..
　これは甘くないです。

　　　軽い　　　　重い
3. léger（－，→ lourd）

　—
　..
　これは軽くないです。重いです。

　　　まずい　　　おいしい
4. mauvais（－，→ bon）

　—
　..
　これはまずくないです。おいしいです。

onze　11

LEÇON 3 疑問文

Oui, c'est bon.　はい，これはおいしいです。

1. 3種類の疑問形があります。

1) イントネーションによる　　C'est bon ?　これはおいしいですか？
2) Est-ce que … ?　　　　　　*Est-ce que* c'est bon ?
3) 倒置疑問形　　　　　　　　Est-ce bon ?

注　1) と 2) の疑問形はおもに話しことばで用いられます。

2. 疑問文に対する答えかた

Oui, c'est …　　　　　　　　はい，これは…です。
Non, ce n'est pas …　　　　　いいえ，これは…ではありません。

C'est bon ?　　　　　　　　　これはおいしいですか？
— *Oui*, c'est bon.　　　　　　— はい，おいしいです。

Est-ce que c'est sucré ?　　　これは甘いですか？
— *Non*, ce n'est pas sucré. C'est salé.
　　いいえ，甘くないです。塩辛いです。

Est-ce froid ?　　　　　　　　これは冷たいすか？
— *Non*, ce n'est pas froid. C'est chaud.
　　いいえ，これは冷たくありません。温かいです。

注　1) 日常会話ではイントネーションによる疑問文がもっとも用いられます。また，答えの文で，否定文はあまり使われません。
　　C'est amer ?　　　これは苦いですか？
　　— Non, (ce n'est pas amer,) c'est sucré.
　　　いいえ，（苦くはありません）これは甘いです。
　　C'est mauvais ?　　これはまずいですか？
　　— Non, c'est bon. — いいえ，おいしいです。
　2) ou「それとも」を用いた疑問文も用いられます。
　　C'est cuit *ou* cru ?　これは焼けていますか，それとも生ですか？
　　— C'est cuit.　　— これは焼けています。

PRATIQUONS !   練習しましょう！

例にならって，文を書き，CD を聞きながら繰り返し発音してください。
Complétez suivant le modèle, puis écoutez le CD et répétez.

例 1. Est-ce que c'est bon ?
これはおいしいですか？

— Oui, *c'est bon.*
はい，これはおいしいです。

2. Est-ce bon ? (→ mauvais)
これはおいしいですか？

— Non, *ce n'est pas bon. C'est mauvais.*
いや，これはおいしくないです。まずいです。

3. C'est chaud ou froid ? (froid)
これは温かいですか，それとも冷たいですか？

— *C'est froid.*
これは冷たいです。

1. C'est chaud ? (→ froid) 　温かい　冷たい

— Non, ...
いいえ，これは温かくありません。冷たいです。

2. Est-ce que c'est cuit ? 　焼けた

— Oui, ...
はい，これは焼けています。

3. C'est sucré ? (→ salé) 　甘い　塩辛い

— Non, ...
いいえ，これは甘くありません。塩辛いです。

4. Est-ce sucré ou amer ? (sucré) 　甘い　苦い

— ....
これは甘いです。

LEÇON 4 否定疑問文

Si, c'est beau. いいえ，これは美しいです。

否定疑問文とその答えかた

Ce n'est pas ...? これは…ではないのですか？
— Si, c'est ... — いいえ，これは…です。
— Non, ce n'est pas ... — はい，これは…ではありません。

Ce n'est pas serré ?
　これは窮屈ではありませんか？
— Si, c'est serré.
　いいえ，これは窮屈です。
— Non, ce n'est pas serré, c'est large.
　はい，これは窮屈ではありません，ゆったりしています。

Ce n'est pas beau ? これは美しくないですか？
— Si, c'est beau. — いいえ，これは美しいです。
— Non, c'est laid. — はい，これは不格好です。

Ce n'est pas bon marché et élégant ? これは安くて上品ではないのですか？
— Si, c'est bon marché et élégant. — いいえ，これは安くて上品です。
— Non, c'est cher et laid. — はい，高くて不格好です。

復習　会話では，とくに否定であることを強調したいときをのぞいて，ふつう〈Non + 肯定文〉で答えます。

C'est serré ? これは窮屈ですか？
— Oui, c'est serré. — はい，これは窮屈です。
— Non, c'est large. — いや，これはゆったりしています。

Ce n'est pas serré ? これは窮屈ではありませんか？
— Si, c'est serré. — いいえ，これは窮屈です。
— Non, c'est large. — はい，これはゆったりしています。

14　quatorze

PRATIQUONS !　　練習しましょう!

例にならって，文を書き，CD を聞きながら繰り返し発音してください。
Complétez suivant le modèle, puis écoutez le CD et répétez.

例 1. Ce n'est pas élégant ?（＋肯定）
　　　これは上品ではありませんか？

　　— *Si, c'est élégant.*
　　　いいえ，これは上品です。

2. Ce n'est pas serré ?（－否定, → large）
　　　これは窮屈ではありませんか？

　　— *Non, c'est large.*
　　　はい，これはゆったりしています。

3. Ce n'est pas beau et cher ?（＋肯定）
　　　これは美しくて高価ではありませんか？

　　— *Si, c'est beau et cher.*
　　　いいえ，これは美しくて高価です。

1. Ce n'est pas vieux ?（＋）
　　（古びた）

　　— _____.
　　　いいえ，これは古びています。

2. Ce n'est pas beau ?（－, → laid）
　　（美しい）　　　（醜い）

　　— _____.
　　　はい，これは醜いです。

3. Ce n'est pas serré ?（－, → large）
　　（窮屈な）　　（ゆったりした）

　　— _____.
　　　はい，これはゆったりしています。

4. Ce n'est pas élégant et cher ?（＋）

　　— _____.
　　　いいえ，これは上品で高価です。

quinze

LEÇON 5

不定冠詞 (1)：un, une

> *C'est un étudiant.*　　この人は男子学生です。

　名詞はすべて文法上の性をもち，男性（*m.*）か女性（*f.*）に分類されます。ここでは単数形（*s.*）だけをとりあつかいます。不定冠詞は名詞の性・数に応じて変化します。〈不定冠詞＋人〉の形で考えてみましょう。なお次の名詞のように，名詞の指す対象に自然の性別がある場合は，文法上の性別も自然の性別に一致します。

un ＋ 男性・単数名詞（*m.s.*）

　　un homme　　1人の男　　　*un* garçon　　1人の男の子

une ＋ 女性・単数名詞（*f.s.*）

　　une femme　　1人の女　　　*une* fille　　1人の女の子

注 1) 生物を表わす名詞のなかには，〈男性形 + e〉で女性形にできるものもあります。
　　　étudiant　男子学生　→　étudiant*e*　女子学生
　　　cousin　従兄弟　　　→　cousin*e*　従姉妹
　　2) 男女同形（通性）の名詞もあります。
　　　un(*e*) journaliste　ジャーナリスト　　un(*e*) reporter　リポーター
　　3) 性・数を示す略号は次のとおりです。
　　　男性 *m.* (masculin)　　女性 *f.* (féminin)　　単数 *s.* (singulier)　　複数 *pl.* (pluriel)

Qui est-ce ? [C'est qui ?]　　　　　　この（その，あの）人はだれですか？
— C'est *un* étudiant.　　　　　　　— この人は男子学生です。
— C'est *une* étudiante.　　　　　　— この人は女子学生です。
— C'est M. Fortin. *Un* professeur.　— この人は教師のフォルタン氏です。

敬称について

M. [monsieur]	男性の敬称	M. Fortin	フォルタン氏
Mme [madame]	既婚女性の敬称	Mme Fortin	フォルタン夫人
Mlle [mademoiselle]	未婚女性の敬称	Mlle Fortin	フォルタン嬢

注 1) 敬称は姓にしかつけることができません。
　　　C'est M. [Mme, Mlle] Fortin.　　*cf.* C'est Paul [Léa].
　　2) 不定冠詞は次の単語が母音字または無音の h ではじまるとき，アンシェヌマンやリエゾンをして読みます。
　　　une étudiante［ユネテュディアントゥ］　　un homme［アンノム］

PRATIQUONS ! 練習しましょう！

例にならって，文を書き，CD を聞きながら繰り返し発音してください。
Complétez suivant le modèle, puis écoutez le CD et répétez.

例 1. Qui est-ce ? (→ professeur, *m.*)
　　　あの人はだれですか？

　　— *C'est* M. Martin. *Un professeur.*
　　マルタン氏です。教師です。

2. Qui est-ce ? (→ étudiante, *f.*)
　　あの人はだれですか？

　　— *C'est* Anna. *Une étudiante.*
　　アンナです。学生です。

3. C'est qui ? (→ photographe, *f.*)
　　あの人はだれですか？

　　— *C'est* Aline Lebon. *Une photographe.*
　　アリーヌ・ルボンです。カメラマンです。

商人
1. Qui est-ce ? (→ commerçante, *f.*)

　— .... Mme Fortin. ....
　フォルタン夫人です。商人です。

画家
2. C'est qui ? (→ peintre, *m.*)

　— .... M. Pisani. ....
　ピザニ氏です。画家です。

通訳
3. Qui est-ce ? (→ interprète, *f.*)

　— .... Mlle Alice Bazin. ....
　アリス・バザン嬢です。通訳です。

記者
4. C'est qui ? (→ journaliste, *m.*)

　— .... Alain Nury. ....
　アラン・ニュリです。ジャーナリストです。

dix-sept 17

LEÇON 6

不定冠詞 (2)：un, une

C'est une avenue. これは大通りです。

〈不定冠詞＋動物，場所，もの〉の形で考えてみましょう。

un ＋ 男性・単数名詞 (*m.s.*)

un animal　　1頭の動物　　　*un* parc　　1つの公園

un stylo　　　1本の万年筆

une ＋ 女性・単数名詞 (*f.s.*)

une abeille　　1匹の蜜蜂　　　*une* rue　　1本の道路

une gomme　　1個の消しゴム

Qu'est-ce que c'est ? [C'est quoi ?]
　これ［それ，あれ］は何ですか？

— C'est *un* jardin.
　これは庭です。

— C'est *une* avenue.
　これは大通りです。

— C'est *un* ordinateur.
　これはコンピュータです。

— C'est *une* imprimante.
　これはプリンターです。

注　1）C'est quoi ? は，Qu'est-ce que c'est ? のくだけた言い方です。
　　2）話しことばでは，文尾に **ça** を付加することがあります。
　　　　Qu'est-ce que c'est, *ça* ?　　C'est quoi, *ça* ?
　　　　これは何ですか，これは？
　　　　— C'est un iPhone.
　　　　　これはアイフォンです。
　　3）英語からの外来語はふつう男性名詞です。
　　　　un cutter　カッター　　un scanner　スキャナー

18　dix-huit

PRATIQUONS !   練習しましょう！

例にならって，文を書き，CD を聞きながら繰り返し発音してください。
Complétez suivant le modèle, puis écoutez le CD et répétez.

例 1. Qu'est-ce que c'est, ça ? (→ livre, *m.s.*)
これは何ですか，これは？

— C'est *un livre*.
これは本です。

2. C'est quoi, ça ? (→ souris, *f.s.*)
これは何ですか，これは？

— C'est *une souris*.
これはマウスです。

3. C'est quoi, ça et ça ? (→ iPad / iPhone, *m.s.*)
これは何ですか，これとこれは？

— C'est *un iPad et un iPhone*.
これはアイパッドとアイフォンです。

1. Qu'est-ce que c'est, ça ? (→ scanner[スキャナー], *m.s.*)

— C'est ....
これはスキャナーです。

2. Qu'est-ce que c'est, ça ? (→ imprimante[プリンター], *f.s.*)

— C'est ....
これはプリンターです。

3. Qu'est-ce que c'est, ça ? (→ clé USB[USBキー], *f.s.*)

— C'est ....
これは USB キーです。

4. C'est quoi, ça et ça ? (→ CD / DVD, *m.s.*)

— C'est ....
これは CD と DVD です。

LEÇON 7

不定冠詞 (3)：des

Ce sont des magasins.　　あれらは商店です。

　6課と7課では，名詞が男性・単数（*m.s.*）か女性・単数（*f.s.*）のときの不定冠詞の使いわけを学習しました。ここでは名詞が複数形（*pl.*）の場合をとりあつかいます。名詞の複数形は，原則として〈単数形 + s〉です。

des ＋ 男性 / 女性・複数名詞 (*m/f.pl.*)

des garçons	数人の男の子	*des* abeilles	数匹の蜜蜂
des parcs	いくつかの公園	*des* gommes	数個の消しゴム

Qui est-ce ?　　　　　　　　　　　あの人はだれですか？
— C'est **un** sommelier.　　　　　— あれはソムリエです。
— Ce sont *des* sommeliers.　　　— あれはソムリエたちです。

C'est qui ?　　　　　　　　　　　　あの人はだれですか？
— C'est **un** employé.　　　　　　— あれは男性従業員です。
— C'est **une** employée.　　　　　— あれは女性従業員です。
— Ce sont *des* employés.　　　　— あれらは従業員たちです。

注　〈男性名詞 + 女性名詞〉は，文法上〈男性複数名詞〉としてとりあつかいます。

　　un employé + une enployée　→　des employés
　　un étudiant + une étudiante　→　des étudiants

Qu'est-ce que c'est ?　　　　　　　あれは何ですか？
— C'est **un** magasin.　　　　　　— あれは商店です。
— Ce sont *des* magasins.　　　　— あれらは商店です。

C'est quoi ?　　　　　　　　　　　あれは何ですか？
— C'est **une** boutique.　　　　　— あれは小売店です。
— Ce sont *des* boutiques.　　　　— あれらは小売店です。

注　提示するものが単数か複数かで，C'est + 単数名詞，Ce sont + 複数名詞を使い分けます。

名詞の複数形 (1)

単数	複数	単数		複数
—	—s（原則）	un magasin	商店 →	des magasins
—s	—s（単複同形）	un pay**s**	国 →	des pay**s**
—x	—x（単複同形）	un vieu**x**	老人 →	des vieu**x**
—eau	—eaux	un bur**eau**	オフィス →	des bur**eaux**

PRATIQUONS !   練習しましょう！

例にならって，文を書き，CD を聞きながら繰り返し発音してください。
Complétez suivant le modèle, puis écoutez le CD et répétez.

例

1. Qui est-ce ? / C'est qui ? (→ un(e) ingénieur)
   あの人はだれですか？

   — *Ce sont des ingénieurs.*
   あの人たちは技師です。

2. Qu'est-ce que c'est ? / C'est quoi ? (→ un magasin)
   あれは何ですか？

   — *Ce sont des magasins.*
   あれらは商店です。

3. C'est qui ? (→ un étudiant + une étudiante)
   あれはだれですか？

   — *Ce sont des étudiants.*
   あれらは学生たちです。

1. Qui est-ce ? (→ une secrétaire [女性秘書])

   — ....
   あれらは女性秘書たちです。

2. Qu'est-ce que c'est, ça ? (→ un cinéma [映画館])

   — ....
   あれらは映画館です。

3. C'est quoi, ça ? (→ une banque [銀行])

   — ....
   あれらは銀行です。

4. C'est qui ? (→ un employé [男性従業員] + une employée [女性従業員])

   — ....
   あれらは従業員たちです。

vingt et un 21

LEÇON 8 疑問文に対する答えかた

Oui, c'est un musée.　　はい，あれは美術館です。

Qu'est-ce que c'est, ça ? Un musée ?	あれは何ですか？　美術館ですか？
— *Oui*, c'est un musée.	— はい，あれは美術館です。
Et là, c'est un musée aussi ?	で，あれも美術館ですか？
— *Non*, c'est une galerie.	— いいえ，あれは画廊です。
C'est quoi, ça ? Des appartements ?	あれは何ですか？　アパルトマンですか？
— *Oui*, ce sont des appartements.	— はい，あれはアパルトマンです。
C'est quoi, ici ? Ce n'est pas un café ?	これは何ですか？　カフェではないのですか？
— *Si*, c'est un café.	— いいえ，これはカフェです。
Qui est-ce, là ? Un voisin ?	あれはだれですか？　うちの隣の人ですか？
— *Non*, c'est un ami.	— いいえ，あれは友だちです。
C'est qui, là-bas ? Des voisins ?	あれはだれですか？　うちの隣の人たちですか？
— *Non*, ce sont des amis.	— いいえ，あれは友人たちです。
C'est qui, ça ? Ce n'est pas Aline ?	あれはだれですか？　アリーヌではないのですか？
— *Non*, c'est Anne.	— はい，あれはアンヌです。

注　1) Qui est-ce ? に対する答え方
　　　C'est Henri, un ami.　　　　　　　あれは友人のアンリです。
　　　C'est Jean et Rose, des amis.　　　あれは友人のジャンとローズです。
　2) 若い人たちはよく文頭や文尾に ça「これ，それ，あれ」，ici「ここ」，là「そこ，あそこ」，là-bas「あそこ」を付けて話します。
　　　C'est qui, ça, là ?　　Là-bas, c'est qui ?　　あの人はだれですか？

PRATIQUONS !　　練習しましょう!

例にならって，文を書き，CD を聞きながら繰り返し発音してください。
Complétez suivant le modèle, puis écoutez le CD et répétez.

例 1. Qu'est-ce que c'est, ça ? Un musée ?
あれは何ですか？　美術館ですか？

— *Oui, c'est un musée.*
はい，あれは美術館です。

2. Là, qui est-ce ? Des voisins ? (→ des amis)
あれはだれですか？　隣人たちですか？

— *Non, ce sont des amis.*
いいえ，あれは友人たちです。

3. C'est quoi, là-bas ? Ce n'est pas un restaurant ?
あれは何ですか？　あれはレストランではないのですか？

— *Si, c'est un restaurant.*
いいえ，あれはレストランです。

1. C'est qui, là ? Une touriste ?　（観光客）

— ....
はい，あれは観光客です。

2. C'est quoi, ici ? Un café ? (→ un restaurant)　（カフェ）

— ....
いいえ，あれはレストランです。

3. C'est quoi, ici ? Des appartements ? (→ des bureaux)　（アパルトマン／会社）

— ....
いいえ，あれは会社です。

4. Là-bas, qui est-ce ? Ce ne sont pas des étudiants ?　（学生たち）

— ....
いいえ，あれは学生たちです。

vingt-trois　23

LEÇON 9

定冠詞 (1)：le, la

C'est la gare Montparnasse. あれはモンパルナス駅です。

le [l'] ＋ 男性・単数名詞
le parc Monceau　　モンソー公園

la [l'] ＋ 女性・単数名詞
la gare Montparnasse　　モンパルナス駅

注 le, la は母音字または無音の h のまえで，エリズィオンしてどちらも l' となります。

~~le~~ ~~animal~~ → **l'**animal　　~~la~~ ~~église~~ → **l'**église　　~~le~~ ~~hôtel~~ → **l'**hôtel

Qu'est-ce que c'est, ici ? Un parc ?
　ここは何ですか？　公園ですか？
— Oui, c'est un parc. C'est *le* parc Monceau.
　はい，公園です。ここはモンソー公園です。

C'est quoi, là ? Une gare ?
　あれは何ですか？　駅ですか？
— Oui, c'est une gare. C'est *la* gare Montparnasse.
　はい，駅です。あれはモンパルナス駅です。

確認　疑問文に対する答え方

C'est le Printemps ?　　　　　　　　あれはル・プランタンですか？
— *Oui*, c'est le Printemps.　　　　 — はい，あれはル・プランタンです。

C'est le Bazar de l'Hôtel de Ville ?　あれは市役所のスーパーですか？
— *Non*, c'est la Samaritaine.　　　 — いいえ，あれはラ・サマリテーヌです。

注 質問に肯定で答えたいとき，Oui, c'est ça.「はい，そのとおりです」と答えることもできます。便利な言い方ですから，知っておくと役立ちます。

C'est le Printemps ?　　　　　　　　あれはル・プランタンですか？
— *Oui*, c'est ça.　　　　　　　　　— はい，そうです。

固有名詞—単数形—

男性名詞：Le Printemps　　　　　　ル・プランタン（デパート）
　　　　　l'Opéra-Bastille　　　　　バスチーユ・オペラ座
女性名詞：La Samaritaine　　　　　 ラ・サマリテーヌ（デパート）
　　　　　l'église Saint-Eustache　 サン・トゥスタシュ教会

PRATIQUONS !   練習しましょう！

例にならって，文を書き，CD を聞きながら繰り返し発音してください。
Complétez suivant le modèle, puis écoutez le CD et répétez.

例 1. C'est *la* rue Pasteur ?（＋肯定，une rue）
　　　これはパストゥール通りですか？

　　— *Oui*, c'est *la rue* Pasteur.
　　　はい，これはパストゥール通りです。

2. C'est *l'*avenue Montaigne ?（－否定，une avenue）
　　これはモンテーニュ大通りですか？

　　— *Non*, c'est *l'avenue* Hoche.
　　　いいえ，これはオシュ大通りです。

3. Ce n'est pas *le* boulevard Voltaire ?（＋肯定，un boulevard）
　　これはヴォルテール大通りではないのですか？

　　— *Si*, c'est *le boulevard* Voltaire.
　　　いいえ，これはヴォルテール大通りです。

1. C'est _____ gare Montparnasse ?（＋，une gare） [モンパルナス駅]

　— _____ , c'est _____ _____ Montparnasse.
　　はい，これはモンパルナス駅です。

2. C'est _____ pont Mirabeau ?（＋，un pont） [ミラボー橋]

　— _____ , c'est _____ _____ Mirabeau.
　　はい，これはミラボー橋です。

3. C'est _____ parc Montsouris ?（－，un parc） [モンスーリ公園]

　— _____ , c'est _____ _____ Monceau.
　　いいえ，これはモンソー公園です。

4. Ce n'est pas _____ boulevard Raspail ?（＋，un boulevard） [ラスパーユ大通り]

　— _____ , c'est _____ _____ Raspail.
　　いいえ，これはラスパーユ大通りです。

LEÇON 10

定冠詞 (2)：les

Ce sont les boutiques Zara.   あれはザラの店です。

les ＋ 男性/女性・複数名詞

les magasins Picon   ピコンの店
les boutiques Zara   ザラの店

C'est quoi, ça ? Des boutiques ?   あれは何ですか？　お店ですか？
— Oui, ce sont *les* boutiques Zara.   — はい，あれらはザラの店です。

Ça, ce sont *des* supérettes ?   あれは何ですか？　スーパーですか？
— Oui, ce sont les supérettes Franprix.   — はい，あれらはスーパー・フランプリです。

確認　疑問文に対する答え方

Ce sont les Galeries Lafayette ?   あれはギャルリーラファイエットですか？
— *Oui*, ce sont les Galeries Lafayette.   — はい，ギャルリーラファイエットです。
Ce sont les magasins Picon ?   あれはピコンの店ですか？
— *Non*, ce sont les magasins Picard.   — いいえ，あれはピカールの店です。

注　質問に肯定で答えたいとき，Oui, c'est ça.「はい，そのとおりです」と答えることもできます。

Là, ce sont des grands magasins, n'est-ce pas ?   あれはデパートですよね？
— *Oui*, c'est ça.   — はい，そうです。
Là-bas, ce sont les Tuileries, n'est-ce pas ?   あれはチュイルリー宮ですよね？
— *Non*, ce sont les Invalides.   — いいえ，あれは廃兵院です。

固有名詞―複数形―

男性名詞：Les Invalides   廃兵院
女性名詞：Les Galeries Lafayette   ギャルリーラファイエット（デパート）
    Les Halles   レ・アル（中央市場）

PRATIQUONS ! 練習しましょう!

例にならって，文を書き，CD を聞きながら繰り返し発音してください。
Complétez suivant le modèle, puis écoutez le CD et répétez.

例 1. Ce sont *des* boulangeries, là ? （＋肯定）
あれはパン屋ですか？

— *Oui*, ce sont *les boulangeries* Blé d'or.
はい，あれはブレドール・パン屋です。

2. Ce sont *les* snacks Classico, ça ? （−否定）
これはクラシコのスナックですか？

— *Non*, ce sont *les snacks* Passage.
いいえ，これはパサージュのスナックです。

3. Ici, ce sont *les* Invalides, n'est-ce pas ? （＋肯定）
ここは廃兵院ですよね？

— *Oui, c'est ça.*
はい，そうです。

1. Est-ce que ce sont .... ピザ屋 pizzerias ? （＋）

— .... , ce sont .... Napoli.
はい，あれはナポリ・ピザ屋です。

2. Là, ce sont .... スーパー・フランプリ supérettes Franprix ? （−）

— .... , ce sont .... Casino.
いいえ，あれはスーパー・カジノです。

3. Là-bas, ce sont .... 店 boutiques, n'est-ce pas ? （＋）

— .... , ce sont .... Kenzo.
はい，あれはケンゾーの店です。

4. Ici, ce sont .... セボン・サンドイッチ店 sandwicheries Cébon, n'est-ce pas ? （＋）

— .... , ...
はい，そうです。

vingt-sept 27

LEÇON 11 定冠詞の用法 (1)

C'est le Casino de Paris.　あれはパリのカジノです。

定冠詞 (le, la, l', les) ＋ もの ＋ de (d') ＋ 地名

le Casino *de* Paris	パリのカジノ
la gare *d'*Austerlitz	オーステルリッツ駅
les gares *de* Lyon et *de* Bercy	リヨン駅とベルシー駅

Qu'est-ce que c'est, ça, là-bas ?	あれは何ですか？
— C'est *le* Casino *de* Paris.	― パリのカジノです。
C'est quoi, là ? Une gare ?	あれは何ですか？　駅ですか？
— Oui, c'est *la* gare *d'*Austerlitz.	― そう，オーステルリッツ駅です。
Ça, c'est quoi ? Des gares ?	あれは何ですか？　駅ですか？
— Oui, ce sont *les* gares *de* Lyon et *de* Bercy.	― そう，リヨン駅とベルシー駅です。
Ici, c'est *la* mairie *d'*Antibes ?	これはアンティーブ市役所ですか？
— Non, c'est *la* mairie *d'*Annecy.	― いいえ，アヌシー市役所です。

注　1) de は母音字または無音の h のまえでエリズィオンして，d' となります。
　　　L'aéroport d'Orly　オルリー空港　　les falaises d'Étretat　エトルタの断崖
　　2) 固有名詞によっては，de を使えない場合があります。
　　　La station Nation　ナシオン駅　　Les navettes Air France　エールフランスシャトル便

答えの強調

Là, c'est la gare de Lyon ?	あれはリヨン駅ですか？
— **Mais oui !** (C'est la gare de Lyon.)	― もちろん！（リヨン駅です。）
— **Mais non !** C'est la gare de Bercy.	― とんでもない！　ベルシー駅です。
Ce n'est pas la gare Saint-Lazare, là-bas ?	あれはサン・ラザール駅ではないのですか？
— **Mais si !** (C'est la gare Saint-Lazare.)	― とんでもない！（サン・ラザール駅です。）
— **Mais non !** C'est la gare d'Austerlitz.	― もちろん，あれはオーステルリッツ駅です。

PRATIQUONS ! 練習しましょう!

例にならって，文を書き，CDを聞きながら繰り返し発音してください。
Complétez suivant le modèle, puis écoutez le CD et répétez.

例 1. C'est *le* village *de* Giverny, n'est-ce pas ? (← un village)
あれはジヴェルニィの村ですよね？

— Oui, c'est *le* village *de* Giverny.
はい，あれはジヴェルニィの村です。

2. Ce sont *les* villes *de* Cannes et *de* Toulon ? (← des villes)
あれはカンヌの町とトゥーロンの町ですか？

— Mais non ! Ce sont *les* villes *de* Nice et *d'*Antibes.
とんでもない！ あれはニースの町とアンティーブの町です。

1. C'est .... 港 port .... マルセイユ Marseille ? (← un port)

 — Oui, c'est .... port .... Marseille.

2. C'est .... 郊外 banlieue .... トゥールーズ Toulouse ? (← une banlieue)

 — Non, c'est .... banlieue .... ボルドー Bordeaux.

3. Ce sont .... 駅 gares .... リヨン Lyon et .... オーステルリッツ Austerlitz ? (← des gares)

 — Oui, ce sont .... gares .... Lyon et .... Austerlitz.

4. Ce n'est pas .... 町 ville .... トゥール Tours ? (← une ville)

 — Mais si ! C'est .... ville .... Tours.

5. Ce ne sont pas .... 通り rues .... Marseille ? (← des rues)

 — Mais non ! Ce sont .... rues .... エクサンプロヴァンス Aix-en-Provence.

LEÇON 12 定冠詞の用法 (2)

C'est la voiture de Michel. これはミシェルの車です。

定冠詞(le, la, l', les) ＋ もの ＋ de(d') ＋ 人

le vélo *de* Jean　　　ジャンの自転車
les rollers *d'* Estelle　　エステルのローラースケート

C'est *le* vélo *de* Jean.　　　これはジャンの自転車です。
C'est *la* voiture *de* Michel.　これはミシェルの車です。
C'est *l'* ordinateur *d'* Annie.　これはアニーのパソコンです。
Ce sont *les* lettres *d'* Estelle.　これらはエステルの手紙です。

C'est le yacht de qui ? De Bruno ?
　これはだれのヨットなの？　ブリュノの？
— Oui, c'est *le* yacht *de* Bruno.
　はい，これはブリュノのヨットです。
— Non, c'est *le* yacht *d'* Antoine.
　いいえ，これはアントワーヌのヨットです。

注 yacht は，エリズィオンやリエゾンの対象になりませんから注意しましょう。
　le yacht (× l'yacht)　　**les yachts** レヨットゥ（×レジョトゥ）

確認 〈de...〉が重なるとき，de を反復するほうが好ましいのですが，省略してもかまいません。

C'est le scooter de Jean et (*d'*) Alex.
　これはジャンとアレックスのスクーターです。
Ce sont les avenues de Paris et (*de*) Lyon.
　これはパリとリヨンの並木道です。

次のような場合は de を反復してはいけません。

C'est le bateau *de* M. et M[me] Lepic.
　これはルピック夫妻の船です。
C'est le bureau *de* MM. Lefort et Joignant.
　これはルフォール氏とジョワニャン氏のオフィスです。

注 **monsieur / madame / mademoiselle** の複数形
　MM. (= messieurs) Lefort et Joignant
　Mmes (= mesdames) Lefort et Joignant
　Mlles (= mesdemoiselles) Lefort et Joignant

PRATIQUONS !　　練習しましょう!

例にならって，文を書き，CDを聞きながら繰り返し発音してください。
Complétez suivant le modèle, puis écoutez le CD et répétez.

例 1. C'est *le* scooter *de* qui ? (← un scooter)
　　　これはだれのスクーターですか？

　　— C'est *le* scooter *de* Gabriel.
　　　ガブリエルのスクーターです。

2. Ce sont *les* vélos *de* Julien et *d'*Alexandre ? (← des vélos)
　　これはジュリアンとアレクサンドルの自転車ですか？

　　— Mais non ! Ce sont *les* vélos *de* Claude et *d'*Annie.
　　　とんでもない！ クロードとアニーの自転車です。

1. C'est .... mobylette de qui ? (← une mobylette)

　　— C'est .... mobylette .... Lisa.

2. C'est .... hélicoptère de qui ? (← un hélicoptère)

　　— C'est .... hélicoptère .... M. Lafarge.

3. Ce sont .... bateaux de qui ? (← des bateaux)

　　— Ce sont .... bateaux .... MM. Bazi et Biot.

4. Ce ne sont pas .... lettres de M. et Mme Paoli ? (← des lettres)

　　— Mais si ! Ce sont .... lettres .... M. et Mme Paoli.

5. C'est .... moto .... André, n'est-ce pas ? (← une moto)

　　— Mais non ! C'est .... moto .... Nathan.

LEÇON 13 定冠詞の用法 (3)

C'est le père de Jean.　あれはジャンの父親です。

定冠詞（le, la, l', les）＋ 人 ＋ de(d') ＋ 人

le père *de* Jean	ジャンの父親
la mère *d'*Alex	アレックスの母親
*l'*oncle *de* Julien et d'Anna	ジュリアンとアンナのおじ
les enfants *de* M. et Mme Martin	マルタン夫妻の子どもたち

C'est *le* père *de* Jean.	ジャンのお父さんです。
C'est *la* mère *de* Michel.	ミシェルの母親です。
Ce sont *les* parents *d'*Annie et *de* Patrick.	アニーとパトリックのご両親です。
C'est *l'*oncle et *la* tante *d'*Agnès.	アニェスのおじとおばです。
C'est *le* frère et *la* sœur *de* José.	ジョゼの兄[弟]と姉[妹]です。
C'est *le* grand-père et *la* grand-mère *de* Jean.	ジャンの祖父と祖母です。
Ce sont *les* grands-parents *de* Jean.	ジャンの祖父母です。
C'est *le* fils et *la* fille *de* M. et Mme Martin.	マルタン夫妻の息子と娘です。
Ce sont *les* enfants *de* M. et Mme Martin.	マルタン夫妻の子どもたちです。

注　1) le père et la mère　父と母　　→　les parents　両親
　　　le grand-père et la grand-mère　祖父と祖母　→　les grands-parents　祖父母
　　　le cousin et la cousine　従兄弟と従姉妹　→　les cousins　いとこたち
　　2) le grand frère　兄　　la grande sœur　姉
　　　le petit frère　弟　　la petite sœur　妹
　　3) un (des) parent(s) は親類という意味でも使います。
　　4) 話しことばでは，答えるとき C'est... Ce sont... を省略することがあります。
　　　C'est le fils de qui ?　　　　　　　　あれはだれの息子さんですか？
　　　— De M. et Mme Martin.　　　　　　　　—マルタン夫妻のです。
　　　Ce sont les cousins de qui ?　　　　　あれはだれのいとこたちですか？
　　　— D'Annie et (de) Patrick.　(de の省略。p.30参照)　—アニーとパトリックのです。

PRATIQUONS !   練習しましょう!

例にならって,文を書き,CD を聞きながら繰り返し発音してください。
Complétez suivant le modèle, puis écoutez le CD et répétez.

例 1. C'est *le* cousin de qui ? (← un cousin)
あれはだれの従兄弟ですか?

— C'est *le* cousin *de* Gabriel.
ガブリエルの従兄弟です。

2. Ce sont *les* parents de qui ? (← des parents)
あれらはだれのご両親ですか?

— Ce sont *les* parents *d'*Agnès *et de* Jules.
アニエスとジュールのご両親です。

1. C'est .... oncle de qui ? (← un oncle)

— C'est .... oncle .... Michel.

2. C'est .... tante de qui ? (← une tante)

— C'est .... tante .... Lisa et .... Manon.

3. C'est .... petit frère de qui ? (← un petit frère)

— C'est .... petit frère .... André.

4. Ce sont .... cousins de qui ? (← des cousins)

— Ce sont .... cousins .... Luc et .... Alex.

5. Ce sont .... enfants de qui ? (← des enfants)

— Ce sont .... enfants .... M. et Mme Delorme.

LEÇON 14 指示形容詞 (1)：ce, cet, cette

Qui est-ce, ce garçon, ici ?　この男の子はだれですか？

〈指示形容詞（この，その，あの）＋人〉の形で考えてみましょう。

ce　＋（子音字で始まる）男性・単数名詞
　ce garçon　　この［その，あの］男の子

cet　＋（母音字または無音の h で始まる）男性・単数名詞
　cet étudiant　　この［その，あの］男子学生

cette ＋ 女性・単数名詞
　cette fille　　この［その，あの］女の子

（確認）　会話では，遠近を示すために **là**（遠），**là-bas**（遠），**ici**（近）を指示形容詞とともに使うことがあります。

Qui est-ce *ce* garçon, *ici* et *cette* fille, *là* ?
こちらの男の子とあちらの女の子はだれですか？
— C'est Julien et Julia, des copains.
友だちのジュリアンとジュリアです。
Cet homme, *là-bas*, c'est qui ?　　あの男性はだれですか？
— C'est M. Pictus. Un professeur.　— あれはピクテュス氏です。先生です。

注　1）男女が混じった複数は男性・複数としてとりあつかいます。
　　　Qui est-ce, ce garçon et cette fille, là ?　あの男の子と女の子はだれですか？
　　　— (C'est) *Un copain* et *une copine*.　—（あれは）男友だちと女友だちです。
　　　— (Ce sont) *Des copains*.　—（あれらは）友人たちです。
　　3）une, qui, cette は語末が母音字ですが，エリズィオンはしません。
　　　un*e élève*　生徒　　C'est qu*i ici* ?　これはだれ？　　cett*e é*tudiante　この女子学生

（確認）　**不定冠詞，定冠詞，指示形容詞—単数形—のまとめ**

		不定冠詞	定冠詞	指示形容詞	
男性・単数名詞		un garçon	le garçon	ce garçon	男の子
		un ami	l'ami	cet ami	男の友だち
女性・単数名詞		une fille	la fille	cette fille	女の子
		une amie	l'amie	cette amie	女の友だち

PRATIQUONS ! 練習しましょう!

例にならって，文を書き，CD を聞きながら繰り返し発音してください。
Complétez suivant le modèle, puis écoutez le CD et répétez.

例 1. Là-bas, *cette* femme, c'est qui ? (← une femme)
あの女性はだれですか？

— C'est Julia. *La* femme de Paul.
ジュリアです。ポールの奥さんです。

2. Qui est-ce, *cet* homme, là ? (← un homme)
あの男の人はだれですか？

— C'est Chris Sablon. *Un* artiste.
クリス・サブロンです。芸術家です。

1. Qui est-ce, ... jeune fille, ici ? (← une jeune fille)

— C'est Aline. .... étudiante.

2. Qui est-ce, ... garçon, là ? (← un garçon)

— C'est Paolo. .... ami de Jean.

3. .... homme, là-bas, qui est-ce ? (← un homme)

— C'est M. Soler. .... père d'Éric.

4. C'est qui, ... élève, ici ? (← une élève)

— C'est Chloé. .... fille de Mme Lamarck.

5. .... jeune homme, là, c'est qui ? (← un jeune homme)

— C'est Claude Lebrun. .... étudiant.

trente-cinq 35

LEÇON 15

指示形容詞 (2)：ce, cet, cette

Cet hôtel, c'est l'hôtel de qui ? このホテルは、だれのホテルですか？

〈指示形容詞（この，その，あの）＋もの〉の形を考えてみましょう。

ce ＋（子音字で始まる）男性・単数名詞
  ce papier　　　この紙　　　　　　*ce* stylo-feutre　　このサインペン
  ce taille-crayon　　この鉛筆削り

cet ＋（母音字または無音の h で始まる）男性・単数名詞
  cet ordinateur　　このコンピュータ　　*cet* animal　　この動物
  cet hôtel　　　　このホテル

cette ＋ 女性・単数名詞
  cette photo　　　この写真　　　　　　*cette* horloge　　この大時計
  cette enveloppe　　この封筒

Ce papier, c'est le papier de qui ?　　この紙は，だれの紙ですか？
— C'est le papier de Claude.　　— クロードの紙です。
Cet hôtel, c'est l'hôtel de qui ?　　このホテルは，だれのホテルですか？
— C'est l'hôtel de M. et Mme Laffont.　　— ラフォン夫妻のホテルです。
Cette maison, c'est la maison de qui ?　　この家は，だれの家ですか？
— C'est la maison d'Antoine.　　— アントワーヌの家です。

名詞の複数形 (2)

1) 単数形が -s, -x で終わる名詞では単数形と複数形が同形になります。

　　　　un rubi*s*　　　　ルビー　　　　→　des rubi*s*
　　　　un lyn*x*　　　　オオヤマネコ　→　des lyn*x*

2) 複合名詞の複数形

　a) 名詞＋名詞：2つの名詞を複数形にします。
　　　　un stylo-feutre　　サインペン　　→　des stylo*s*-feutre*s*
　b) 形容詞＋名詞：形容詞と名詞を複数形にします。
　　　　une grand-mère　　祖母　　　　　→　des grand*s*-mère*s*
　c) 動詞＋名詞：動詞は不変。名詞は複数形にします。
　　　　un taille-crayon　　鉛筆削り　　→　des taille-crayon*s*

PRATIQUONS ! 練習しましょう!

例にならって、文を書き、CD を聞きながら繰り返し発音してください。
Complétez suivant le modèle, puis écoutez le CD et répétez.

例 1. *Ce* papier, c'est *le* papier de qui ? (← un papier)
　　　この紙、だれの紙ですか？
　　— C'est *le* papier *de* Charles.
　　　シャルルの紙です。

　2. *Cette* photo, c'est *la* photo de qui ? (← une photo)
　　　この写真、だれの写真ですか？
　　— C'est *la* photo *d'*Adrien et *de* Liza.
　　　アドリアンとリザの写真です。

1. _____ graveur, c'est _____ graveur de qui ? (← un graveur) [CD[DVD]レコーダー]

　— C'est _____ graveur _____ M. Volpino.

2. _____ enveloppe, c'est _____ enveloppe de qui ? (← une enveloppe) [封筒]

　— C'est _____ enveloppe _____ M. et Mme Pitois.

3. _____ ordinateur, c'est _____ ordinateur de qui ? (← un ordinateur) [パソコン]

　— C'est _____ ordinateur _____ Gaby et _____ Claire.

4. _____ agrafeuse, c'est _____ agrafeuse de qui ? (← une agrafeuse) [ホッチキス]

　— C'est _____ agrafeuse _____ Hélène.

5. _____ stylo-feutre, c'est _____ stylo-feutre de qui ? (← un stylo-feutre) [サインペン]

　— C'est _____ stylo-feutre _____ Clara.

LEÇON 16

指示形容詞 (3)：ces

C'est qui, ces hommes, là ? あれらの男の人たちはだれですか？

ces（これらの，それらの，あれらの）＋ 男性／女性・複数名詞（人，もの）

ce téléphone	→ *ces* téléphone*s*	これらの電話
cet homme	→ *ces* homme*s*	これらの男たち
cet hôtel	→ *ces* hôtel*s*	これらのホテル
cette femme	→ *ces* femme*s*	これらの女たち

注 1) ces は母音字または無音の h のまえでも使います。
    ces artistes　これらの芸術家たち　　*ces* avenues　これらの大通り
    ces insectes　これらの昆虫　　　　*ces* hôtels　　これらのホテル
  2) cette は母音字または無音の h のまえでもエリズィオンしません。
    cette étudiante　この女子学生　　　cette auberge　この小ホテル

不定冠詞と定冠詞の使い分け

C'est qui, ces hommes, là ?	あれらの男の人たちはだれですか？
— Ce sont *des* pilotes.	— パイロットたちです。
Ces gamins, là, c'est qui ?	あの子どもたちはだれですか？
— Ce sont *les* enfants *de* José.	— ジョゼの子どもたちです。
C'est quoi, ces appareils ?	これらの器具は何ですか？
— Ce sont *des* portables.	— 携帯電話です。
Ces vidéos, là, c'est quoi ?	このビデオは何ですか？
— Ce sont *les* films *d'*Adrien.	— アドリアンの映画です。
Ces élèves, ce sont les élèves de qui ?	あれはだれの生徒たちですか？
— Ce sont *les* élèves *de* Mlle Dutronc.	— デュトロンク先生の生徒たちです。

確認　不定冠詞，定冠詞，指示形容詞のまとめ

名詞の性・数	男性・単数	女性・単数	男性／女性・複数
不定冠詞	un	une	des
定冠詞	le (l')	la (l')	les
指示形容詞	ce (cet)	cette	ces

注　母音字または無音の h のまえでは，（　）内の形になります。

PRATIQUONS !　　練習しましょう！

例にならって，文を書き，CDを聞きながら繰り返し発音してください。
Complétez suivant le modèle, puis écoutez le CD et répétez.

例 1. C'est qui, *ces* jeunes hommes, là ? （← des jeunes hommes）
あの青年たちはだれですか？
— Ce sont *des* pilotes.
パイロットたちです。

2. *Ces* CD, ce sont *les* CD de qui ? （← des CD）
これらのCDはだれのCDですか？
— Ce sont *les* CD *d'*Alexandre.
アレクサンドルのCDです。

1. .... jeunes gens, qui est-ce ? （← des jeunes gens）

— Ce sont .... stewards.

2. C'est qui, ... jeunes femmes, là-bas ? （← des jeunes femmes）

— Ce sont .... hôtesses de l'air.

3. C'est quoi, ... livres ? （← des livres）

— Ce sont .... livres .... M. Veillet.

4. C'est quoi, ... appareils ? （← des appareils）

— Ce sont .... téléphones.

5. .... enfants, ce sont les enfants de qui ? （← des enfants）

— Ce sont .... enfants .... Mme Floirac.

LEÇON 17 所有形容詞 (1)：son, sa

Oui, c'est son cahier.　はい，彼(女)のノートです。

son（彼の，彼女の）＋ 男性・単数名詞

son fils	彼(女)の息子	*son* petit ami	彼女のボーイフレンド
son dictionnaire	彼(女)の辞書	*son* concierge	彼(女)の管理人

sa（彼の，彼女の）＋ 女性・単数名詞

sa fille	彼(女)の娘	*sa* petite amie	彼のガールフレンド
sa règle	彼(女)のものさし	*sa* concierge	彼(女)の管理人

注　母音字または無音の h で始まる語のまえでは，名詞の性に関係なく，son を用います。

son instrument (*m.s.*)	彼(女)の道具	*son* étudiant (*m.s.*)	彼(女)の男子学生
son image (*f.s.*)	彼(女)の絵	*son* étudiante (*f.s.*)	彼(女)の女子学生
son ami (*m.s.*)	彼(女)の男友だち	son amie (*f.s.*)	彼(女)の女友だち

所有形容詞はその名称からもわかるように，「所有・所属」を表わします。

C'est le cahier de Sylvain ?	これはシルバンのノートですか？
— Oui, c'est le cahier de Sylvain.	— はい，シルバンのノートです。
— Oui, c'est *son* cahier.	— はい，彼のノートです。
— Non, c'est le cahier de Marc.	— いいえ，マルクのノートです。
C'est la fille de Mme Lebel ?	あれはルベル夫人の娘ですか？
— Oui, c'est *sa* fille.	— はい，彼女の娘です。
— Non, ce n'est pas *sa* fille.	— いいえ，彼女の娘ではありません。
— Non, c'est la fille de Mme Colas.	— いいえ，コラ夫人の娘です。

名詞と形容詞の女性形

原則	男性単数形 ＋ e　→　女性単数形

un petit ami　ボーイフレンド　→　une petit*e* ami*e*　ガールフレンド

　ただし，男性単数形の語末が e で終わる場合は，男女同形です。

un élèv*e*　男子生徒　→　une élèv*e*　女子生徒

cf. un enfant　男の子　→　une enfant　女の子

PRATIQUONS !　　練習しましょう!

例にならって，文を書き，CD を聞きながら繰り返し発音してください。
Complétez suivant le modèle, puis écoutez le CD et répétez.

例　1. C'est *le* dictionnaire *de* Charles ?　(← un dictionnaire)
　　　　これはシャルルの辞書ですか？

　　　— Oui, c'est *son* dictionnaire.
　　　　はい，これは彼の辞書です。

　　2. C'est *la* concierge *de* M. Bilard ?　(← une concierge)
　　　　あれはビラール氏の管理人ですか？

　　　— Non, c'est *la* concierge *de* M. Morand.
　　　　いいえ，あれはモラン氏の管理人です。

1. C'est .... fils .... Mme Mancini ?　(← un fils) 〔息子〕

　— Oui, c'est .... fils.

2. C'est .... fille .... M. Girez ?　(← une fille) 〔娘〕

　— Oui, c'est .... fille.

3. C'est .... dessin .... Claude ?　(← un dessin) 〔デッサン〕

　— Non, c'est .... dessin .... Dominique.

4. C'est .... image .... Sophie ?　(← une image) 〔絵〕

　— Non, c'est .... image .... Angélique.

5. C'est .... petit ami .... Maya ?　(← un petit ami) 〔ボーイフレンド〕

　— Oui, c'est .... petit ami.

quarante et un　41

LEÇON 18

所有形容詞 (2)：mon, ma, ton, ta

Ce lycée, c'est ton lycée ?　あの高校は君の高校ですか？

mon（私の），ton（君の）＋ 男性・単数名詞

$\left.\begin{array}{l}mon\\ton\end{array}\right\}$ laboratoire $\left\{\begin{array}{l}\text{私の実験室}\\\text{君の実験室}\end{array}\right.$　　$\left.\begin{array}{l}mon\\ton\end{array}\right\}$ collègue $\left\{\begin{array}{l}\text{私の同僚}\\\text{君の同僚}\end{array}\right.$

ma（私の），ta（君の）＋ 女性・単数名詞

$\left.\begin{array}{l}ma\\ta\end{array}\right\}$ salle de classe $\left\{\begin{array}{l}\text{私の教室}\\\text{君の教室}\end{array}\right.$　　$\left.\begin{array}{l}ma\\ta\end{array}\right\}$ collègue $\left\{\begin{array}{l}\text{私の同僚}\\\text{君の同僚}\end{array}\right.$

注　母音字または無音の h で始まる語のまえでは，名詞の性に関係なく，mon, ton を用います。

　　mon atelier (*m.s.*)　私の仕事場　　　*ton* université (*f.s.*)　君の大学

所有形容詞は「所有・所属」を表わします。

Ce lycée, c'est *ton* lycée ?	あのリセは君のリセですか？
— Oui, c'est *mon* lycée.	— はい，私のリセです。
Cette dame, c'est *ta* collègue ?	あの婦人は君の同僚ですか？
— Oui, c'est *ma* collègue.	— はい，私の同僚です。
Yves, Jean c'est *ton* collègue ?	イヴ，ジャンは君の同僚ですか？
— Oui, c'est *mon* collègue.	— はい，私の同僚です。
Là, c'est *ma* classe ?	あれが私の教室ですか？
— Non, ce n'est pas *ta* classe.	— いや，君の教室ではありません。

特殊な複数形

	単数		複数
monsieur …氏（男性への敬称）	un monsieur	男の人	des messieurs
madame …夫人（既婚女性への敬称）	une dame	夫人	des dames
mademoiselle …嬢（未婚女性への敬称）	une demoiselle	お嬢さん	des demoiselles

PRATIQUONS ! 練習しましょう!

例にならって，文を書き，CD を聞きながら繰り返し発音してください。
Complétez suivant le modèle, puis écoutez le CD et répétez.

例 1. Élise, *ce* stylo, c'est *ton* stylo ? (← un stylo)
   エリーズ，この万年筆は君の万年筆ですか？

— Oui, c'est *mon* stylo.
   はい，私の万年筆です。

2. Freddie, *cette* demoiselle, c'est *ta* collègue ? (← une collègue)
   フレディー，あのお嬢さんは君の同僚ですか？

— Non, ce n'est pas *ma* collègue. C'est *la* collègue *de* Marthe.
   いいえ，私の同僚ではありません。マルトの同僚です。

1. Marie, ... fille, c'est .... copine ? (← une copine) ^女友だち^

— Oui, c'est .... copine.

2. Lulu, ... chat, c'est .... chat ? (← un chat) ^猫^

— Non, ce n'est pas .... chat. C'est .... chat .... Léa.

3. Tom, ... garçon, c'est .... ami ? (← un ami) ^友だち^

— Non, ce n'est pas .... ami. C'est .... ami .... Hervé.

4. Lydie, ... école, c'est .... école ? (← une école) ^学校^

— Oui, c'est .... école.

5. Jacques, ... institut, c'est .... institut ? (← un institut) ^学院^

— Oui, c'est .... institut.

LEÇON 19

所有形容詞 (3)：mes, tes, ses

Ce sont mes enfants.　あれは私の子どもたちです。

mes（私の），**tes**（君の），**ses**（彼の，彼女の）＋男性／女性・複数名詞

　　mes parents　　　　私の両親（← mon père + ma mère）
　　tes petits-enfants　君の孫たち（← ton petit-fils + ta petite-fille）
　　ses cousins　　　　彼（女）のいとこたち（← son cousin + sa cousine）

注　母音字または無音の h で始まる名詞であっても，その名詞が複数形の場合，所有形容詞の使い分けはありません。

　　mes avocats　私の男性弁護士たち　　mes avocates　私の女性弁護士たち

所有形容詞は，「所有・所属」を表わします。

　　Ce sont les gants de Daniel ?　　これはダニエルの手袋ですか？
　　— Oui, ce sont *ses* gants.　　　— はい，彼の手袋です。
　　Ce sont les enfants de Daniel ?　あれはダニエルの子どもたちですか？
　　— Non, ce sont *mes* enfants.　　— いいえ，私の子どもたちです。

確認　不定冠詞，定冠詞，指示形容詞，所有形容詞は，複数名詞のまえでは性・数の変化はありません。

　　　　des [les, ces, mes, tes, ses] ＋男性／女性・複数名詞

　　Voilà *des* enfants. Ce sont *les* enfants d'Aline ?
　　あそこに子どもたちがいます。あれはアリーヌの子どもたちですか？
　　— Non (ce ne sont pas *ses* enfants). Ce sont *mes* enfants.
　　いいえ（彼女の子どもたちではありません）。私の子どもたちです。

注　voici は話者に近いものや人をさして，「ここに…がある［いる］，これは…です」を，voilà は話者から遠いものや人をさして，「あそこに…がある［いる］，あれは…です」を意味します。ただし，最近の会話では，両者を対置するとき以外はもっぱら voilà が用いられます。

　　Voici les livres de Paul, *voilà* mes livres.　これはポールの本で，あれは私の本です。
　　Voilà mes parents.　　　　　　　　　　　　あれ［これ］は私の両親です。

PRATIQUONS !　　練習しましょう!

例にならって，文を書き，CD を聞きながら繰り返し発音してください。
Complétez suivant le modèle, puis écoutez le CD et répétez.

例 1. Mireille, ce sont *tes* frères ? (← des frères)
　　　ミレーユ，あれは君の兄弟ですか？

　　— Oui, ce sont *mes* frères.
　　　はい，私の兄弟です。

2. Ce sont *les* bottes *de* Stella ? (← des bottes)
　　これはステラのブーツですか？

　　— Non, ce ne sont pas *ses* bottes.
　　　いいえ，彼女のブーツではありません。

1. Charlotte, ce sont .... gants ? (← des gants) 〔手袋〕

　　— Oui, ce sont .... gants.

2. Ce sont .... chaussures .... Lucie ? (← des chaussures) 〔靴〕

　　— Oui, ce sont .... chaussures.

3. Ce sont .... filles .... Anatole ? (← des filles) 〔娘たち〕

　　— Oui, ce sont .... filles.

4. Adrien, ce sont .... photos ? (← des photos) 〔写真〕

　　— Non, ce ne sont pas .... photos.

5. Ce sont .... enfants .... Mme Girard ? (← des enfants) 〔子どもたち〕

　　— Non, ce ne sont pas .... enfants.

LEÇON 20

所有形容詞 (4)：notre, votre, leur

C'est votre livre, les enfants ?　みんな，これは君たちの本なの？

notre（私たちの），**votre**（あなたの，あなたたちの），**leur**（彼らの，彼女らの）＋ 男性 / 女性・単数名詞

notre professeur (*m/f.s.*)	私たちの先生
notre sac (*m.s.*)	私たちのバッグ
notre chien (*m.s.*)	私たちの犬
notre chienne (*f.s.*)	私たちの雌犬
votre voisin(*e*) (*m/f.s.*)	あなた(たち)の隣人
votre voiture (*f.s.*)	あなた(たち)の車
votre chat (*m.s.*)	あなた(たち)猫
votre chatte (*f.s.*)	あなた(たち)の雌猫
leur fils (*m.s.*)	彼(女)らの息子
leur fille (*f.s.*)	彼(女)らの娘
leur copain (*m.s.*)	彼(女)らの仲間
leur copine (*f.s.*)	彼(女)らの仲間
leur vélo (*m.s.*)	彼(女)らの自転車
leur moto (*f.s.*)	彼(女)らのバイク

注　notre, votre は語末が母音字で終わりますが，エリズィオンはしません。

notre adresse	私たちの住所	*votre* hôtel	あなた(たち)のホテル
notre oncle	私たちのおじ	*votre* ami(*e*)	あなた(たち)の友だち

所有形容詞は，「所有・所属」を表わします。

C'est *votre* livre, les enfants ?　　みんな，これは君たちの本ですか？
— Oui, c'est *notre* livre.　　— はい，これはぼくたちの本です。

C'est *leur* maman, n'est-ce pas ?　　この人は彼らのお母さんですよね？
— Non, ce n'est pas *leur* maman.　　— いいえ，彼らのお母さんではありません。
Alors, c'est qui ?　　それじゃあ，だれですか？
— C'est *leur* grande sœur.　　— 彼らのお姉さんです。

PRATIQUONS !　　練習しましょう!

例にならって，文を書き，CDを聞きながら繰り返し発音してください。
Complétez suivant le modèle, puis écoutez le CD et répétez.

例 1. Anita, Stella, c'est *votre* valise ? (← une valise)
　　　アニタ，ステラ，これは君たちのスーツケースですか？

　　— Oui, c'est *notre* valise.
　　　はい，これは私たちのスーツケースです。

2. C'est *la* grand-mère *d'*Adrien et *de* Lucie ? (← une grand-mère)
　　これはアドリアンとリュシーのおばあさんですか？

　　— Non, ce n'est pas *leur* grand-mère.
　　　いいえ，これは彼らのおばあさんではありません。

1. Sonia, Hélène, c'est .... cousin ? (← un cousin) 〔従兄弟〕

　　— Oui, c'est .... cousin.

2. C'est .... CD .... Tom et .... Luc ? (← un CD)

　　— Non, ce n'est pas .... CD.

3. C'est .... chat .... Rémy et .... Joël ? (← un chat) 〔猫〕

　　— Oui, c'est .... chat.

4. Madame, Monsieur, c'est .... sac ? (← un sac) 〔お客さまがた／バッグ〕

　　— Oui, c'est .... sac.

5. C'est .... adresse .... M. et Mme Joly ? (← une adresse) 〔住所〕

　　— Non, ce n'est pas .... adresse.

quarante-sept　47

LEÇON 21

所有形容詞 (5)：nos, vos, leurs

Ce sont vos verres, Messieurs ? これらはあなたたちのグラスですか？

nos（私たちの），**vos**（あなたの，あなたたちの），**leurs**（彼らの，彼女らの）
＋男性／女性・複数名詞

nos voisins (*m.pl.*)	私たちの隣人たち	(← notre voisin ＋ notre voisine)
nos assiettes (*f.pl.*)	私たちの皿	(← notre assiette)
vos enfants (*m.pl.*)	あなた(たち)の子どもたち	(← votre fils ＋ votre fille)
vos couteaux (*m.pl.*)	あなた(たち)のナイフ	(← votre couteau)
leurs cousins (*m.pl.*)	彼(女)らのいとこたち	(← leur cousin ＋ leur cousine)
leurs fourchettes (*f.pl.*)	彼(女)らのフォーク	(← leur fourchette)

注　leur と leurs の発音は同じですから，leur fourchette と leurs fourchettes の発音は同じになります。ただし，母音字または無音の h のまえでは，アンシェヌマンやリエゾンがあります。
　　leur‿enfant［ル**ラ**ンファン］　彼(女)らの子ども
　　leurs‿enfants［ル**ザ**ンファン］　彼(女)らの子どもたち

所有形容詞は，「所有・所属」を表わします。

Ce sont *vos* verres, Messieurs ?　　　みなさん，これらはあなたたちのグラスですか？
— Oui, ce sont *nos* verres.　　　　　　— はい，私たちのグラスです。

Là, ce sont les parents de Luc et d'Isa ?　あれらはリュックとイザの両親ですか？
— Non, ce ne sont pas *leurs* parents.　— いや，彼らの両親ではありません。

名詞の複数形 (3)

1) 単数形が -eau, -au で終わる名詞の複数形

un couteau	1本のナイフ	→ des couteau*x*
un bureau	1軒のオフィス	→ des bureau*x*
un oiseau	1羽の鳥	→ des oiseau*x*

2) 英語からの外来語

    un(*e*) baby-sitter　　1人のベビーシッター　→ des baby-sitter*s*
    un side-car　サイドカー　→ des side-car*s*

PRATIQUONS ! 練習しましょう!

例にならって，文を書き，CD を聞きながら繰り返し発音してください。
Complétez suivant le modèle, puis écoutez le CD et répétez.

例 1. Maman, ce sont *nos* sandwichs ?（← des sandwichs）
母さん，これらはぼくたちのサンドイッチなの？

— Oui, ce sont *vos* sandwichs.
はい，あなたたちのサンドイッチよ。

2. Ce sont *les* cousins de Léa et d'Alain ?（← des cousins）
あの人たちはレアとアランのいとこですか？

— Non, ce ne sont pas *leurs* cousins.
いいえ，彼らのいとこではありません。

1. Alice, Olivier, ce sont .... verres ?（← des verres） (グラス)

— Oui, ce sont .... verres.

2. Paul, Lucas, ce sont .... DVD ?（← des DVD）

— Non, ce ne sont pas .... DVD.

3. Ce sont .... amis des voisins ?（← des amis） (隣人たち) (友人たち)

— Oui, ce sont .... amis.

4. Ce sont .... bureaux des architectes ?（← des bureaux） (建築家たち) (オフィス)

— Non, ce ne sont pas .... bureaux.

5. Ce sont .... livres, Monsieur ?（← des livres） (本)

— Non, ce ne sont pas .... livres, les enfants.

LEÇON 22

疑問形容詞 (1)：quel, quelle

Quelle voiture ? どんな車？

quel （どのような，なに）+ 男性・単数名詞

quel garçon ？　どんな男の子？　　*quel* étudiant ？　どんな男子学生？
quel animal ？　どんな動物　　　　*quel* hôtel ？　　どんなホテル？

quelle （どのような，なに）+ 女性・単数名詞

quelle fille ？　　どんな女の子　　*quelle* étudiante ？　どんな女子学生？
quelle adresse ？　何という住所？　*quelle* housse ？　　どんなカバー

注　quelle は母音字または無音の h のまえでもエリズィオンしません。

Cet homme, c'est le père de Julien ?　あの男性はジュリアンの父親ですか？
— *Quel* homme ?　　　　　　　　　　— どんな男性？
Cet homme-là.　　　　　　　　　　　あの男性です。

Cette voiture, c'est votre voiture ?　この車はあなたの車ですか？
— *Quelle* voiture ?　　　　　　　　— どんな車？
Cette voiture-ci.　　　　　　　　　この車です。

Cet hôtel, c'est l'hôtel Ritz ?　　　あのホテルはリッツホテルですか？
— *Quel* hôtel ?　　　　　　　　　　— どんなホテル？
Cet hôtel, là-bas, devant.　　　　あちらの前のホテルですよ。

注　指示形容詞を使うとき，遠近を示したいときは，-ci（近），-là（遠）を名詞の後につけます。

確認　不定冠詞，定冠詞，指示形容詞，所有形容詞，疑問形容詞—単数形—のまとめ

名詞の性・数	男性・単数	女性・単数
不定冠詞	un	une
定冠詞	le (l')	la (l')
指示形容詞	ce (cet)	cette
所有形容詞	mon, ton, son	ma (mon), ta (ton), sa (son)
	notre, votre, leur	
疑問形容詞	quel	quelle

PRATIQUONS !　　練習しましょう!

例にならって，文を書き，CD を聞きながら繰り返し発音してください。
Complétez suivant le modèle, puis écoutez le CD et répétez.

例 1. Tony, c'est ton parking ?　　　　　トニー，あれは君の駐車場なの？
　　　— *Quel* parking ?　　　　　　　　— どんな駐車場？
　　Ce parking-là.　　　　　　　　　　あの駐車場だよ。
　　　— Oui, c'est *mon* parking.　　　　— はい，あれはぼくの駐車場だよ。

　　2. C'est la maison de Gilles et de Laure ?　これはジルとロールの家なの？
　　　— *Quelle* maison ?　　　　　　　— どんな家？
　　Cette maison-ci.　　　　　　　　　この家だよ。
　　　— Non, ce n'est pas *leur* maison.　　— いや，これは彼らの家ではない。

1. Cédric, c'est ton chien (*m.s.*) ? 〔犬〕

　— .... chien ?

　............................ chien-là.

　— Oui, c'est .... chien.

2. Monsieur, Madame, c'est votre villa (*f.s.*) ? 〔別荘〕

　— .... villa ?

　............................ villa, là-bas.

　— Non, ce n'est pas .... villa.

3. C'est le numéro de portable de Nicolas et de Maya ? 〔携帯電話番号〕

　— .... numéro ?

　............................ numéro-ci.

　— Non, ce n'est pas .... numéro.

4. C'est votre voiture, Mme Gillier ?

　— .... voiture ?

　............................ voiture-là.

　— Oui, c'est .... voiture.

cinquante et un　51

LEÇON 23

疑問形容詞 (2)：quels, quelles

Quels étudiants ? — どのような男子学生たち？

quels（どのような，なに）＋ 男性・複数名詞

quels étudiants ?	どのような男子学生たち？
quels hôtels ?	どんなホテル？

quelles（どのような，なに）＋ 女性・複数名詞

quelles étudiantes ?	どのような女子学生たち？
quelles lunettes ?	どんな眼鏡？

Ce sont tes chats ?	あれは君の猫なの？
— *Quels* chats ?	— どんな猫？
Ces chats-là.	あの猫ですよ。
— Oui, ce sont mes chats.	— はい，私の猫たちです。
Ce sont ses élèves ?	あれは彼(女)の生徒たちなの？
— *Quels* élèves ?	— どのような生徒たち？
Ces élèves-ci.	この生徒たちですよ。
— Oui, ce sont ses élèves.	— はい，彼(女)の生徒たちです。
Ce sont leurs lunettes ?	これは彼(女)らの眼鏡ですか？
— *Quelles* lunettes ?	— どんな眼鏡？
Cette paire de lunettes-ci.	この眼鏡だよ。
— Oui, ce sont leurs lunettes.	— はい，彼(女)らの眼鏡です。

注　une paire de ＋複数名詞「1組の…，1対の…」

une paire de chaussures または *des* chaussures	1足の靴
une paire de ciseaux または *des* ciseaux	1丁のはさみ
une paire de lunettes または *des* lunettes	1本の眼鏡
une paire de gants または *des* gants	1組の手袋

確認　不定冠詞，定冠詞，指示形容詞，所有形容詞，疑問形容詞—複数形—のまとめ

名詞の性・数	不定冠詞	定冠詞	指示形容詞	所有形容詞	疑問形容詞
男性／女性・複数	des	les	ces	mes, tes, ses nos, vos, leurs	quels (*m.pl.*) quelles (*f.pl.*)

注　疑問形容詞をのぞいて，男性複数形と女性複数形は同形です。

PRATIQUONS ! 練習しましょう!

例にならって，文を書き，CD を聞きながら繰り返し発音してください。
Complétez suivant le modèle, puis écoutez le CD et répétez.

例
1. Cyril, ce sont tes livres ? シリル，あれは君の本なの？
   — *Quels* livres ? — どんな本？
   Ces livres-là. あの本だよ。
   — Oui, ce sont *mes* livres. — はい，あれは私の本よ。

2. Ce sont les lunettes de Rose et de Lina ? これはローズとリナの眼鏡なの？
   — *Quelles* lunettes ? — どんな眼鏡？
   Ces lunettes-ci. この眼鏡だよ。
   — Non, ce ne sont pas *leurs* lunettes. — いや，これは彼女らの眼鏡ではない。

1. Sébastien, ce sont tes baskets (*f.pl.*) ?
   — .... baskets ?
   .... baskets-ci.
   — Oui, ce sont .... baskets.

2. Éva, Daniel, ce sont vos ciseaux (*m.pl.*) ?
   — .... ciseaux ?
   .... ciseaux-là.
   — Oui, ce sont .... ciseaux.

3. Ce sont les enfants (*m.pl.*) de M. et Mme Lourmel ?
   — .... enfants ?
   .... enfants, là-bas.
   — Non, ce ne sont pas .... enfants.

4. Ce sont les sandales (*f.pl.*) de Philippe et de Lisa ?
   — .... sandales ?
   .... sandales-là.
   — Non, ce ne sont pas .... sandales.

LEÇON 24 前置詞 de と所有形容詞

C'est l'amie de mon frère.　あれは私の兄の女友だちです。

定冠詞 ＋ 名詞 ＋ **de** ＋ 所有形容詞付きの名詞

定冠詞 ＋ 名詞 ＋ **de** ＋ { mon, ma, mes　私の
ton, ta, tes　君の
son, sa, ses　彼(女)の
notre, nos　私たちの
votre, vos　あなた(たち)の
leur, leurs　彼(女)らの } ＋名詞

C'est { l'ami(e) *de mon* frère.　私の兄[弟]の友だちです。
le musée *de ma* ville.　私の町の美術館です。
la clé *de mes* bagages.　私の荷物の鍵です。
la stéréo *de votre* fils.　あなた(たち)の息子のステレオです。
le chien *de leur* ami(e).　彼(女)らの友だちの犬です。 }

Ce sont { les sacs *de nos* étudiants.　私たちの学生たちのバッグです。
les clés *de vos* voisins.　あなた(たち)の隣人たちの鍵です。
les chats *de leurs* parents.　彼(女)らの両親の猫です。
les enfants *de leurs* ami(e)s.　彼(女)らの友人たちの子どもたちです。 }

注　アンシェヌマン：leur enfant［ルーらンファン］　　leur ami［ルーらミ］
　　　リエゾン　　　　：leurs enfants［ルーる**ザ**ンファン］　leurs amis［ルーる**ザ**ミ］

Qui est-ce, ce garçon ?　　　　　　　　　あの男の子はだれですか？
— C'est le fils de mon amie Julie.　　　— 私の友人ジュリーの息子です。

C'est qui, ces filles ?　　　　　　　　　あの女の子たちはだれですか？
— Ce sont les filles de ma voisine.　　 — 私の隣人の女の子たちです。

Qu'est-ce que c'est, ces livres ?　　　　これらの本は何ですか？
— Ce sont les livres de mes étudiants.　— 私の学生たちの本です。

C'est quoi, ces lettres ?　　　　　　　　これらの手紙は何ですか？
— Ce sont les lettres de nos enfants.　 — 私たちの子どもたちの手紙です。

PRATIQUONS !   練習しましょう!

例にならって，文を書き，CD を聞きながら繰り返し発音してください。
Complétez suivant le modèle, puis écoutez le CD et répétez.

例 1. C'est *la* fiancée (*f.s.*) *de* son frère ?
   あれは彼(女)の兄[弟]のフィアンセですか？

   — Oui, c'est *la* fiancée *de son* frère.
   はい，あれは彼(女)の兄[弟]のフィアンセです。

2. Ce sont *les* lettres (*f.pl.*) *de* vos parents ?
   これはあなたたちの両親の手紙ですか？

   — Non, ce ne sont pas *les* lettres *de nos* parents.
   いいえ，これは私たちの両親の手紙ではありません。

1. Lili, c'est .... moto (*f.s.*) .... ton frère ?

   — Oui, c'est .... moto .... frère.

2. Adrien, c'est .... manteau (*m.s.*) .... ta copine ?

   — Non, c'est .... manteau .... sœur.

3. Jodie, ce sont .... DVD (*m.pl.*) .... tes copains ?

   — Oui, ce sont .... DVD .... copains.

4. C'est .... poubelle (*f.s.*) .... sa concierge ?

   — Oui, c'est .... poubelle .... concierge.

5. Monsieur, c'est .... voiture (*f.s.*) .... votre fille ?

   — Non, c'est .... voiture .... femme.

LEÇON 25 前置詞 de と定冠詞の縮約

C'est le parapluie du voisin. あれは隣人の傘です。

de + 定冠詞付きの名詞

de +	**le** + 男性・単数名詞	→ **du** + 名詞
	la + 女性・単数名詞	→ de la + 名詞（縮約はありません）
	l' +（母音字また無音の h で始まる）男性／女性・単数名詞	→ de l' + 名詞（縮約はありません）
	les + 男性／女性・複数名詞	→ **des** + 名詞

定冠詞＋名詞＋ de ＋定冠詞付きの名詞

le fils *du* concierge	男性管理人の息子
le parapluie *du* voisin	隣人の傘
la fille *de la* concierge	女性管理人の娘
la poubelle *de la* voisine	隣人のごみ箱
le musée *de l'* Homme	人類博物館
le rond-point *de l'* avenue Hoche	オッシュ大通りのロータリー
les enfants *des* Diaz	ディアズ夫妻の子どもたち
les jouets *des* enfants	子どもたちの玩具
les boutiques *des* Halles	中央市場の店

注 1)〈**les** + 人名〉: *les* Diaz ディアズ一家, ディアズ家の人々, ディアズ夫妻
les enfants *des* Diaz　ディアズ夫妻の子どもたち
le jardin *des* Diaz　ディアズ家の庭
2)〈**de** + 定冠詞の付かない固有名詞〉
le chapeau *de* M. Limoux　リムー氏の帽子
la place *d'*Italie　イタリア広場
3)〈**de** + 不定冠詞 + 名詞〉では縮約はありません。
le livre *d'*un(*e*) ami(*e*)　ある友だちの本
4) 縮約形の des と不定冠詞の des を混同しないようにしましょう。
Ce sont *des* stylos.　これらは万年筆です。（des は不定冠詞の複数形）
Ce sont les jouets *des* enfants.　これらは子どもたちの玩具です。（des は de + les の縮約形）

PRATIQUONS !   練習しましょう!

例にならって，文を書き，CD を聞きながら繰り返し発音してください。
Complétez suivant le modèle, puis écoutez le CD et répétez.

例 1. C'est quelle voiture, ça ?
    あれはどんな車ですか？

— C'est *la* voiture *du* patron.
    オーナーの車です。

2. Ici, ce sont quels jouets ?
    ここにある，これはどんなおもちゃですか？

— Ce sont *les* jouets *de la* petite fille.
    その少女のおもちゃです。

       車
1. C'est quelle voiture, ça ?

                                      隣人
— C'est .... voiture .... voisin.

       オーナー
2. C'est quel patron ?

— C'est .... patron .... M. et Mme Jaubert.

            スーツケース
3. Ce sont quelles valises, ça ?

— Ce sont .... valises .... dame.

              辞書
4. Ce sont quels dictionnaires, ici ?

                                                    通訳
— Ce sont .... dictionnaires .... interprète.

           ノート
5. Là, ce sont quels cahiers ?

                                          生徒
— Ce sont .... cahiers .... élèves.

LEÇON 26 前置詞 à と定冠詞の縮約

C'est à Paris. それはパリにあります。

à ＋定冠詞付きの名詞

à ＋	le ＋ 男性・単数名詞	→ **au** ＋ 名詞
	la ＋ 女性・単数名詞	→ **à la** ＋ 名詞（縮約はありません）
	l' ＋（母音字また無音の h で始まる）男性／女性・単数名詞	→ **à l'** ＋ 名詞（縮約はありません）
	les ＋ 男性／女性・複数名詞	→ **aux** ＋ 名詞

(à le Trocadéro) → *au* Trocadéro　　トロカデロ広場に
(à la Bastille) → *à la* Bastille　　バスティーユ広場に
(à l'Opéra) → *à l'*Opéra　　オペラ座に
(à les Invalides) → *aux* Invalides　　アンヴァリッド軍事博物館に

Les Champs-Élysées, c'est où ?　　シャンゼリゼ通りはどこにありますか？
— C'est à Paris.　　— パリにあります。
C'est où, la grande Fnac à Paris ?　　パリのフナック書店はどこにありますか？
— C'est *au* Forum des Halles.　　— それは中央市場にあります。
Le musée Picasso, où est-ce ?　　ピカソ美術館はどこにありますか？
— C'est dans le Marais.　　— マレ地区にあります。

注 1) où は「どこに，どこへ」という意味で，場所をたずねる疑問副詞です。
　　 2) 〈à ＋ 都市名（定冠詞の付かない固有名詞）〉
　　　　 à Paris　パリに　　*à* Lyon　リヨンに
　　 3) 〈dans ＋定冠詞＋地域名〉
　　　　 dans le Marais　マレー地区に　　*dans* la région de la Loire　ロワール川地域に
　　　　 dans les Landes　ランド地方に　　*dans* la vallée du Rhône　ローヌ川流域に
　　 4) シャンゼリゼ通りで : *sur* les Champs-Élysées または *aux* Champs-Élysées（話しことば）
　　　　 Le magasin Uniqlo, c'est où à Paris ?　　ユニクロはパリのどこにありますか？
　　　　 — À l'Opéra ou (bien) aux Champs-Élysées.　　— オペラ座かシャンゼリゼ通りにあります。

PRATIQUONS !　　練習しましょう!

例にならって，文を書き，CD を聞きながら繰り返し発音してください。
Complétez suivant le modèle, puis écoutez le CD et répétez.

例 1. C'est où, le musée du Louvre ? À Paris ?
　　　ルーブル美術館はどこにありますか？パリにですか？

　　— Oui, c'est *à* Paris.
　　　はい，パリにあります。

2. Où est-ce, le musée de l'Homme ? À *la* Bastille (*f.s.*) ?
　　人類博物館はどこにありますか？　バスティーユ広場にですか？

　— Non, c'est *au* Trocadéro. (*m.s.*)
　　いいえ，トロカデロ広場にあります。

1. C'est où, le Centre Pompidou (ポンピドゥーセンター) ? .... Bordeaux (ボルドー) ?

　— Non, c'est .... Paris.

2. Le restaurant Chez Lion, c'est où ? .... Villette (ヴィレット公園) (*f.s.*) ?

　— Non, c'est .... Bastille (*f.s.*).

3. C'est où, l'Arc de Triomphe (凱旋門) ? .... Défense (デファンス地区) (*f.s.*) ?

　— Non, c'est .... Étoile (エトワール広場) (*f.s.*).

4. Où est-ce, la tour Eiffel ? .... Champs-Élysées (*m.pl.*) ?

　— Non, c'est .... Champ-de-Mars (シャン・ド・マルス公園) (*m.s.*).

5. C'est où, le musée de l'Armée ? .... Marais (*m.s.*) ?

　— Non, c'est .... Invalides (*m.pl.*).

LEÇON 27 国名や地方名と前置詞の関係

C'est où, Tokyo ? 東京はどこにありますか？

1. **à** + 定冠詞（le）+ 子音で始まる男性・単数国名

au Japon　　日本に　　　　*au* Portugal　　ポルトガルに
au Vietnam　　ヴェトナムに　　*au* Canada　　カナダに
C'est où, Tokyo ?　　東京はどこにありますか？
— (C'est) **Au** Japon.　　— 日本にです。

2. **en** + 女性国名あるいは母音で始まる男性・単数国名

en France　　フランスに　　　　*en* Italie　　イタリアに
en Australie　　オーストラリアに　　*en* Irak　　イラクに
Pise, où est-ce ?　　ピサはどこにありあますか？
— (C'est) **En** Italie.　　— イタリアにです。

3. **à** + 定冠詞（les）+ 男性／女性・複数国名

aux Pays-Bas　　オランダに　　　　*aux* États-Unis　　アメリカ合衆国に
aux Philippines　　フィリピンに
C'est où, Chicago ?　　シカゴはどこにありあますか？
— (C'est) **Aux** États-Unis.　　— アメリカ合衆国にです。

注　à + 冠詞を伴わない例外的国名
à Singapour　　シンガポールに　　*à* Cuba　　キューバに
à Madagascar　　マダガスカルに　　*à* Taiwan　　台湾に

4. **en** + 地方名

en Provence　　プロヴァンス地方に　　*en* Bretagne　　ブルターニュ地方に
en Normandie　　ノルマンディー地方に　　*en* Europe　　ヨーロッパ地方に
Où est-ce que c'est, Avignon ?　　アヴィニョンはどこにありあますか？
— (C'est) **En** Provence.　　— 南仏にです。

5. **dans** + 県名あるいは1部の地方名

dans le Quercy　　ケルシー県に　　　dans la Drôme　　ドローム県に
dans l'Ain　　アン県に　　　　　　dans les Pyrénées　　ピレネー地方に
dans le Périgord　　ペリゴール地方に　dans le Shikoku　　四国に
dans les Alpes　　アルプス地方に　　dans le Kanto　　関東地方に

PRATIQUONS !   練習しましょう！

例にならって，文を書き，CD を聞きながら繰り返し発音してください。
Complétez suivant le modèle, puis écoutez le CD et répétez.

例 1. C'est où, l'île de Bohol ? (les Phillippines)
ボホル島はどこにありますか？

— C'est *aux* Philippines.
フィリピンにあります。

2. La ville d'Osaka, c'est où ? (le Kansaï, le Japon)
大阪はどこにありますか？

— C'est *dans le* Kansaï, *au* Japon.
日本の関西地方にあります。

北海道
1. C'est où, l'île de Hokkaïdo ? (le Japon)

— C'est .... Japon.

万里の長城
2. Où c'est, la Grande Muraille ? (la Chine)

— C'est .... Chine.

ピサの斜塔
3. C'est où, la tour de Pise ? (l' Italie)

— C'est .... Italie.

グーゲンハイム美術館
4. Le musée Guggenheim, c'est où ? (les États-Unis, New York)

— C'est .... États-Unis, ... New York.

モンブラン
5. Où est-ce que c'est, le Mont-Blanc ? (les Alpes, la France)

— C'est .... Alpes, ... France.

soixante et un 61

LEÇON 28 形容詞と名詞の性・数

C'est un gilet de quelle couleur ? それは何色のベストですか？

形容詞も名詞も同じ性・数変化をします。

	単数	複数	単数	複数
男性	espagnol	espagnol*s*	étudiant	étudiant*s*
女性	espagnol*e*	espagnol*es*	étudiant*e*	étudiant*es*

un étudiant espagnol	1人のスペイン人男子学生
des étudiant*s* espagnol*s*	数人のスペイン人男子学生たち
une étudiant*e* espagnol*e*	1人のスペイン人女子学生
des étudiant*es* espagnol*es*	数人スペイン人女子学生たち

C'est un gilet de quelle couleur ?	それは何色のベストですか？
— C'est un gilet vert.	― 緑色のベストです。
Ce sont des vestes de quelle couleur ?	それらは何色のジャケットですか？
— Ce sont des vestes vert*es* et noir*es*.	― 緑と黒のジャケットです。
Ce n'est pas une robe bleu*e* ?	それは青のドレスではないのですか？
— Si, c'est une robe bleu*e*.	― いいえ，青のドレスです。
C'est un sac noir et blanc ?	それは黒と白のバッグですか？
— Non, c'est un sac vert et rouge.	― いいえ，緑と赤のバッグです。

注
1) 色や国籍を表わす形容詞は，名詞のあとにきます。
2) 語末が -e で終わる形容詞や名詞は男女同形です。
   un imperméable roug*e*　1着の赤いレインコート
   une jupe roug*e*　1枚の赤いスカート
   un(*e*) élèv*e* sag*e*　1人の聞き分けのいい男子［女子］生徒
3) marron「栗色の」や orange「オレンジ色の」は不変です。
4) 語末が -au, -eau で終わる形容詞や名詞の複数形は，-aux, -eaux となります。
   b*eau* → b*eaux*　美しい　　mant*eau* → mant*eaux*　コート
   chap*eau* → chap*eaux*　帽子　　tuy*au* → tuy*aux*　管
5) 男性名詞と女性名詞がまじった複数形は，男性・複数形としてとりあつかいます。
   une cravate et un gilet noir*s*　黒いネクタイとベスト

PRATIQUONS !　　練習しましょう!

例にならって，文を書き，CD を聞きながら繰り返し発音してください。
Complétez suivant le modèle, puis écoutez le CD et répétez.

例 1. C'est un costume (*m.s.*) de quelle couleur ? (noir / blanc)
それはなに色のスーツですか？

— C'est un costume *noir* et *blanc*.
黒と白のスーツです。

2. Ce sont des robes (*f.pl.*) de quelle couleur ? (bleu / rose)
それらはなに色のドレスですか？

— Ce sont des robes *bleues* et *roses*.
青とピンクのドレスです。

　　　　　　　　レインコート　　　　　　　　　　　　栗色の　　白い
1. C'est un imperméable (*m.s.*) de quelle couleur ? (marron / blanc)

— C'est un imperméable _____ et _____ .

　　　　　　　ワイシャツ　　　　　　　　　　オレンジ色の　黒い
2. C'est une chemise (*f.s.*) de quelle couleur ? (orange / noir)

— C'est une chemise _____ et _____ .

　　　　　　　　コート　　　　　　　　　　　　　　緑の　　青い
3. Ce sont des manteaux (*m.pl.*) de quelle couleur ? (vert / bleu)

— Ce sont des manteaux _____ et _____ .

　　　　　　　　マフラー　　　　　　　　　　　　灰色の　黄色の
4. Ce sont des écharpes (*f.pl.*) de quelle couleur ? (gris / jaune)

— Ce sont des écharpes _____ et _____ .

　　　　　　　　ベスト　　　　　　　　　　　　　　白い　黒い
5. Ce sont des gilets (*m.pl.*) de quelle couleur ? (blanc / noir)

— Ce sont des gilets _____ et _____ .

LEÇON 29 形容詞と名詞の女性形 (1)

C'est un bon patron. あれはよい経営者です。

女性形の例外 （形容詞も名詞も同じ変化をします）

C'est un bon patron. あれはよい男性経営者です。
C'est une bon*ne* patron*ne*. あれはよい女性経営者です。

C'est une musicien*ne* italien*ne* ? あれはイタリア人の音楽家ですか？
— Non, c'est une musicien*ne* brésilien*ne*. — いいえ，ブラジル人の音楽家です。

男性・単数	女性・単数	男性・単数	女性・単数	
（原則）-	→ -e	excellent	→ excellent*e*	優れた
		joli	→ joli*e*	きれいな
		un ami	→ une ami*e*	友だち
-e	→ -e	roug*e*	→ roug*e*	赤い
		un artist*e*	→ une artist*e*	芸術家
-(i)er	→ -(i)ère	ch*er*	→ ch*ère*	高価な
		un boulang*er*	→ une boulang*ère*	パン屋
		prem*ier*	→ prem*ière*	最初の
		un cuisin*ier*	→ une cuisin*ière*	コック
-en	→ -enne	anci*en*	→ anci*enne*	古い
		un musici*en*	→ une musici*enne*	音楽家
-on	→ -onne	b*on*	→ b*onne*	良い
		un patr*on*	→ une patr*onne*	経営者
-an	→ -anne	un pay*san*	→ une pay*sanne*	農夫［婦］

注 1) 形容詞の位置：原則として，名詞のあとにおきます。ただし，bon 良い，mauvais 悪い，grand 大きい，petit 小さい，joli きれいな，などは名詞まえにおきます。
　　un hôtel *moderne* et *confortable*　近代的で快適なホテル
　　un *bon petit* restaurant　おいしい小さなレストラン

2) 語末が -e で終わる名詞の例外
　　mair*e*　男性市長　→　mair*esse*　市長夫人
　　princ*e*　王子　　　→　princ*esse*　王妃
　　maîtr*e*　主人　　　→　maîtr*esse*　主婦

PRATIQUONS !　　練習しましょう!

例にならって，文を書き，CD を聞きながら繰り返し発音してください。
Complétez suivant le modèle, puis écoutez le CD et répétez.

例 1. C'est un joli jardin. (rivière)
　　　　これはきれいな庭です。
　　→ C'est une *jolie rivière*.
　　　これはきれいな川です。

　2. C'est une chaise confortable. (fauteuil)
　　　　これは快適な椅子です。
　　→ C'est un *fauteuil confortable*.
　　　これは快適な肘掛け椅子です。

1. C'est un excellent restaurant. (pizzeria)
   とてもいいレストラン　　　ピザ店

   → C'est une ....

2. C'est un magasin cher. (boutique)
   値段の高い店　　　専門店

   → C'est une ....

3. C'est un homme sympathique. (femme)
   感じのいい男性　　　女性

   → C'est une ....

4. C'est un bon patron. (patronne)
   いい男性経営者　　　女性経営者

   → C'est une ....

5. C'est un musicien doué. (musicienne)
   才能豊かな男性音楽家　　　女性音楽家

   → C'est une ....

LEÇON 30 形容詞と名詞の女性形 (2)

C'est un petit chat vif. 元気のよい小猫です！

女性形の例外（形容詞も名詞も同じ変化をします）

C'est un petit chat vif.　　　　　　　元気のよい小猫です。
C'est une peti*te* chat*te* vi*ve*.　　　　元気のよい雌の小猫です。

C'est une voiture d'occasion ?　　　これは中古車ですか？
— Mais non ! C'est une voiture neu*ve*.　— とんでもない！　新車です。

男性・単数	女性・単数	男性・単数	女性・単数	
-et, -at, -ot	→ -ette, -atte, -otte	coqu*et*	→ coqu*ette*	おしゃれな
		s*ot*	→ s*otte*	ばかげた
		un ch*at*	→ une ch*atte*	猫
	（例外）	idiot	→ idio*te*	おろかな
-x	→ -se	heureu*x*	→ heureu*se*	幸福な
		jalou*x*	→ jalou*se*	嫉妬深い
		un épou*x*	→ une épou*se*	夫，妻
	（例外）	fau*x*	→ fau*sse*	まちがった
-f	→ -ve	neu*f*	→ neu*ve*	新品の
		vi*f*	→ vi*ve*	活発な
		un veu*f*	→ une veu*ve*	男やもめ，女やもめ
- 母音字 + s	→ - 母音字 + sse	gro*s*	→ gro*sse*	太った
		gra*s*	→ gra*sse*	脂ぎった
-il, -eil	→ -ille, -eille	gent*il*	→ gent*ille*	親切な
		par*eil*	→ par*eille*	同じ
-el, -ul	→ -elle, -ulle	cru*el*	→ cru*elle*	残酷な
		n*ul*	→ n*ulle*	無の

注　1) 語末が -al, -eul で終わっている場合は，原則通りの変化をします。
　　　　normal → normal*e*　普通の　　seul → seul*e*　唯一の
　　2) 接続詞で形容詞をつなぐときの配列
　　　　C'est un petit chat vif *et* heureux.　これは元気がよくて幸福な小猫です。
　　　　C'est un chien gentil, *mais* idiot.　これはおとなしいけれどばかな犬です。

PRATIQUONS !　　練習しましょう!

例にならって，文を書き，CD を聞きながら繰り返し発音してください。
Complétez suivant le modèle, puis écoutez le CD et répétez.

例 1. C'est un grand garçon sportif. (fille)
　　　　これは背の高いスポーツ好きの男の子です。

　　→ C'est une *grande fille sportive*.
　　　　これは背の高いスポーツ好きの女の子です。

　　2. C'est un gros chat heureux. (chatte)
　　　　これは太っていて幸福な雄猫です。

　　→ C'est une *grosse chatte heureuse*.
　　　　これは太っていて幸福な雌猫です。

1. C'est un joli tableau décoratif. (peinture)

　　→ C'est une ＿＿＿＿＿＿＿＿＿＿＿＿＿．

2. C'est un petit chat craintif. (chatte)

　　→ C'est une ＿＿＿＿＿＿＿＿＿＿＿＿＿．

3. C'est un jeune homme amoureux. (femme)

　　→ C'est une ＿＿＿＿＿＿＿＿＿＿＿＿＿．

4. C'est un gros camion rouge. (voiture)

　　→ C'est une ＿＿＿＿＿＿＿＿＿＿＿＿＿．

5. C'est un petit gâteau sucré. (pâtisserie)

　　→ C'est une ＿＿＿＿＿＿＿＿＿＿＿＿＿．

LEÇON 31 形容詞と名詞の女性形 (3)

C'est un long boulevard. 長い大通りです。

女性形の例外 （形容詞も名詞も同じ変化をします）

C'est un long boulevard. 　　長い大通りです。
C'est une long*ue* avenue. 　長い並木道です。

Pedro est un chanteur espagnol ?
　ペドロはスペイン人の歌手ですか？
— Oui. Et Pilar, sa femme, est une dan*seuse* de flamenco.
　そうです。そして彼の奥さんのピラールはフランメンコダンサーです。

男性・単数	女性・単数	男性・単数	女性・単数	
-g	→ -gue	long	→ long*ue*	長い
-veur	→ -veuse	un ser*veur*	→ une ser*veuse*	ウェイター／ウェイトレス
-feur	→ -feuse	un coif*feur*	→ une coif*feuse*	理髪師
-teur	→ -trice	un direc*teur*	→ une direc*trice*	課長，部長
		un ac*teur*	→ une ac*trice*	男優，女優
	（例外）	un chan*teur*	→ une chan*teuse*	歌手
	（例外）	un dan*seur*	→ une dan*seuse*	ダンサー
-c	→ -que	publi*c*	→ publi*que*	公の
		gre*c*	→ grec*que*	ギリシアの
		tur*c*	→ tur*que*	トルコの

注 1) 特殊な女性単数形

　　frais → fraîche　新鮮な　　blanc → blanche　白い　　complet → complète　完全な
　　fou → folle　気の狂った　　mou → molle　柔らかい

2) 名詞のまえにおかれた beau 美しい，nouveau 新しい，vieux 年老いた，は母音字または無音の h のまえで形が変わります。つまり，男性単数形が2種類あります。

　　un beau bâtiment　　　　美しい建物
　　un *bel* immeuble　　　　美しいビル　　→　une belle maison　　　美しい家
　　un nouveau disque　　　　新しいレコード
　　un *nouvel* album　　　　新しいアルバム　→　une nouvelle chanson　新しい歌
　　un vieux monsieur　　　　老紳士
　　un *vieil* homme　　　　老人　　　　　→　une vieille dame　　　老婦人

PRATIQUONS ! 練習しましょう!

例にならって，文を書き，CD を聞きながら繰り返し発音してください。
Complétez suivant le modèle, puis écoutez le CD et répétez.

例 1. C'est un *long* tunnel.（long）
　　　長いトンネルです。

　　→ C'est une *longue* allée.
　　　長い遊歩道です。

2. C'est un chien *affectueux*.（affectueux）
　　よくなついている雄犬です。

　　→ C'est une chienne *affectueuse*.
　　　よくなついている雌犬です。

1. C'est un banc ㌽ベンチ ………………… . (public) 公共の
　　→ C'est une place 広場 ………………… .

2. C'est un bracelet ブレスレット ………………… . (neuf) 新品の
　　→ C'est une montre 腕時計 ………………… .

3. C'est un vent 風 ………………… . (frais) 涼しい
　　→ C'est une brise 北風 ………………… .

4. C'est un chat 雄猫 ………………… . (blanc) 白い
　　→ C'est une chatte 雌猫 ………………… .

5. C'est un ………………… ami. (nouveau) 男友だち 新しい
　　→ C'est une ………………… amie. 女友だち

LEÇON 32 — 形容詞と名詞の複数形

Ce sont de nouveaux avions.　新型の飛行機です。

複数形の例外（形容詞も名詞も同じ変化をします）

Ce sont de *nouveaux* avions.　　　　新型の飛行機です。
Ce sont de *nouvelles* machines.　　　新型のエンジンです。

C'est un *beau* bâtiment, n'est-ce pas ?　美しい建物ですよね？
— Oui, c'est un *bel* immeuble.　　　　— はい，美しいビルです。

男性・単数	男性・複数	男性・単数	男性・複数	
（原則） -	→ -s	avion	→ avion*s*	飛行機
-s	→ -s	fil*s*	→ fil*s*	息子
-x	→ -x	heureu*x*	→ heureu*x*	幸福な
-(e)au	→ -(e)aux	gât*eau*	→ gât*eaux*	ケーキ
		tuy*au*	→ tuy*aux*	パイプ
-eu	→ -eux	j*eu*	→ j*eux*	遊び
-al	→ -aux	un journ*al*	→ des journ*aux*	新聞
		un chev*al*	→ des chev*aux*	馬
		spéci*al*	→ spéci*aux*	特別な
-ail	→ -aux	un b*ail*	→ des b*aux*	賃貸借
		un cor*ail*	→ des cor*aux*	珊瑚

注　1）＜ des + 形容詞 + 名詞＞の配列では，des が **de** にかわります。
　　　de jolies chaussures　きれいな靴　　*de* petites jupes　かわいいスカート
　　　ただし，一体性の強い語句のまえでは，des のままでかわりません。
　　　des petits garçons　少年たち　　*des* petites filles　少女たち
2）beau 美しい，nouveau 新しい，vieux 年老いた，の性・数変化

	単数	複数	単数	複数	単数	複数
男性	beau (bel)	beaux	nouveau (nouvel)	nouveaux	vieux (vieil)	vieux
女性	belle	belles	nouvelle	nouvelles	vieille	vieilles

母音字または無音の h で始まる男性・単数名詞のまえでは，（　）内の形になります。

PRATIQUONS !　　練習しましょう!

例にならって，文を書き，CD を聞きながら繰り返し発音してください。
Complétez suivant le modèle, puis écoutez le CD et répétez.

例 1. C'est un bel hôtel.
　　　　美しいホテルです。

　　→ C'est une *belle* maison.
　　　美しい家です。

2. Ce sont de grands jardins.
　　　広い庭です。

　　→ Ce sont de *grandes* allées.
　　　広い遊歩道です。

　　　　　商店
1. C'est un beau magasin.

　　　　　　　　　　　食料品店
　　→ C'est une ………………… épicerie.

2. C'est un jeu spécial.

　　→ Ce sont des jeux ………………… .

　　　　　　　　　　新聞
3. Ce sont de vieux journaux.

　　　　　　　　　　　　　雑誌
　　→ Ce sont de ………………… revues (*f.pl.*).

　　　　　馬　元気のいい
4. C'est un cheval vif.

　　→ Ce sont des chevaux ………………… .

　　　　　　　　病院
5. C'est un nouvel hôpital.

　　→ Ce sont de ………………… hôpitaux.

LEÇON 33 — être 動詞の直説法現在形 (1)

Je suis français.   私はフランス人です。

être 動詞（…です，…にいる）の活用

Tu *es* français ?   君はフランス人ですか？
— Oui, je *suis* français.   — はい，ぼくはフランス人です。
— Non, je *suis* belge.   — いいえ，ぼくはベルギー人です。

je	suis	私は…です	(je：男性[女性]・単数)
tu	es	君は…です	(tu：男性[女性]・単数)
il	est	彼は，それは…です	(il：男性・単数)
elle	est	彼女は，それは…です	(elle：女性・単数)

肯定形

Je *suis* français(*e*).   私はフランス人です。
Tu *es* allemand(*e*) ?   君はドイツ人ですか？
Il *est* belge.   彼はベルギー人です。
Elle *est* canadienne.   彼女はカナダ人です。

否定形

Je *ne* suis *pas* français(*e*).
Tu *n'es pas* allemand(*e*) ?
Il *n'est pas* belge.
Elle *n'est pas* canadienne.

注 1）主語として用いる je, tu, il, elle などを主語人称代名詞といいます。
　2）〈主語 + être 動詞の活用形 + 形容詞〉の構文では，形容詞は主語の性・数に一致します。
　3）être 動詞には「…にいる」という意味もあります。Je *suis* à Paris. 私はパリにいる。

疑問形

イントネーションによる疑問形	est-ce que 型の疑問形	倒置疑問形
Je suis … ?	*Est-ce que* je suis … ?	Suis-*je* … ?
Tu es … ?	*Est-ce que* tu es … ?	Es-*tu* … ?
Il est … ?	*Est-ce qu'*il est … ?	Est-*il* … ?
Elle est … ?	*Est-ce qu'*elle est … ?	Est-*elle* … ?

注 話しことばでは，イントネーションによる疑問形と est-ce que 型の疑問形を使います。倒置疑問形はおもに書きことばで使います。

国籍を表わす形容詞

男・単 → 女・単					
- → -e	français	フランスの → française	allemand	ドイツの	→ allemande
-e → -e	belge	ベルギーの → belge	suisse	スイスの	→ suisse
-en → -enne	canad*ien*	カナダの → canad*ienne*	ital*ien*	イタリアの	→ ital*ienne*

PRATIQUONS !　　練習しましょう!

例にならって，文を書き，CD を聞きながら繰り返し発音してください。
Complétez suivant le modèle, puis écoutez le CD et répétez.

例 1. Jacques *est* français ?　　　　　ジャックはフランス人ですか？
　　　— Oui, il *est français*.　　　　　— はい，彼はフランス人です。
　　　— Non, il *est belge*. (belge)　　— いいえ，彼はベルギー人です。

　　2. Tu *es* espagnole, Maria ?　　　　君はスペイン人ですか，マリア？
　　　— Oui, je *suis espagnole*.　　　— はい，私はスペイン人です。
　　　— Non, je *suis italienne*. (italien)　— いいえ，私はイタリア人です。

1. Il .... japonais ?
　— Oui, il ....
　— Non, il .... (chinois) 中国人

2. Tu .... japonaise ?
　— Oui, je ....
　— Non, je .... (coréen) 韓国人

3. Luda .... brésilienne ? ブラジル人
　— Oui, elle ....
　— Non, elle .... (canadien) カナダ人

4. Je .... anglaise ? 英国人
　— Oui, tu ....
　— Non, tu .... (américain) アメリカ人

5. Ton amie .... suisse ? 友だち／スイス人
　— Oui, elle ....
　— Non, elle .... (russe) ロシア人

LEÇON 34 être 動詞の直説法現在形 (2)

Vous êtes français ? あなたたちはフランス人ですか？

Vous *êtes* français ?　　　　　　あなたたちはフランス人ですか？
— Oui, nous *sommes* français.　　— はい，私たちはフランス人です。
— Non, on *est* belges.　　　　　 — いいえ，私たちはベルギー人です。

être 動詞（…です，…にいる）の活用

nous	sommes	私たちは…です	（nous：男性［女性］・複数）
vous	êtes	あなた(たち)は…です	（vous：男性［女性］・単数［複数］）
ils	sont	彼らは［それらは］…です	（ils：男性・複数）
elles	sont	彼女らは［それらは］…です	（elles：女性・複数）

肯定形

Nous *sommes* japonais(*es*).　私たちは日本人です。
Vous *êtes* belge(*s*) ?　　　　あなた(たち)はベルギー人ですか？
Ils *sont* coréens.　　　　　　 彼らは韓国人です。
Elles *sont* canadiennes.　　　 彼女らはカナダ人です。

否定形

Nous *ne* sommes *pas* japonais(*es*).
Vous *n'*êtes *pas* belge(*s*) ?
Ils *ne* sont *pas* coréens.
Elles *ne* sont *pas* canadiennes.

注 会話ではよく nous の代わりに on を「私たちは」という意味で使います。動詞の活用は，il, elle の活用と同じです。

　　On est russes. = Nous sommes russes.　　私たちはロシア人です。

疑問形

イントネーションによる疑問形	est-ce que 型の疑問形	倒置疑問形
Nous sommes … ?	*Est-ce que* nous sommes … ?	Sommes-*nous* … ?
Vous êtes … ?	*Est-ce que* vous êtes … ?	êtes-*vous* … ?
Ils sont … ?	*Est-ce qu'*ils sont … ?	Sont-*ils* … ?
Elles sont … ?	*Est-ce qu'*elles sont … ?	Sont-*elles* … ?

注　1) tu は家族，友人など親しい間柄で用いられ，ていねいな言葉使いをするときは，相手が1人でも vous を用います。つまり，vous は「あなたは」と「あなたたちは」の単数・複数どちらの意味でも使われます。

　　Vous êtes italien(*ne*) ?　　あなたはイタリア人ですか？（vous：男性［女性］・単数）
　　Vous êtes italien(*ne*)s ?　　あなたたちはイタリア人ですか？（vous：男性［女性］・複数）

2) 男性と女性がまじった複数は，文法上，男性・複数とみなします。

　　Paolo et *Roberta* sont italien*s*.　　パオロとロベルタはイタリア人です。

PRATIQUONS !　練習しましょう！

例にならって，文を書き，CD を聞きながら繰り返し発音してください。
Complétez suivant le modèle, puis écoutez le CD et répétez.

例　1. Mesdemoiselles, vous êtes françaises ?　　　　あなたたちはフランス人ですか？
　　　— Oui, nous *sommes françaises*.　　　　　— はい，私たちはフランス人です。
　　　— Non, nous *sommes belges*. (belge)　　　　— いいえ，私たちはベルギー人です。

　　2. Est-ce qu'elles sont japonaises ?　　　　彼女たちは日本人ですか？
　　　— Oui, elles *sont japonaises*.　　　　　— はい，彼女たちは日本人です。
　　　— Non, elles *sont coréennes*. (coréen)　　　　— いいえ，彼女たちは韓国人です。

スペイン人
1. Est-ce qu'ils sont espagnols ?

　　— Oui, ils ＿＿＿＿＿＿＿＿＿＿＿＿＿＿ .
　　　　　　　　　　　　　　　　　　　　　ポルトガル人
　　— Non, ils ＿＿＿＿＿＿＿＿＿＿＿＿＿＿ . (portugais)

チリ人
2. Maria et Pia sont chiliennes ?

　　— Oui, elles ＿＿＿＿＿＿＿＿＿＿＿＿＿＿ .
　　　　　　　　　　　　　　　　　　　　　ブラジル人
　　— Non, elles ＿＿＿＿＿＿＿＿＿＿＿＿＿＿ . (brésilien)

韓国人
3. Êtes-vous coréennes, Mesdemoiselles ?

　　— Oui, nous ＿＿＿＿＿＿＿＿＿＿＿＿＿＿ .
　　　　　　　　　　　　　　　　　　　　　日本人
　　— Non, nous ＿＿＿＿＿＿＿＿＿＿＿＿＿＿ . (japonais)

オランダ人
4. Ces jeunes gens sont hollandais ?

　　— Oui, ils ＿＿＿＿＿＿＿＿＿＿＿＿＿＿ .
　　　　　　　　　　　　　　　　　　　　　イギリス人
　　— Non, ils ＿＿＿＿＿＿＿＿＿＿＿＿＿＿ . (anglais)

イギリス人
5. Kate, Susan, vous êtes anglaises ?

　　— Oui, on ＿＿＿＿＿＿＿＿＿＿＿＿＿＿ .
　　　　　　　　　　　　　　　　　　　　　オーストラリア人
　　— Non, on ＿＿＿＿＿＿＿＿＿＿＿＿＿＿ . (australien)

LEÇON 35

強勢形人称代名詞 (1)：moi, toi, lui, elle

Aline, c'est toi ? アリーヌ，君ですか？

主語人称代名詞	je 私は	tu 君は	il 彼は	elle 彼女は
強勢形人称代名詞	**moi** 私	**toi** 君	**lui** 彼	**elle** 彼女

1. C'est ＋ 強勢形人称代名詞

Frédéric, qui est-ce ?　　　　フレデリック，これはだれですか？
— C'est *moi*.　　　　　　　　— ぼくです。
Laura, qui est-ce ?　　　　　　ローラ，これはだれですか？
— C'est *elle*.　　　　　　　　— 彼女です。
Aline, c'est *toi* ?　　　　　　アリーヌ，これは君ですか？
— Oui, c'est *moi*.　　　　　　— そう，私です。
Gabriel, c'est *vous* ?　　　　ガブリエル，これはあなたですか？
— Non, c'est *lui*.　　　　　　— いいえ，彼です。

注　c'est のあとで主語人称代名詞を用いることはできません。
　　× C'est *je*. → C'est *moi*.　　× C'est *tu*. → C'est *toi*.

2. 前置詞 ＋ 強勢形人称代名詞

C'est un cadeau pour qui ?　　　　　　これはだれへのプレゼントなの？
— Pour *toi*.　　　　　　　　　　　　— 君へだよ。
Sophie est avec qui aujourd'hui ?　　今日ソフィーはだれといっしょなの？
— Avec *moi*.　　　　　　　　　　　　— 私といっしょよ。
Fred, tu es chez *toi* cet après-midi ?　フレッド，今日の午後君は家にいるの？
— Oui, je suis chez *moi*.　　　　　　— はい，ぼくは家にいる。
La fête, c'est chez Léonie ?　　　　　パーティーはレオニーの家でやるの？
— Non, ce n'est pas chez *elle*.　　　— いや，彼女の家ではない。

注　会話ではよく〈主語＋動詞〉の部分を省略して表現します。
　　C'est **pour** qui, ça ?　これはだれあてですか？
　　— **Pour** toi.　　　　　— 君あてです。

PRATIQUONS ！　　練習しましょう！

例にならって，文を書き，CD を聞きながら繰り返し発音してください。
Complétez suivant le modèle, puis écoutez le CD et répétez.

例 1. Stéphane, qui est-ce ? C'est toi ?
　　　　ステファーヌ，これはだれ？　君なの？

　　— Oui, c'est moi.
　　　うん，ぼくだよ。

2. C'est pour qui, ça ? Pour Elsa ?
　　だれのためのものなの，エルザのためのもの？

　　— Non, ce n'est pas pour *elle*.
　　　いや，彼女のためのものではない。

^{女友だち}
1. Éric, ce soir, tu es chez ta copine ?

^{今晩}
　　— Oui, ce soir, je suis chez ....

^{プレゼント}
2. Ce cadeau est pour Christophe ?

　　— Non, il n'est pas pour ....

3. Daniel est à Paris avec qui ? Avec Maya ?

　　— Non, il n'est pas à Paris avec ....

^{明晩}　　^{パーティー}
4. Demain soir, la fête, c'est chez toi ?

　　— Oui, c'est chez ....

5. Tu es chez toi avec Marie aujourd'hui ?

　　— Oui, je suis chez .... avec ....

LEÇON 36

強勢形人称代名詞 (2)：moi, toi, lui, elle

Moi, je suis japonaise. 　私は日本人です。

1. 主語の強調

Moi, je suis japonaise. Et Liu ? 　　私は日本人です。で，リュウは？
— *Elle*, elle est chinoise. 　　　　　— 彼女ですか，彼女は中国人です。

2. Et ＋強勢形人称代名詞？

Je suis français. Et *toi* ? 　　私はフランス人です。で，君は？
— *Moi*, je suis italien. 　　　— 私はイタリア人です。

3. 強勢形人称代名詞 ＋ aussi（＋肯定文）…もまた…です
　　強勢形人称代名詞 ＋ non plus（＋否定文）…もまた…ではありません

Je suis français. Et toi, Jean ? 　　　　　ぼくはフランス人です。で，君は，ジャン？
— *Moi aussi*. (Je suis français.) 　　　— ぼくもだよ。(ぼくはフランス人です。)
Je ne suis pas suisse. Et toi ? 　　　　　私はスイス人ではない。で，君は？
— *Moi non plus*. (Je ne suis pas suisse.) 　— 私もよ。(私はスイス人ではない。)

注　Ça aussi（＋肯定文） 　　　　　　　　これもまた…です
　　Ça non plus（＋否定文） 　　　　　　　これもまた…ではありません
　　Ça, c'est du café. Et ça ? 　　　　　　これはコーヒーです。で，それは？
　　— *Ça aussi*. (c'est du café.) 　　　　— これもそうです。(コーヒーです。)
　　Ça, ce n'est pas de la bière. Et ça ? 　　これはビールではない。で，それは？
　　— *Ça non plus*. (ce n'est pas de la bière.) 　— これもそうではない。(ビールではない。)
　　Ça, ce n'est pas de l'eau. Et ça ? 　　これは水ではない。で，それは？
　　— *Ça non plus*. (ce n'est pas de l'eau.) 　— これもそうではない。(水ではない。)

部分冠詞

数えられない名詞について，「いくらかの…」を表わします。

du (de l')	＋男性・単数名詞	*du* café	コーヒー	*de l'*argent	お金
de la (de l')	＋女性・単数名詞	*de la* bière	ビール	*de l'*eau	水

母音字または無音のhのまえでは，（　）内の形を使います。

PRATIQUONS !　　練習しましょう!

例にならって，文を書き，CD を聞きながら繰り返し発音してください。
Complétez suivant le modèle, puis écoutez le CD et répétez.

例 1. Anita est petite. Et Carmen ?（＋）
　　　　　アニタは小柄です。で，カルメンは？

　　　— *Elle aussi*.　(Elle est petite.)
　　　　　彼女もそうです。(彼女は小柄です。)

2. Pierre n'est pas coiffeur. Et Luc ?（－）
　　　　　ピエールは理髪師ではない。で，リュックは？

　　　— *Lui non plus*.　(Il n'est pas coiffeur.)
　　　　　彼もそうではない。(彼は理髪師ではない。)

1. Moi, je suis étudiant. Et toi, Marie ?（＋）

　　— .... (Je suis étudiante.)

2. Moi, je ne suis pas française. Et toi, Paul ?（－）

　　— .... (Je ne suis pas français.)

3. Lionel est lycéen. Et Thibaud ?（＋）
　　　　　　　高校生

　　— .... (Il est lycéen.)

4. Ça, ce n'est pas du thé. Et ça ?（－）
　　　　　　　　　　　紅茶

　　— Ça .... (Ce n'est pas du thé.)

5. Moi, je suis cuisinier. Et toi, Thomas ?（－）
　　　　　　　　　コック

　　— .... , je suis coiffeur.
　　　　　　　　　　　　　　　　　　理髪師

soixante-dix-neuf　79

LEÇON 37

強勢形人称代名詞 (3)：nous, vous, eux, elles

Nous, nous sommes japonais. 私たちは日本人です。

主語人称代名詞	nous, on 私たちは	vous あなた(たち)は	ils 彼らは	elles 彼女らは
強勢形人称代名詞	**nous** 私たち	**vous** あなた(たち)	**eux** 彼ら	**elles** 彼女ら

1. 主語の強調

Aya et Ken sont japonais. Et Marie et Julien ?
　綾と健は日本人です。で，マリーとジュリアンは？
— *Eux*, ils sont français.　　　　　彼らですか，彼らはフランス人です。
Nous, on est chinois. Et vous ?
　私たちですか，私たちは中国人です。で，あなたたちは？
— *Nous*, nous sommes japonais.　　私たちですか，私たちは日本人です。

2. C'est ＋ 強勢形人称代名詞

Charles et Bertrand, qui est-ce ?　　シャルルとベルトラン，これはだれ？
— C'est *nous*.　　　　　　　　　　— ぼくたちだよ。
Laure et Mia, c'est *vous* ?　　　　　ロールとミア，これはあなたたちなの？
— Non, c'est *elles*.　　　　　　　　— いいえ，彼女たちです。

注　強勢形人称代名詞が複数形であっても，Ce sont nous［vous, eux, elles］とはなりません。

3. 前置詞 ＋ 強勢形人称代名詞

Avec qui est-elle ?　　　　　　　　彼女はだれといっしょにいるの？
— Avec *nous*.　　　　　　　　　　— 私たちとだよ。
À qui est-ce, ça ?　　　　　　　　　それはだれのものなの？
— À *nous*.　　　　　　　　　　　 — 私たちのものです。

4. 強勢形人称代名詞 ＋ aussi（＋肯定文）…もまた…です
　強勢形人称代名詞 ＋ non plus（＋否定文）…もまた…ではありません

Luc et Iza (ne) sont (pas) italiens. Et *eux* ?
　リュックとイザはイタリア人です（ではない）。で，彼らは？
— *Eux* aussi（*Eux* non plus）.　　彼らもそうです（彼らもそうではない）。

PRATIQUONS !   練習しましょう!

例にならって，文を書き，CD を聞きながら繰り返し発音してください。
Complétez suivant le modèle, puis écoutez le CD et répétez.

例 1. Éric et Mia, c'est vous ?
   エリックとミア，これはあなたたちなの？
   — Oui, c'est *nous*.
   はい，私たちです。

2. C'est pour qui ça ? Pour José et Aline ?
   これはだれのためなの？　ジョゼとアリーヌのためなの？
   — Non, ce n'est pas *pour eux*.
   いいえ，彼らのためではありません。

1. C'est vous, M. et Mme Rondin ?

   — Oui, c'est ....

2. C'est pour qui, ça ? Pour les étudiantes ?

   — Non, ce n'est pas ....

3. Lionel, Francis, est-ce que Benoît est chez vous ?

   — Non, il n'est pas ....

4. Élodie, vous êtes où ? Chez vos parents (両親) ?

   — Oui, je suis ....

5. Nous sommes étudiants. Et Pierre et Sarah ?

   — .... , ils sont étudiants.

quatre-vingt-un 81

LEÇON 38 — être 動詞を用いた所有・所属の表現

C'est le fils de qui ?　あれはだれの息子さんですか？

1. être à + 人　〜のものです

À qui *est* ce bouquet ?	この花束はだれのものですか？
— Il *est à* Mireille.	— ミレイユのものです。
Ces fleurs *sont à* qui ?	これらの花はだれのものですか？
— Elles *sont à* moi.	— 私のものです。
Cette lettre *est à* qui ?	この手紙はだれのものですか？
— Elle *est au* directeur.	— 支配人のものです。
À qui *est* cet ordinateur ?	このパソコンはだれのものですか？
— Il *est à* mon voisin.	— 私の隣人のものです。
À qui *sont* ces vélos ?	これらの自転車はだれのものですか？
— Ils *sont aux* Dupont.	— デュポン夫妻のものです

注　1)「もの」はその性・数に応じて，il（男性・単数），elle（女性・単数），ils（男性・複数），elles（女性・複数）でうけます。
　　2) les Dupont (= M. et Mme Dupont)　デュポン夫妻

2. être ... de + 人　〜の...です

C'*est* le fils *de* qui ?	あれはだれの息子さんですか？
— C'*est* le fils *de* Mme Joubert.	— ジュベール夫人の息子さんです。
Ce *sont* les cartons *de* qui ?	それはだれのボール箱ですか？
— Ce *sont* les cartons *du* voisin.	— 隣人のボール箱です。
Ce *sont* les bagages *de* qui ?	それはだれの荷物ですか？
— Ce *sont* les bagages *des* Dupont.	— デュポン夫妻の荷物です。

前置詞 à, de と定冠詞の縮約

à + le → **au**
à + la → à la
à + l' → à l'
à + les → **aux**

de + le → **du**
de + la → de la
de + l' → de l'
de + les → **des**

PRATIQUONS !　　練習しましょう!

例にならって，文を書き，CD を聞きながら繰り返し発音してください。
Complétez suivant le modèle, puis écoutez le CD et répétez.

例 1. À qui est ce dossier ? Au directeur ?
　　　この書類はだれのものですか？　男性支配人のですか？

　　— Non, *il* est *à la* directrice.
　　　いいえ，女性支配人のものです。

2. Ce sont les jouets de qui ? Des petits garçons ?
　　これらはだれのおもちゃですか？　男の子たちのものなの？

　— Non, *ce* sont les jouets *des* petites filles.
　　いいえ，女の子たちのおもちゃです。

1. À qui est ce colis (荷物) ? À la voisine (女性隣人) ?

　— Non, ……………… est ……………………… voisin.

2. Ces sacs (バッグ) (*m.pl.*) sont à qui ? Aux lycéens (男子高校生たち) ?

　— Non, ……………… sont les sacs ……………………… lycéennes.

3. Cette valise (スーツケース) est à qui ? Au monsieur (男性), là ?

　— Non, ……………… est la valise ……………………… dame (婦人), ici.

4. À qui sont ces stylos (万年筆) (*m.pl.*) ? À cet étudiant (男子学生), là ?

　— Non, ……………… sont ……………………… étudiante, ici.

5. Ce sont les affaires (所持品) (*f.pl.*) de qui ? Des Durand ?

　— Non, ……………… sont les affaires ……………………… Dufour.

quatre-vingt-trois　83

LEÇON 39 avoir 動詞の直説法現在形

Tu as une moto ? 君はバイクをもってる？

avoir 動詞（…を持っている）の活用

Tu *as* une moto ?　　　　　　　君はバイクをもってる？
— Oui, j'*ai* une moto. Et toi ?　— はい，私はバイクをもっている。君は？
— Moi, je n'*ai* pas de moto.　　— 私はバイクをもっていない。

j'	ai	nous	avons
tu	as	vous	avez
il	a	ils	ont
elle	a	elles	ont
on	a		

否定形：je n'ai pas, tu n'as pas, il n'a pas, on n'a pas, nous n'avons pas, vous n'avez pas, ils n'ont pas

倒置疑問形：ai-je … ?, as-tu … ?, a-t-il ?, a-t-on … ?, avons-nous … ?, avez-vous … ?, ont-ils … ?

注 倒置疑問形で，*a-il*, *a-elle* のように母音字が衝突するとき，a-*t*-il, a-*t*-elle となります。

J'*ai* un livre.　　　　　　　私は1冊の本をもっている。
Il *a* des stylos rouges.　　　彼は赤ペンをもっている。
Nous *avons* les CD d'Annie.　私たちはアニーのCDをもっている。
Vous *avez* du sucre ?　　　　あなたは砂糖がありますか？
Ils n'*ont* pas de chance !　　彼らはついていない！

否定の de

否定文で直接目的語（〜を）についた不定冠詞（un, une, des）と部分冠詞（du, de la, de l'）は，**de (d')** にかわります。

J'ai *une* moto.　　私はバイクをもっている。　→　Je n'ai pas *de* moto.
Il a *de la* chance.　彼はついてる。　　　　　　→　Il n'a pas *de* chance.
cf. On n'a pas *le* temps.　私たちは時間がない。（定冠詞はかわりません）
　　 Il n'a pas *son* sac.　彼は自分のバッグをもってない。（所有形容詞はかわりません）

avoir を用いた慣用表現

J'ai faim.	私はお腹がすいてる。	Tu as soif ?	君は喉がかわいているの？
Elle a sommeil.	彼女は眠たい。	Nous avons peur.	私たちは怖い。
Vous avez mal où ?	あなたはどこが痛みますか？	Elles ont raison.	彼女らは正しい。

PRATIQUONS !　　練習しましょう！

例にならって，文を書き，CD を聞きながら繰り返し発音してください。
Complétez suivant le modèle, puis écoutez le CD et répétez.

例 1. Tu *as* faim, Lucie ?
   君はお腹がすいてるの，リュシー？

   — Oui, j'*ai* un peu faim.
   はい，私は少しお腹がすいてる。

2. Luc et Émilie *ont des* livres japonais ?
   リュックとエミリーは日本の本をもっていますか？

   — Non, ils *n'ont pas de* livres japonais.
   いいえ，彼らは日本の本をもっていません。

1. M. et Mme Lepain .... un rendez-vous aujourd'hui ?
   （会う約束）（今日）

   — Non, ils .... rendez-vous.

2. Magalie, Sonia, vous .... soif ?

   — Oui, nous .... très soif.

3. Philippe .... une maison à Lyon ?
   （家）

   — Non, il .... maison à Lyon.

4. M. Suzuki, vous .... des amis en France ?
   （友だち）

   — Oui, j' .... amis en France.

5. Les enfants, vous .... un stylo rouge ?
   （赤ペン）

   — Non, Madame. On .... stylo rouge.

LEÇON 40

avoir 動詞を用いた表現 (1)：il y a

Il y a une gare près d'ici ?　この近くに駅はありますか？

il y a ＋〈人，もの〉　…がいる，…がある

Qui est-ce qu'*il y a* ?	だれがいるのですか？
— *Il y a* Sophie et Jean.	— ソフィーとジャンがいます。
Qu'est-ce qu'*il y a*, là-bas ?	あそこにはなにがありますか？
— *Il y a* le musée Picasso.	— ピカソ美術館があります。
Il y a des élèves dans la classe ?	教室には生徒がいますか？
— Oui, *il y a* des élèves.	— はい，生徒がいます。
Il y a une gare près d'ici ?	この近くに駅はありますか？
— Non, *il n'y a* pas *de* gare près d'ici.	— この近くに駅はありません。

注　1) 否定形：il n'y a pas …
　　　疑問形：il y a …?, est-ce qu'il y a …?, y a-t-il …?
　2) il y a の否定形 il n'y a pas のあとの不定冠詞 (un, une, des) と部分冠詞 (du, de la, de l') は，**de (d')** にかわります。

Là-bas, il y a *des* enfants.	あそこに，子どもたちがいる。
→ Là-bas, il n'y a pas *d'*enfants.	あそこに子どもたちはいない。
Il y a *du* poisson au menu.	献立には魚がはいっている。
→ Il n'y a pas *de* poisson au menu.	献立には魚がはいっていない。

数量表現

trop de …	あまりに多くの…	Il y a *trop de* monde dans ce café.
		このカフェは人が多すぎる。
beaucoup de …	たくさんの…	Il y a *beaucoup de* touristes à Paris en été.
		夏，パリにはたくさんの観光客がいる。
assez de …	じゅうぶんの…	Il n'y a pas *assez de* taxis dans cette ville.
		この町にはじゅうぶんなタクシーがいない。

PRATIQUONS !　　練習しましょう!

> 例にならって，文を書き，CD を聞きながら繰り返し発音してください。
> Complétez suivant le modèle, puis écoutez le CD et répétez.

例 1. Il y a un musée dans le quartier ?
　　　このあたりに美術館はありますか？

　　　— Oui, *il y a le* musée Marmottan.
　　　はい，マルモッタン美術館があります。

2. Il y a des promeneurs dans le parc aujourd'hui ?
　　今日は公園に散歩者たちはいますか？

　　— Non, *il n'y a pas de* promeneurs.
　　いいえ，散歩者たちはいません。

1. Il y a un professeur dans cette classe ?

　　— Oui, ……………… ………… professeur Darmon.

2. Est-ce qu'il y a une boulangerie dans ce quartier ? (パン屋／界隈)

　　— Non, ……………… ………… boulangerie.

3. Il y a du beurre dans le frigo ? (バター／冷蔵庫)

　　— Non, ……………… ………… beurre.

4. Y a-t-il un cinéma près d'ici ? (映画館)

　　— Oui, ……………… ………… cinéma Rex, là-bas.

5. Est-ce qu'il y a trop d'enfants dans cette école ? (学校)

　　— Non, ……………… trop ………… enfants.

LEÇON 41 avoir 動詞を用いた表現 (2)

J'ai envie d'une glace.　私はアイスクリームが欲しい。

1. avoir l'air　…のように見える

Il *a l'air* comment ?　彼はどんなふうに見えますか？
— Il *a l'air* sévère.　— 彼はきびしそうです。
Elle *a l'air* comment ?　彼女はどんなふうに見えますか？
— Elle n'*a* pas *l'air* gentil [gentille].　— 彼女は親切そうには見えません。

注　〈avoir l'air ＋形容詞〉の形容詞は，主語が人の場合，主語あるいは l'air（男性・単数）のどちらに性・数一致させてもかまいません。主語が物の場合は，主語の性・数に一致させます。

2. avoir besoin de　…を必要とする

Tu *as besoin de* quoi ?
　君はなにが必要なの？
— *J'ai besoin d'*un portable.
　ぼくは携帯電話が必要だ。(de ＋ 不定冠詞 ＋ 単数名詞)
cf. Je n'*ai* pas *besoin* de portable.
　　ぼくは携帯電話は必要ない。（否定文：de ＋ 無冠詞の単数名詞）
J'*ai besoin* d'argent.　ぼくはお金が必要です。

注　〈avoir besoin de ＋数えることができない名詞〉の場合，名詞に冠詞はつきません。

De quoi *avez*-vous *besoin*, les enfants ?　君たちはなにが必要なのですか？
— On *a besoin de* ciseaux.　ぼくたちははさみが必要です。(de ＋ 無冠詞の複数名詞)

3. avoir envie de　…が欲しい

Tu *as envie de* quoi ?　あなたはなにが欲しいのですか？
— *J'ai envie d'*une glace.　— 私はアイスクリームが欲しい。
De quoi avez-vous *envie* ?　君たちはなにが欲しいの？
— On *a envie de* gâteaux.　— 私たちはケーキが欲しい。
cf. Il *a envie de beaucoup de* choses.
　　彼はたくさんのものが欲しい。(avoir envie de ＋ 数量表現 ＋ de ＋ 名詞)

PRATIQUONS !　　練習しましょう！

> 例にならって，文を書き，CD を聞きながら繰り返し発音してください。
> Complétez suivant le modèle, puis écoutez le CD et répétez.

例　1. Tu as besoin de quoi ? (un portable)
　　　　君はなにが必要なの？

　　　— J'ai *besoin d'un portable*.
　　　　ぼくは携帯電話が必要だ。

　　2. De quoi ont-elles envie ? (des glaces)
　　　　彼女たちはなにが欲しいのですか？

　　　— Elles ont *envie de glaces*.
　　　　彼女たちはアイスクリームが欲しい。

1. Les enfants, de quoi avez-vous besoin ? (une gomme)　[消しゴム]

　　— On a _____ _____ gomme.

2. Laurence a envie de quoi aujourd'hui ? (des sushis)　[すし]

　　— Elle a _____ _____ sushis.

3. Alex, tu as besoin de quoi pour demain ? (des ciseaux / du papier)　[はさみ / 紙]

　　— J'ai _____ _____ ciseaux et _____ papier.

4. Vous avez envie de gâteaux ? (des glaces)　[ケーキ / アイスクリーム]

　　Non. On a _____ _____ glaces.

5. La nouvelle concierge a l'air comment ? (gentil)　[親切な]

　　— Elle a _____ _____ .

LEÇON 42

avoir 動詞を用いた表現 (3)

J'ai de la fièvre.　私は熱がある。

J'ai { *du* cholestérol. / *de l'* asthme. / *de la* fièvre. / *des* boutons. }　私は { コレステロールがある。/ 喘息がある。/ 熱がある。/ 吹き出ものがある。 }

avoir mal à ＋ 体の一部　…が痛い

J'ai mal { *à* la tête. / *au* dos. / *à* l'estomac. / *aux* pieds. }　私は { 頭 / 背中 / 胃 / 足 } が痛い。

cf. Il a mal où ? Aux yeux ?　　彼はどこが痛むのですか？　目ですか？
— À l'œil droit [gauche] seulement.　— 右の［左の］目だけが。

健康状態に関する表現

Elle est malade ? Elle a quoi ?	彼女は病気ですか？どうしたのですか？
— Elle a une maladie grave.	— 彼女は重病です。
— Elle a de la fièvre.	— 彼女は彼女は熱がある。
— Elle a un peu [beaucoup] de fièvre.	— 彼女は彼女は少し［相当］熱がある。
Vous êtes malade ?	あなたは病気ですか？
— Oui, j'ai la grippe.	— はい，私は流感にかかっています。
— Oui, j'ai un rhume.	— はい，私は風邪をひいています。
Il a un problème de santé ?	彼には健康上の問題があるのですか？
— Non, il n'a pas de problème de santé.	— いや，彼には健康上の問題はありません。
Qu'est-ce que tu as comme maladie ?	君にはなにか病気のようなものがあるの？
— J'ai de l'asthme.	— 私は喘息もちなんだ。

注　否定文で直接目的語（～を）についた不定冠詞（un, une, des）と部分冠詞（du, de la, de l'）は，**de (d')** にかわります。

J'ai *de la* fièvre.　→　Je n'ai pas *de* fièvre.

PRATIQUONS !　　練習しましょう!

例にならって，文を書き，CDを聞きながら繰り返し発音してください。
Complétez suivant le modèle, puis écoutez le CD et répétez.

例 1. Où est-ce qu'il a mal ? Au ventre ?
　　　　彼はどこが痛いのですか？　お腹ですか？
　　　— Non, il a mal *à l'*estomac (*m.s.*).
　　　　いいえ，彼は胃が痛い。

2. Tu es malade ? Tu as quoi ?
　　　君は病気なの？　どうしたの？
　　— J'ai *la* grippe (*f.s.*).
　　　流感にかかっている。

1. Gérard est malade ?

　　— Oui, il a _____ rhume (*m.s.*).
　　　　　　　　　　　　　　風邪

2. Lucie a mal où ? À la jambe droite ?
　　　　　　　　　　　脚　　右の

　　— Non, elle a mal _____ pied (*m.s.*) gauche.
　　　　　　　　　　　　　　　　　　足　　　　　　　左の

3. Vous êtes malade, M. Guérin ?

　　— Oui, j'ai _____ fièvre (*f.s.*).
　　　　　　　　　　　　　　熱

4. Où as-tu mal ?

　　— J'ai mal _____ jambes (*f.pl.*).
　　　　　　　　　　　　　　両脚

5. Léo a quoi comme maladie ? _____ asthme (*m.s.*) ?
　　　　　　　　　　　　　　　　　　　　　　　　　　喘息

　　— Oui, il a _____ asthme.

LEÇON 43

-er 型規則動詞（第1群規則動詞）の直説法現在形 (1)

Je regarde un film.　私は映画を見る。

不定詞の語尾 **-er** [e]			
je	-e [ゼロ]	nous	-ons [ɔ̃]
tu	-es [ゼロ]	vous	-ez [e]
il	-e [ゼロ]	ils	-ent [ゼロ]
elle	-e [ゼロ]	elles	-ent [ゼロ]
on	-e [ゼロ]		

regarder　…を見る			
je	regarde	nous	regard*ons*
tu	regard*es*	vous	regard*ez*
il	regarde	ils	regard*ent*
elle	regarde	elles	regard*ent*
on	regard*e*		

注　否定形：je ne regarde pas, tu ne regardes pas, il ne regarde pas …
　　疑問形：tu regardes … ?, on regarde … ?, il regarde … ?
　　　　　　est-ce que tu regardes … ?, est-ce qu'on regarde … ?, est-ce qu'il regarde … ?
　　　　　　regardes-tu … ?, regarde-t-on … ?, regarde-t-il … ?

Qu'est-ce que tu *regardes* ?　　　　　　　　　君はなにを見ているの？

— Je *regarde* un film de Luc Besson.　　　　— 私はリュック・ベッソンの映画を見ている。

Vous *regardez* quoi ?　　　　　　　　　　　君たちは何を見ているの？

— On *regarde* des documents.　　　　　　　— 私たちは記録映画を見ている。

Elle *regarde* cette émission chaque soir.　　彼女は毎晩この番組を見ている。

On *regarde* souvent la télé.　　　　　　　　私たちはよくテレビを見る。

Nous *regardons* un reportage.　　　　　　　私たちは報道番組を見ている。

Vous *regardez* un jeu télévisé ?　　　　　　君たちはテレビのゲーム番組を見ているのですか？

Ils ne *regardent* jamais de films à la télé.　彼らはけしてテレビでは映画を見ない。

注　1) その他の **-er** 型規則動詞：chanter 歌う，réciter 暗唱する，rester 残る，parler 話す，danser 踊る，visiter 訪問する，garder 世話をする
　　2) 否定文で直接目的語（〜を）についた不定冠詞(un, une, des)は，**de (d')** にかわります。
　　　Je regarde *un* film. 私は映画を見る。 → Je ne regarde pas *de* film.
　　　cf. Elle ne chante jamais *la* chanson de Noël.
　　　　　彼女はけしてクリスマスソングを歌わない。（定冠詞はかわりません）

PRATIQUONS ! 練習しましょう!

例にならって，文を書き，CD を聞きながら繰り返し発音してください。
Complétez suivant le modèle, puis écoutez le CD et répétez.

例 1. Gilberto, tu parles français ?
ジルベルト，君はフランス語を話すの？
— Oui, je *parle* français.
うん，ぼくはフランス語を話す。

2. Est-ce qu'elle danse le tango ?
彼女はタンゴを踊りますか？
— Non, elle *ne danse pas* le tango.
いや，彼女はタンゴを踊りません。

1. Peter, Diana, vous chantez des chansons françaises ? (歌 / フランスの)

    — Oui, on .... des chansons françaises.

2. Franck, restes-tu à Paris ce week-end ? (今週末)

    — Non, je .... à Paris ce week-end.

3. Mesdemoiselles, est-ce que vous dansez le tango ?

    — Oui, nous .... le tango.

4. Parfois, tu gardes les enfants de Mme Choisy ? (時々)

    — Oui, parfois, je .... ses enfants.

5. Caroline et Emma regardent les vitrines ? (ショーウインドウ)

    — Non, elles .... les vitrines.

LEÇON 44 -er 型規則動詞の直説法現在形 (2)

Elles ne travaillent pas ? 彼女たちは働いていないの？

不定詞の語尾 -er [e]	
je -e [ゼロ]	nous -ons [ɔ̃]
tu -es [ゼロ]	vous -ez [e]
il -e [ゼロ]	ils -ent [ゼロ]
elle -e [ゼロ]	elles -ent [ゼロ]
on -e [ゼロ]	

ramasser …を集める	
je ramasse	nous ramassons
tu ramasses	vous ramassez
il ramasse	ils ramassent
elle ramasse	elles ramassent
on ramasse	

Qu'est-ce que vous *ramassez* ? あなたはなにを集めているのですか？
— Je *ramasse* les feuilles mortes. — 私は枯れ葉を集めています。
Tu *pleures* ? 君は泣いてるの？
Il *passe* beaucoup de temps chez lui. 彼は家で多くの時間を過ごす。
Nous *lavons* notre voiture le week-end. 週末は，私たちは車を洗う。
Elles ne *travaillent* pas ? 彼女たちは働いていないの？
— Si, elles *travaillent* encore. — いいえ，まだ働いています。

否定表現 (1)

Ton bébé pleure la nuit ? 君の赤ちゃんは夜泣きする？
— Non, il *ne* pleure *pas*. — いや，泣かない。
Tu travailles, Luc ? リュック，君は働いてるの？
— Non, je *ne* travaille *pas*. — いや，ぼくは働いていない。
— Non, je suis encore étudiant. — いや，まだ学生なんだ。
Ton père travaille *encore* ? 君のお父さんはまだ働いてるの？
— Non, il *ne* travaille *plus*. Il est retraité. — いや，彼はもう働いていない。彼は退職者だよ。

オペラやコンサートで

Encore ! もう一度！　　Bis ! アンコール！　　Bravo ! いいぞ！
cf. Encore ! Ce mauvais temps !　またか！　この悪天候は！

PRATIQUONS ! 練習しましょう!

例にならって，文を書き，CD を聞きながら繰り返し発音してください。
Complétez suivant le modèle, puis écoutez le CD et répétez.

例 1. Vous ramassez encore les vieux journaux, Madame ?
あなたはまだ古新聞を集めているのですか？

— Oui, je ramasse *encore* les vieux journaux.
はい，私はまだ古新聞を集めています。

2. Jérôme, est-ce que ton grand-père travaille encore ?
ジェローム，君のおじいさんはまだ働いているの？

— Non, il *ne* travaille *plus*. Il est vieux maintenant.
いや，彼はもう働いていない。今では彼は年老いた。

1. Est-ce que les enfants ramassent leurs jouets ? (玩具)

— Non, ils .... ramassent .... leurs jouets.

2. Marie travaille-t-elle encore le week-end ? (週末)

— Non, elle .... travaille .... le week-end.

3. Paul est encore malade ? (病気の)

— Oui, il est .... malade.

4. Ce docteur soigne bien ses malades ? (医者) (病人)

— Non, il .... soigne .... bien ses malades.

5. Est-ce que ton bébé pleure encore ?

— Non, il .... pleure ....

LEÇON 45

-er 型規則動詞の直説法現在形 (3)：aimer + 名詞

J'aime le vin rouge. 　私は赤ワインが好きです。

不定詞の語尾 -er [e]			
je (j')	-e ［ゼロ］	nous	-ons ［ɔ̃］
tu	-es ［ゼロ］	vous	-ez ［e］
il	-e ［ゼロ］	ils	-ent ［ゼロ］
elle	-e ［ゼロ］	elles	-ent ［ゼロ］
on	-e ［ゼロ］		

aim*er* ...が好きである			
j'	aim*e*	nous	aim*ons*
tu	aim*es*	vous	aim*ez*
il	aim*e*	ils	aim*ent*
elle	aim*e*	elles	aim*ent*
on	aim*e*		

注 je は母音字または無音の h のまえで，エリズィオンして j' となります。

aimer ...が好きである [**détester** ...が嫌いである，**adorer** ...が大好きである] ＋ 定冠詞 ＋ 名詞

　　Tu *aimes* le rouge ou le blanc ?　　　君が好きなのは赤なの，それとも白？
　　— J'*aime* le vin rouge.　　　　　　　— 私は赤ワインが好きです。
　　Vous *détestez* la bière ?　　　　　　あなたはビールが嫌いなのですか？
　　Il *adore* l'eau minérale.　　　　　　彼はミネラルウォーターが大好きです。
　　Nous n'*aimons* pas l'alcool.　　　　私たちはアルコールが好きではない。
　　Ils *adorent* les jus de fruits.　　　彼らはフルーツジュースが大好きです。

好き嫌いの度合い

aimer + **un peu** [**bien**, **assez**, **beaucoup**, **trop**, **vraiment**]
　　　　少し　　とても　かなり　たいへん　あまりにも　ほんとうに

　　J'aime *beaucoup* les apéritifs.　　　私は食前酒が大好きだ。

aimer の否定形 + **vraiment** [**beaucoup**, **trop**, **du tout**]
　　　　　　　　それほど　　あまり　　あまり　まったく

　　Je n'aime *pas trop* les digestifs.　　私は食後酒があまり好きではない。

ça の使い方

会話では，ものや事柄をさすときに用いられます。性・数の変化はありません。

　　Est-ce que tu aimes le thé froid ?　　君はアイスティーが好きかい？
　　— Oui, j'aime beaucoup *ça*.　　　　— はい，私はそれが大好きよ。
　　— Non, je n'aime pas du tout *ça*.　　— いいえ，私はそれがまったく好きではない。

PRATIQUONS ! 練習しましょう!

例にならって，文を書き，CD を聞きながら繰り返し発音してください。
Complétez suivant le modèle, puis écoutez le CD et répétez.

例 1. Tu aimes le vin rouge ? (beaucoup)
　　　　君は赤ワインが好きかい？

　　　— Oui, j'aime *beaucoup ça*.
　　　　はい，私はそれがとても好きよ。

　　2. Tu aimes le vin blanc ? (pas du tout)
　　　　君は白ワインが好きかい？

　　　— Non, je *n*'aime *pas du tout ça*.
　　　　いや，私はそれがまったく好きじゃない。

1. Josiane, tu aimes le vin blanc ? (beaucoup)

　　— Oui, j'aime ....

2. Les enfants, vous aimez les jus de fruits ? (pas du tout)
　　　　　　　　　　　　　　　　フルーツジュース

　　— Non, on .... aime ....

3. Vous aimez le saké, Messieurs ? (bien)

　　— Oui, nous aimons ....

4. Ils aiment le thé vert ? (ne ... pas trop)
　　　　　　　　緑茶

　　— Non, ils .... aiment ....

5. Vous aimez les apéritifs ? (assez)
　　　　　　　　　食前酒

　　— Oui, on aime ....

quatre-vingt-dix-sept **97**

LEÇON 46

-er 型規則動詞の直説法現在形 (4)：aimer + 不定詞

J'aime chanter.　　私は歌うのが好きです。

aimer …が好きである [**détester** …が嫌いである，**adorer** …が大好きである] **+ 不定詞**

Vous *aimez chanter* ?	あなたは歌うのが好きですか？
— Oui, j'*aime* beaucoup *chanter*.	— はい，私は歌うのが大好きです。
Il n'*aime* pas *cuisiner* ?	彼は料理をするのが好きではないの？
Tu *détestes danser* ?	君は踊るのが嫌いなの？
On ne *déteste* pas *travailler* le soir.	私たちは夜働くのが嫌いではない。
Ils *adorent* vraiment *marcher*.	彼らは歩くのがほんとうに大好きです。
Elles n'*aiment* pas trop *étudier*.	彼女たちは勉強するのがあまり好きではない。

好き嫌いの度合い

aimer + **un peu** [**bien**, **assez**, **beaucoup**, **trop**, **vraiment**]
　　　　　少し　　とても　かなり　たいへん　あまりにも　ほんとうに

　J'aime *bien* marcher dans les parcs.　私は公園を歩くのがとても好きです。

aimer の否定形 + **vraiment** [**beaucoup**, **trop**, **du tout**]
　　　　　　　　　それほど　　あまり　　あまり　まったく

　Je *n*'aime *pas du tout* travailler.　私は働くことがまったく好きではありません。

ça の使い方

Vous aimez *parler français* ?	あなたはフランス語を話すのが好きですか？
— Mais oui ! On aime beaucoup *ça*.	— もちろんです！　私たちはそれが大好きです。
Elles n'aiment pas *cuisiner* ?	彼女たちは料理をするのが好きではないの？
— Mais si, elles adorent *ça* !	— とんでもない，彼女たちはそれが大好きだよ！
Vous aimez *fumer* ?	あなたはたばこを吸うのが好きですか？
— Mais non, je déteste *ça* !	— とんでもない，私はそれが嫌いです！

否定表現 (2)

ne + 動詞 + pas [ni] A ni B　　A も B も…ない

　Je *n*'aime *pas* danser, *ni* chanter.　私は踊ることも歌うことも好きではない。

　(= Je *n*'aime *ni* danser *ni* chanter.)

PRATIQUONS !　　練習しましょう!

例にならって，文を書き，CD を聞きながら繰り返し発音してください。
Complétez suivant le modèle, puis écoutez le CD et répétez.

例 1. Vous aimez danser ? (assez)
　　　　あなたは踊るのが好きですか？

　　— Oui, j'*aime assez ça*.
　　　はい，私はそれがけっこう好きです。

2. Ils aiment marcher ? (détester)
　彼らは歩くのが好きですか？

　— Non, ils *détestent ça*.
　　いいえ，彼らはそれが嫌いです。

1. Les enfants, vous aimez skier ? (beaucoup)　　　〔スキーをする〕

   — Oui, on .... !

2. Louis, tu aimes étudier ? (détester)　　　〔勉強する〕

   — Non, je ....

3. M. Gary déteste conduire ? (adorer)　　　〔運転する〕

   — Mais non ! Il ....

4. Les amies de Sophie n'aiment pas voyager ? (vraiment)　　〔旅行する〕

   — Mais si ! Elles ....

5. Vous aimez chanter ? Danser ?

   — Non, je .... chanter, ... danser.

LEÇON 47

-er 型規則動詞の直説法現在形 (5)：母音字で始まる動詞

Nous invitons des amis chez nous.　私たちは友人たちを家に招待する。

1.〈人〉を直接目的語とする動詞

accompagner いっしょに行く，aider 助ける，encourager 励ます，inviter 招待する，observer 観察する

Tu *accompagnes* Paul jusqu'où ?	君はポールをどこまで送っていくの？
Elles *arrivent* d'où ?	彼女たちはどこから来るの？
Tu n'*aides* pas ta mère à la maison ?	君は家で母親の手伝いをしないの？
Il *encourage* toujours les élèves.	彼はいつも生徒たちを励ます。
Nous *invitons* des amis chez nous.	私たちは友人たちを家に招待する。

2.〈もの〉を直接目的語とする動詞

apporter 持ってくる，expliquer 説明する，exporter 輸出する，importer 輸入する，indiquer 指し示す，organiser 組織する，utiliser 利用する

Tu *apportes* ton bento au bureau ?	君は弁当を会社に持ってくるの？
Elle *exporte* des bijoux de luxe.	彼女は豪華な宝石を輸出している。
Vous *organisez* une fête où ?	君たちはどこでパーティーを開くの？

注　アンシェヌマンやリエゾンに注意しましょう。

il explique［イレクスプリク］　　ils expliquent［イルゼクスプリク］
elle observe［エロプセるヴ］　　elles observent［エルゾプセるヴ］

頻度を表わす副詞：parfois ときどき，souvent しばしば，toujours いつも

Il aide *parfois* [*souvent*, *toujours*] sa mère.
　彼はときどき［しばしば，いつも］母親を手伝う。

Il n'aide pas *toujours* [*souvent*] sa mère.
　彼はいつも［しばしば］母親を手伝うわけではない。

基数詞 (1)：1～20

1 un, une	2 deux	3 trois	4 quatre	5 cinq
6 six	7 sept	8 huit	9 neuf	**10 dix**
11 onze	12 douze	13 treize	14 quatorze	15 quinze
16 seize	17 dix-sept	18 dix-huit	19 dix-neuf	**20 vingt**

PRATIQUONS ! 練習しましょう!

例にならって，文を書き，CD を聞きながら繰り返し発音してください。
Complétez suivant le modèle, puis écoutez le CD et répétez.

例 1. Tu accompagnes Karine jusqu'où ?
君はカリーヌをどこまで送っていくの？

— J'*accompagne* Karine jusqu'*à la* vidéothèque (*f.s.*).
私はカリーヌをビデオライブラリーまで送っていく。

2. On importe du café d'où ?
コーヒーはどこから輸入しているのですか？

— On *importe* du café *du* Brésil.
コーヒーはブラジルから輸入しています。

1. Elle explique cet exercice à qui ?

   — Elle .... cet exercice .... son fils.
   （練習問題） （息子）

2. Ils organisent une soirée où ?
   （パーティー）

   — Ils .... une soirée .... maison (*f.s.*).

3. Tu apportes quoi à leur soirée ?

   — J' .... une bouteille .... champagne.
   （シャンパン）

4. Vous utilisez la vinaigrette avec quoi, Mesdames ?
   （フレンチドレッシング）

   — On .... la vinaigrette .... la salade.
   （サラダ）

5. Vous exportez votre vin où, Monsieur ?

   — J' .... mon vin .... Chine et .... Japon.

LEÇON 48 -er 型規則動詞の直説法現在形 (6)：habiter

Tu habites où, à Paris ?　君はパリのどこに住んでるの？

habit**er** ...に住む			
j'	habit**e**	nous	habit**ons**
tu	habit**es**	vous	habit**ez**
il	habit**e**	ils	habit**ent**
elle	habit**e**	elles	habit**ent**
on	habit**e**		

否定形：je n'habite pas, tu n'habites pas …
疑問形：tu habites …?, il habite …?
　　　　est-ce que tu habites …?,
　　　　est-ce qu'il habite …?
　　　　habites-tu …?, habite-t-il …?
　　　　habitent-ils …?

注　1) habiter の h は無音の h です。je はエリズィオンして j' となります。
　　2) アンシェヌマンやリエゾンに注意しましょう。
　　　　Il habite　［イラビトゥ］　　elle habite　［エラビトゥ］
　　　　Ils habitent［イルザビトゥ］　elles habitent［エルザビトゥ］

Tu *habites* où à Paris ?　　　　　　　　　　君はパリのどこに住んでるの？
— À République.　　　　　　　　　　　　　— レピュブリックだよ。
Vous *habitez* où maintenant ?　　　　　　　今あなたはどこに住んでいるのですか？
— Dans un quartier sympa de Lyon.　　　　　— リヨンの感じがいい地区です。
Tu *habites* dans quel arrondissement ?　　　君は何区に住んでるの？
— J'*habite* dans le 10ème (arrondissement).　— 10区に住んでいる。
À quel étage *habitez*-vous ?　　　　　　　　君たちは何階に住んでるの？
— Nous *habitons* au 4ème (étage).　　　　　— 私たちは5階に住んでいる。
— Nous *habitons* au rez-de-chaussée.　　　 — 私たちは1階に住んでいる。

注　1) 会話では「〜区」,「〜階」というとき，arrondissement, étage を省略して，序数詞だけで示します。
　　2) 日本の1階は le rez-de-chaussée といい，階数に含まれません。したがって，日本の2階は le 1er étage，　3階は le 2ème étage となります。

序数詞

原則：基数詞 + ième，ただし，基数詞語末の e は削除します。

1$^{er (ère)}$ **premier (ère)**	2ème deuxième	3ème troisième	4ème quatrième	5ème cinquième
6ème sixième	7ème septième	8ème huitième	9ème neuvième	10ème dixième
11ème onzième	12ème douzième	13ème treizième	14ème quatorzième	15ème quinzième
16ème seizième	17ème dix-septième	18ème dix-huitième	19ème dix-neuvième	20ème vingtième

PRATIQUONS !　　練習しましょう！

例にならって，文を書き，CD を聞きながら繰り返し発音してください。
Complétez suivant le modèle, puis écoutez le CD et répétez.

例 1. C'est à quel étage ? (5ème)
　　　　それは何階にありますか？
　　　— (C'est) *Au cinquième* (étage).
　　　　6階です。

　　2. Dans quel arrondissement habitez-vous ? (11ème)
　　　　あなたは何区に住んでいるのですか？
　　　— (J'habite) *Dans le onzième* (arrondissement).
　　　　11区です。

1. Vous avez un loft dans quel arrondissement ? (15ème)　　　　ロフト

　　— (J'ai un loft) _____ (arrondissement).

2. Lucas habite à quel étage maintenant ? (2ème)

　　— (Il habite) _____ (étage).

3. C'est dans quel arrondissement l'Opéra-Bastille ? (12ème)　　バスチーユ・オペラ座

　　— (C'est) _____ (arrondissement).

4. Les Lebrun habitent à quel étage ? (le rez-de-chaussée)

　　— (Ils habitent) _____ .

5. Les Champs-Élysées, c'est où, à Paris ? (8ème)

　　— (C'est) _____ (arrondissement).

LEÇON 49

-er 型規則動詞の直説法現在形 (7)：語幹の綴り字・発音がかわる動詞

Je préfère le poisson à la viande. 　私は肉より魚のほうがいい。

préférer	…のほうを好む		
je	préfère	nous	préférons
tu	préfères	vous	préférez
il	préfère	ils	préfèrent
elle	préfère	elles	préfèrent
on	préfère		

同型：espérer 希望する，répéter 繰り返す
régler 調整する，compléter 補う，
inquiéter 心配させる，posséder 所有する

注　語幹の **é** が nous, vous 以外の活用で **è** にかわります。

Tu *préfères* le poisson ou la viande ? 　君は魚か肉ではどちらのほうが好きなの？
— Je *préfère* le poisson à la viande. 　— 私は肉より魚のほうがいい。
P*référez*-vous le pain au riz ? 　あなたはライスよりパンのほうがいいのですか？
Il *préfère* l'eau à la bière. 　彼はビールより水のほうが好きです。
On *préfère* les pommes aux poires. 　私たちはナシよりリンゴのほうがいい。
Vous *préférez* le blanc ou le rouge ?
　あなたは白ワインのほうがいいですか，それとも赤ワイン？
— Je n'aime ni le blanc ni le rouge. Je *préfère* le rosé.
　私は白ワインも赤ワインも好きではありません。ロゼワインのほうがいいです。

注　1）le blanc [rouge, rosé] はそれぞれ le vin blanc [rouge, rosé] の略です。
　　2）préférer + 動詞の不定詞［ne pas + 動詞の不定詞］
　　　　Je *préfère déjeuner* chez moi. 　どちらかといえば家で昼食をとるほうがいい。
　　　　Je *préfère ne pas déjeuner* au restaurant à midi.
　　　　　どちらかといえばお昼はレストランで昼食をとらないほうがいい。

基数詞 (2)：20～70

20 **vingt**	21 vingt et un	22 vingt-deux	30 **trente**
31 trente et un	32 trente-deux	40 **quarante**	41 quarante et un
50 **cinquante**	60 **soixante**	61 soixante et un	70 **soixante-dix**

PRATIQUONS ! 練習しましょう！

例にならって，文を書き，CD を聞きながら繰り返し発音してください。
Complétez suivant le modèle, puis écoutez le CD et répétez.

例 1. Tu préfères quoi ? *Le* pain (*m.s.*) ? *Le* riz (*m.s.*) ?
　　　君はなにがいいの？　パン？　ライス？

　　— Je préfère *le* pain *au* riz.
　　　私はライスよりパンのほうがいい。

2. Qu'est-ce que tu préfères ? Chanter ou danser ?
　　君はなにがいいの？　歌うことそれとも踊ること？

　　— J'aime chanter, mais je préfère danser.
　　　私は歌うのが好きです。でも踊りのほうがより好きです。

1. Vous préférez quoi ? .... 魚 poisson (*m.s.*) ? .... 肉 viande (*f.s*) ?

　　— Nous préférons .... poisson .... viande.

2. Que préfères-tu ? .... ワイン vin (*m.s.*) ou .... ビール bière (*f.s.*) ?

　　— J'aime beaucoup .... vin, mais je préfère .... bière.

3. Qu'est-ce qu'elle préfère ? .... 水 eau (*f.s*) ou .... 紅茶 thé (*m.s.*) ?

　　— Elle préfère .... eau .... thé.

4. Que préfèrent-ils ? .... 野菜 légumes (*m.pl.*) ? .... 果物 fruits (*m.pl.*) ?

　　— Ils préfèrent .... fruits .... légumes.

5. Où préfère-t-il habiter ? .... Paris ou .... Lyon ?

　　— Il aime habiter .... Paris, mais il préfère Lyon.

LEÇON 50

-er 型規則動詞の直説法現在形 (8)：不定詞を従える動詞

On souhaite visiter Paris. 私たちはパリを訪れたい。

espérer …を期待する ［**préférer** …のほうを好む，**penser** …と思う，
souhaiter …を望む］＋ 不定詞 ［ne pas, ne plus, ne jamais ＋ 不定詞］

Qui *espères*-tu rencontrer ?
　君はだれに会うことを期待しているのですか？

— J'*espère* rencontrer cet acteur.
　私はあの男優に会えることを期待している。

Tu *préfères* travailler ce week-end ?	君は今週末働くほうがいいの？
Il *pense* arriver tôt.	彼は早く着けると思っている。
On *souhaite* visiter Paris.	私たちはパリを訪れたい。
J'espère *ne pas rencontrer* mon prof.	私の先生に会わなければいいと思う。
Tu préfères *ne plus étudier* le week-end ?	週末はもう勉強しないほうがいいの？
Il pense *ne jamais tomber* malade.	彼はけして病気にならないと思っている。

否定表現 (3)

1) **ne**＋動詞＋**pas [ni] A ni B**　A も B も…ない（pas を省略した形はくだけた表現です）

   Je *n'*aime *pas* l'ail, *ni* l'oignon. ＝ Je *n'*aime *ni* l'ail *ni* l'oignon.
   　私はニンニクもタマネギも好きではない。

   Je *n'*aime *pas* déjeuner, *ni* dîner au restau. ＝ Je *n'*aime *ni* déjeuner *ni* dîner au restau.
   　私はレストランで昼食をとることも夕食をとることも好きではない。

   cf. Je *n'*ai *ni* frères *ni* sœurs.　私には兄弟も姉妹もいない。

2) **ne**＋動詞＋**que** …　…しか…ない（＝ seulement）

   Je *n'*aime *que* le rouge. ＝ J'aime *seulement* le rouge.　私は赤ワインだけが好きです。

   Ils *n'*ont *qu'*un fils. ＝ Ils ont *seulement* un fils.　彼らには1人の息子しかいない。

基数詞 (3)：70〜100

70 **soixante-dix**	71 soixante et onze	72 soixante-douze
80 **quatre-vingts**	81 quatre-vingt-un	82 quatre-vingt-deux
90 **quatre-vingt-dix**	91 quatre-vingt-onze	100 **cent**

PRATIQUONS !　　練習しましょう！

例にならって，文を書き，CD を聞きながら繰り返し発音してください。
Complétez suivant le modèle, puis écoutez le CD et répétez.

例 1. Tu préfères quoi ? *Le* thé ? *Le* café ? (pas / ni)
　　　　君はなにがいいの？　紅茶？　コーヒー？

　　— Je *n*'aime *pas le* thé, *ni le* café. Je préfère *la* tisane.
　　　私は紅茶もコーヒーも好きではない。私はハーブティーのほうがいい。

　2. Il habite où ? *Au* 4ème ou *au* 5ème étage ? (ni / ni)
　　　彼はどこに住んでいるの？　5階それとも6階？

　　— Il *n*'habite ni au 4ème ni au 5ème. Il habite *au* rez-de-chaussée.
　　　彼は5階にも6階にも住んでいない。彼は1階に住んでいる。

1. Gérard, tu aimes .... vin (*m.s.*) ou .... bière (*f.s.*) ? (ni / ni)

   — Je .... aime .... vin .... bière.

   Je préfère .... saké (*m.s.*).

2. Vous habitez .... Nice ou .... Cannes ? (ni / ni)

   — On .... habite .... Nice .... Cannes.

   On habite .... Monaco.

3. Il habite dans .... 10ème ou dans .... 11ème ? (pas / ni)

   — Il .... habite .... 10ème, ... 11ème.

   Il habite .... 12ème.

4. Tu as .... maison (*f.s.*) ou .... appartement (*m.s.*) ? (pas / ni)

   — Je .... ai .... maison, ... appartement.

   Je .... ai qu' .... grand studio (*m.s.*).

LEÇON 51

-er 型規則動詞の直説法現在形 (9)：語幹の発音・綴り字がかわる動詞

J'appelle Paul demain. 　私はあすポールに電話する。

appeler	呼ぶ，電話する		
j'	appel*le*	nous	appelons
tu	appel*les*	vous	appelez
il	appel*le*	ils	appel*lent*
elle	appel*le*	elles	appel*lent*
on	appel*le*		

同型：rappeler 電話をかけなおす，épeler 語の綴りをいう，renouveler 新しくする，feuilleter 頁をめくる，jeter 投げる，捨てる，ficeler ひもでくくる

注 語幹の l [t] が nous, vous 以外の活用で ll [tt] にかわります。

J'*appelle* Paul demain.	私はあすポールに電話する。
Tu *rappelles* Luc ?	君はもう一度リュックに電話してみる？
Elle *épelle* bien ce mot ?	彼女はこの単語の綴りを正しく言えますか？
Nous *renouvelons* notre visa.	私たちはビザを更新する。
Vous ficelez le gigot ?	あなたはもも肉にひもをかけているのですか？
Ils *jettent* la poubelle le matin.	彼らは毎朝ゴミを捨てる。

不定代名詞　quelqu'un だれかと quelque chose なにか

Tu appelles *quelqu'un* ?	君はだれかに電話する？
— Oui, j'appelle Roger.	— はい，ロジェに電話する。
Vous téléphonez à *quelqu'un* ?	あなたはだれかに電話しますか？
— Non, je *ne* téléphone à *personne*.	— いいえ，私はだれにも電話しません。
Vous donnez *quelque chose* à Gilles ?	あなたはジルになにかあげますか？
— Non, je *ne* donne *rien* à Gilles.	— いいえ，ジルにはなにもあげません。
Tu *ne* jettes *rien* aujourd'hui ?	君は今日はなにも捨てないの？
— Si, je jette *quelque chose*.	— いや，なにか捨てる。
— Si, je jette de vieux journaux.	— いや，私は古新聞を捨てる。

注 〈des＋形容詞＋名詞〉の配列では，des が **de** にかわります。
　　un vieux journal　１枚の古新聞　→　*de* vieux journaux　数枚の古新聞

PRATIQUONS !　　練習しましょう!

例にならって，文を書き，CD を聞きながら繰り返し発音してください。
Complétez suivant le modèle, puis écoutez le CD et répétez.

例 1. Elle appelle *quelqu'un* ? 彼女はだれかに電話するの？
　　— Oui, elle *appelle* sa mère. — はい，彼女は母親に電話する。
　　— Non, elle *n'appelle personne*. — いや，彼女はだれにも電話しない。

　　2. Vous jetez *quelque chose* ? あなたはなにか捨てるのですか？
　　— Oui, je *jette* de vieux journaux. — はい，私は古新聞を捨てる。
　　— Non, je *ne jette rien*. — いいえ，私はなにも捨てない。

1. Tu appelles _____ pour la fête de demain ?　（パーティー）

　　— Oui, j' _____ Sylvain et Alice.

　　— Non, je _____ appelle _____ .

2. Est-ce que Paul jette _____ ?

　　— Oui, il _____ de vieux magazines.　（グラビア雑誌）

　　— Non, il _____ jette _____ .

3. Justine et Alexia feuillettent _____ ?　（頁をめくる）

　　— Oui, elles _____ des livres.

　　— Non, elles _____ feuillettent _____ .

4. Vous renouvelez _____ cette année ?　（更新する／今年）

　　— Oui, on _____ notre carte de séjour.　（滞在許可証）

　　— Non, on _____ renouvelle _____ .

LEÇON 52

-er 型規則動詞の直説法現在形 ⑽：語幹の綴り字・発音がかわる動詞

J'achète un bouquet de fleurs. 私は1束の花を買う。

acheter 買う	
j' achète	nous achetons
tu achètes	vous achetez
il achète	ils achètent
elle achète	elles achètent
on achète	

同型：racheter 再び買う，geler 凍らせる，congeler 冷凍する，peler 皮をむく

注 語幹の **e** が nous，vous 以外の活用で **è** にかわります。

J'*achète* un bouquet de fleurs. 　私は1束の花を買う。
Tu *rachètes* du sucre ? 　君は砂糖を買いたすの？
Elle *congèle* le poulet. 　彼女は鶏肉を冷凍する。
On *gèle* ici. 　ここはこごえそうに寒い。
Nous *gelons* dans cette maison. 　この部屋はとても寒い。
Vous n'*achetez* pas de pain ? 　あなたはパンを買わないのですか？
Ils *pèlent* des pommes. 　彼らはリンゴの皮をむいている。

否定表現 ⑷：personne ne ... だれも...ないと rien ne ... なにも...ない

Quelqu'un parle japonais, ici ? 　ここにいる人で，だれか日本語を話せますか？
— Non, *personne ne* parle japonais, ici. 　— いいえ，ここではだれも日本語を話せません。
— Non, *personne*. 　— いいえ，だれも話せません。
Quelque chose intéresse les étudiants ? 　なにか学生たちの興味をひくものがありますか？
— Non, *rien n'* intéresse les étudiants. 　— いいえ，なにも学生たちの興味をひくものはありません。
— Non, *rien*. 　— いいえ，なにもありません。

注 1) 不定代名詞（quelqu'un, personne, quelque chose, rien）+ de (d') + 形容詞の男性単数形
　　　quelqu'un d' intelligent [de bien, de gentil] 　だれか聡明な［よい，やさしい］人
　　　quelque chose de spécial [de difficile, de rare] 　なにか特別な［むずかしい，珍しい］こと
　　　rien de spécial [d'extraordinaire] 　特別な［すごい］ことはなにも（ない）
　2) 会話ではよく il y a を省略します。
　　　Il y a quelque chose de spécial ?　→　Quelque chose de spécial ?
　　　なにか特別なことがありますか？

PRATIQUONS ! 練習しましょう！

例にならって，文を書き，CD を聞きながら繰り返し発音してください。
Complétez suivant le modèle, puis écoutez le CD et répétez.

例　1. *Quelqu'un* achète du vin ?
　　　— Oui. Justine *achète* du vin.
　　　— Non, *personne n'*achète de vin.

　　だれかワイン買いますか？
　　— はい。ジュスチーヌがワイン買います。
　　— いいえ，だれもワインを買いません。

2. *Quelque chose* de spécial au dîner ?
　　　— Oui, *il y a* du foie gras.
　　　— Non, *rien* de spécial.

　　夕食でなにか特別なものはありますか？
　　— はい，フォアグラがあります。
　　— いいえ，特別なものはなにもありません。

1. Tu achètes ……………… pour l'anniversaire d'Irène ? [誕生日]

　— Oui, j' ……………… un bouquet de fleurs.

　— Non, je ……………… achète ……………… .

2. ……………… achète du pain pour ce soir ? [今晩]

　— Oui, nous ……………… deux baguettes.

　— Non, ……………… achète de pain.

3. Il y a ……………… d'intéressant à cette exposition ? [興味深い] [展覧会]

　— Oui, ……………… des peintures italiennes. [絵画] [イタリアの]

　— Non, ……………… d'intéressant.

4. ……………… pèle les oranges pour la salade de fruits ? [オレンジ] [フルーツサラダ]

　— Oui, Julia et Irène ……………… les oranges.

　— Non, ……………… ……………… pèle les oranges.

cent onze　111

LEÇON 53

-er 型規則動詞の直説法現在形 ⑾：語幹の綴り字・発音がかわる動詞

Je nettoie le salon.　私は応接間を掃除する。

nettoyer きれいにする，掃除する		
je netto*ie*	nous nettoyons	
tu netto*ies*	vous nettoyez	
il netto*ie*	ils netto*ient*	
elle netto*ie*	elles netto*ient*	
on netto*ie*		

appuyer もたせかける，押しつける		
j' appu*ie*	nous appuyons	
tu appu*ies*	vous appuyez	
il appu*ie*	ils appu*ient*	
elle appu*ie*	elles appu*ient*	
on appu*ie*		

同型：envoyer 送る，employer 使う，
　　　tutoyer tu を使って話す，
　　　vouvoyer vous を使って話す

同型：ennuyer 困らせる，essuyer 拭く

注 語幹の **y** が nous, vous 以外の活用で **i** にかわります。

　Je *nettoie* le salon.　　　　　　　　私は応接間の掃除をする。
　On *appuie* sur ce bouton.　　　　　　このボタンを押します（押してください）。
　Nous n'*essuyons* pas la vaisselle.　　私たちは皿を拭かない。

payer 支払う（2種類の活用形があります）					
je pa*ie*	nous payons	je paye	nous payons		
tu pa*ies*	vous payez	tu payes	vous payez		
il pa*ie*	ils pa*ient*	il paye	ils payent		
elle pa*ie*	elles pa*ient*	elle paye	elles payent		
on pa*ie*		on paye			

同型：essayer 試みる，balayer 掃く，掃除する，effrayer おびえさせる，rayer 傷をつける

　Je *paye* [*paie*] une amende.　　　　　私は罰金を払う。
　Tu n'*essayes* [*essaies*] pas ça ?　　　君はそれを試してみないの？
　Il *balaye* [*balaie*] la cour chaque jour.　彼は毎日中庭を掃く。

時をたずねる疑問副詞　quand

Tu envoies ces lettres *quand* ?　　君はいつこれらの手紙を出すの？

— *À la fin du* mois.　月末に。　　　　　　— *Au début de* la semaine.　週のはじめに。
— *Quand* j'ai le temps.　時間があるときに。　— *Dès que* possible.　できるだけ早く。

PRATIQUONS !　　練習しましょう!

例にならって，文を書き，CD を聞きながら繰り返し発音してください。
Complétez suivant le modèle, puis écoutez le CD et répétez.

例 1. Au restaurant, vous payez l'addition *quand* ? (à la fin de)
　　　レストランでは，いつ勘定を払いますか？
　　　— Je *paie* l'addition *à la fin du* repas (*m.s.*).
　　　私は食事が終わってから勘定を払います。

　　2. *Quand* est-ce que tu es contente, Julia ? (essayer)
　　　ジュリア，君はどんなときがうれしい？
　　　— Je suis contente *quand* j'*essaie* une jolie robe.
　　　きれいなドレスを試着しているときがうれしい。

1. ………………… envoies-tu tes cartes de vœux ? (à la fin de)　　〔年賀状〕

　　— J'………………… mes cartes ………………… année (*f.s.*).　　〔年〕

2. ………………… est-ce que vous nettoyez les escaliers ?　　〔階段〕

　　— On ………………… les escaliers ………………… on a le temps.　　〔時間がある〕

3. Les enfants sonnent ………………… ils rentrent de l'école ? (appuyer)　〔ベルを鳴らす〕〔学校から帰ってくる〕

　　— Oui, ils ………………… sur la sonnette ………………… ils arrivent.　〔ベル〕

4. ………………… est-ce que vous essuyez les meubles ?　　〔家具〕

　　— Nous ………………… les meubles ………………… c'est sale.

5. Ils envoient les factures ………………… ? (au début de)　〔請求書〕

　　— Ils ………………… les factures ………………… mois (*m.s.*).

LEÇON 54

-er 型規則動詞の直説法現在形 ⑿：語幹の綴り字・発音がかわる動詞

Je commence à 8h00.　私は8時に始めます。

commencer 始める，始まる			
je	commence	nous	commençons
tu	commences	vous	commencez
il	commence	ils	commencent
elle	commence	elles	commencent
on	commence		

同型：prononcer 発音する，effacer 消す，avancer 進める，placer 置く，remplacer …に代わる，déplacer 移動させる

注　語幹の **c** が nous の活用で **ç** にかわります。

Tu *commences* à quelle heure ce matin ?　　君はけさは何時に始めるの？
— Je *commence à* [*vers*] 8h00.　　— 私は8時に［ごろ］始める。
— Je *commence tôt* [*tard*].　　— 私は早く［遅く］始める。
À quelle heure *commencez*-vous ?　　君たちは何時に始めますか？
— On *commence avant* [*après*] midi.　　— 私たちは正午までに［以降に］始めます。

時刻表現⑴　12時間制

1h00	une heure	2h00	deux heures	3h00	trois heures
4h00	quatre heures	5h00	cinq heures	6h00	six heures
7h00	sept heures	8h00	huit heures	9h00	neuf heures
10h00	dix heures	11h00	onze heures		

正午　midi　　午前0時　minuit

頻度の表現⑴

toujours つねに，**pas toujours** いつも…とは限らない，
souvent しばしば，**pas souvent** あまり…ない，**parfois** ときどき

Je suis *souvent* [*toujours, parfois*] chez moi le dimanche.
　私は日曜日はたいてい［いつも，ときどき］家にいる。
Je ne suis *pas souvent* [*pas toujours*] ici le lundi.
　私は月曜日はあまりここにはいない［いつもここにいるとは限らない］。

PRATIQUONS !　　練習しましょう!

例にならって，文を書き，CDを聞きながら繰り返し発音してください。
Complétez suivant le modèle, puis écoutez le CD et répétez.

例 1. Thomas commence à 11h00 le lundi ? (toujours)
　　　　トマは月曜日は11時に始めるの？

　　　— Oui, il *commence toujours* à 11h00 le lundi.
　　　　ええ，彼は月曜日はいつも11時に始める。

　　　— Oui, *toujours*.
　　　　ええ，いつも。

　　2. Vous effacez souvent le tableau, les enfants ? (souvent)
　　　　君たちはよく黒板を消しますか？

　　　— Non, nous n'*effaçons* pas *souvent* le tableau.
　　　　いいえ，私たちはあまり黒板を消しません。

　　　— Non, *pas souvent*.
　　　　いいえ，あまり。

　　　　　　　　　　　　　同僚　　　会社　　ときどき
1. Julia et Carole remplacent leurs collègues au bureau ? (parfois)

　　— Oui, elles ＿＿＿＿＿＿ ＿＿＿＿＿＿ leurs collègues.

　　— Oui, ＿＿＿＿＿＿ .

　　　　　　　　　　　仕事　　　しばしば
2. Vous commencez toujours votre travail à midi ? (souvent)

　　— Non, nous ne ＿＿＿＿＿＿ pas ＿＿＿＿＿＿ à midi.

　　— Non, ＿＿＿＿＿＿ .

　　　　　　　　じょうずに　　　いつも
3. Alfredo prononce bien le français ? (toujours)

　　— Oui, il ＿＿＿＿＿＿ ＿＿＿＿＿＿ bien.

　　— Oui, ＿＿＿＿＿＿ .

　　　　　　　持ちもの
4. Vous ne placez pas vos affaires ici ? (toujours)

　　— Si, nous ＿＿＿＿＿＿ ＿＿＿＿＿＿ nos affaires ici.

　　— Si, ＿＿＿＿＿＿ .

LEÇON 55

-er 型規則動詞の直説法現在形 ⒀：語幹の綴り字・発音がかわる動詞

Je mange du pain chaque jour. 　私は毎日パンを食べる。

manger 食べる			
je	mange	nous	mang*e*ons
tu	manges	vous	mangez
il	mange	ils	mangent
elle	mange	elles	mangent
on	mange		

同型：arranger 整える，ranger 片づける
　　　changer 変える，corriger 訂正する，
　　　voyager 旅行する，charger 荷を積む

注　語幹の **g** が nous の活用で **ge** にかわります。

Je *mange* du pain chaque jour. 　私は毎日パンを食べる。
Il *change* de voiture chaque année. 　彼は毎年車を買い換える。
Nous *mangeons* toujours bien. 　私たちはいつもよく食べる。
Vous ne *mangez* pas de viande ? 　あなたは肉を食べないのですか？
Ils ne *voyagent* jamais. 　彼らはけして旅行しない。

注　changer …と changer de (d')＋無冠詞名詞
　Il *change* les assiettes pour la salade. 　彼はサラダ用の新しい皿に替える。
　Je change de travail. 　私は転職する。
　On *change de* train pour Lyon. 　リヨン行きの列車に乗り換える。

頻度の表現⑵

chaque＋単数名詞 毎…，**quelquefois** ときどき，**de temps en temps** ときどき
parfois ときどき，**ne … jamais** けして…ない

Elle change de robe *chaque* jour. 　彼女は毎日ワンピースを着替える。
Il arrive *quelquefois* en retard. 　彼はときどき遅刻する。
Ils *ne* mangent *jamais* de riz. 　私はけしてごはんを食べない。
Je rencontre Jean *de temps en temps*. 　私はときどきジャンに会う。
(= Je rencontre *de temps en temps* Jean.)

注　*chaque* seconde [minute, heure] 　毎秒[分，時]
　　chaque jour [semaine, mois, année] 　毎日[週，月，年]
　　chaque saison 　季節ごとに
　　chaque printemps [été, automne, hiver] 　毎年春[夏，秋，冬]になると

PRATIQUONS !　　練習しましょう!

例にならって，文を書き，CD を聞きながら繰り返し発音してください。
Complétez suivant le modèle, puis écoutez le CD et répétez.

例 1. Vous rangez votre chambre de temps en temps ?
あなたはときどき部屋を片づけますか？

— Oui, je *range* ma chambre *de temps en temps*.
はい，私はときどき部屋を片づけます。

— Oui, *de temps en temps*.
はい，ときどき。

2. Tu ne manges jamais de pain à midi ?
君はお昼はけしてパンを食べないの？

— Non, je *ne mange jamais* de pain à midi.
はい，私はお昼にはけしてパンを食べない。

— Non, *jamais*.
はい，けして。

1. Vous mangez des toasts (トースト) de temps en temps le matin (朝) ?

— Oui, nous _____ des toasts _____.

— Oui, _____.

2. Tes parents ne voyagent jamais l'été ?

— Non, ils _____ _____ l'été.

— Non, _____.

3. Le prof (先生) corrige quelquefois les devoirs (宿題) des étudiants (学生たち) ?

— Oui, il _____ leurs devoirs _____.

— Oui, _____.

4. Vous changez souvent d'hôtel (ホテル) pour les vacances ? (chaque)

— Oui, on _____ d'hôtel _____ année.

— Oui, _____ année.

LEÇON 56

-er 型規則動詞の直説法現在形 ⑭：語末が -ier で終わる動詞

J'étudie le français !　　私はフランス語を勉強する！

étudier	勉強する		
j'	étud*ie*	nous	étud*ions*
tu	étud*ies*	vous	étud*iez*
il	étud*ie*	ils	étud*ient*
elle	étud*ie*	elles	étud*ient*
on	étud*ie*		

同型：apprécier 高く評価する，copier 複写する，crier 叫ぶ，oublier 忘れる，remercier 感謝する，skier スキーをする，vérifier 確かめる

注　不定詞語尾が **-ier** で終わりますから，すべての活用語尾のまえに **i** が残ります。

J'*étudie* le français.　　私はフランス語を勉強する。

Tu *apprécies* le nouveau professeur ?　　君は新任の先生を評価しますか？

On *oublie* parfois nos livres à l'école.　　私たちはときどき本を学校に忘れる。

Nous *copions* les exercices de maths.　　私たちは数学の練習問題をコピーする。

Vous *skiez* chaque hiver ?　　あなたは毎年冬はスキーをしますか？

Ils *crient* beaucoup, ces enfants !　　この子どもたちは，よく叫ぶ！

Elles ne *remercient* jamais personne.　　彼女たちはけしてだれにも感謝しない。

Le garagiste ne *vérifie* que les pneus ?　　自動車修理工はタイヤしか点検しないの？

— Oui, il vérifie seulement les pneus.　　— はい，点検するのはタイヤだけだよ。

注
1) ne … que … …しか…しない = seulement …だけを…する
   Je *ne* parle *que* français. = Je parle *seulement* français.　　私はフランス語しか話せない。
2) pendant la journée [l'année, l'hiver, le cours]　　1日［1年，冬，授業］のあいだ
   On skie beaucoup *pendant* l'hiver.　　私たちは冬のあいだよくスキーをする。
3) Il est *français*.　　彼はフランス人です。（français は形容詞）
   Il étudie *le français*.　　彼はフランス語を勉強している。（français は男性単数の名詞）
   cf. Il parle *français*.　　彼はフランス語を話す。
   C'est un *Français*.　　あの人はフランス人です。（Français は名詞）

PRATIQUONS !　　練習しましょう!

例にならって，文を書き，CDを聞きながら繰り返し発音してください。
Complétez suivant le modèle, puis écoutez le CD et répétez.

例 1. Vous étudiez *seulement* les maths ?
　　　君たちは数学だけを勉強しているのですか？

— Oui, nous *n'étudions que* les maths.
　はい，私たちは数学しか勉強していません。

2. Monsieur, je *ne* copie *que* le contrat ?
　契約書だけをコピーしますか？

— Oui, vous *copiez seulement* le contrat, s'il vous plaît.
　はい，契約書だけをコピーしてください。

ウイークデイ
1. Vos enfants étudient .... pendant la semaine ?

— Oui, ils .... pendant la semaine.

管理人
2. Il .... remercie .... la concierge ?

— Oui, il .... la concierge.

オイル
3. Vous vérifiez .... l'huile ?

— Oui, je .... l'huile.

4. Ils .... skient .... l'hiver ?

— Oui, ils .... l'hiver.

怒っているとき
5. Tu cries .... quand tu es fâché ?

— Oui, je .... quand je suis fâché.

LEÇON 57

commencer と arrêter の用法

Je commence le japonais. 　私は日本語を始める。

1. commencer ＋ 名詞 …を始める と commencer à ＋ 動詞の不定詞 …し始める

Je *commence* le japonais. 　　　　　　　＝ Je *commence à* étudier le japonais.
私は日本語を始める。　　　　　　　　　　　　私は日本語を勉強し始める。

Tu *commences* la préparation du repas ?　＝ Tu *commences à* préparer le repas ?
君は食事の準備を始めるの？　　　　　　　　　君は食事を準備し始めるの？

Elle *recommence* le dessin.　　　　　　　＝ Elle *recommence à* dessiner.
彼女はデッサンをやりなおす(ふたたび始める)。　彼女はまたデッサンを描き始める。

On ne *commence* pas le travail demain.　＝ On ne *commence* pas *à* travailler demain.
私たちはあす仕事を始めない。　　　　　　　　私たちはあす仕事をし始めない。

Il ne *commence* pas l'étude de la musique.　＝ Il ne *commence* pas *à* étudier la musique.
彼は音楽の勉強を始めない。　　　　　　　　　彼は音楽を勉強し始めない。

注　**commencer par ＋ 名詞** …から始める

Nous *commençons par* quoi ? 　　　　　　　私たちはなにから始めましょうか？
— Nous *commençons par* les hors-d'œuvre. 　— 私たちはオードブルから始めましょう。
Vous *commencez par* la leçon 2 ? 　　　　　君たちは２課から始めるのですか？
— Mais non ! On *commence par* la leçon 1. 　— とんでもない！ 私たちは１課から始めます。

2. arrêter ＋ 名詞 …をやめる と arrêter de (d') ＋ 動詞の不定詞 …するのをやめる

Il *arrête* le piano.　　　　　　　　　　　＝ Il *arrête d'*étudier le piano.
彼はピアノをやめる。　　　　　　　　　　　　彼はピアノを勉強するのをやめる。

Elle *arrête* la natation.　　　　　　　　＝ Elle *arrête de* nager.
彼女は水泳をやめる。　　　　　　　　　　　　彼女は泳ぐのをやめる。

On *arrête* cette discussion.　　　　　　＝ On *arrête de* discuter.
私たちはこの議論をやめる。　　　　　　　　　私たちは議論するのをやめる。

Nous n'*arrêtons* pas le ski.　　　　　　＝ Nous n'*arrêtons* pas *de* skier.
私たちはスキーをやめない。　　　　　　　　　私たちはスキーをするのをやめない。

Ils n'*arrêtent* pas les corrections.　　＝ Ils n'*arrêtent* pas *de* corriger.
彼らは添削をやめない。　　　　　　　　　　　彼らは添削するのをやめない。

PRATIQUONS !　　練習しましょう!

例にならって，文を書き，CD を聞きながら繰り返し発音してください。
Complétez suivant le modèle, puis écoutez le CD et répétez.

例 1. Vous commencez l'étude du piano cette année ?
　　　あなたは今年ピアノの勉強を始めますか？

　　　— Oui, on commence *à étudier* le piano cette année.
　　　はい，私たちは今年ピアノを勉強し始めます。

2. Il arrête le travail à 60 ans ?
　　　彼は60歳で仕事をやめるのですか？

　　　— Non, il n'arrête pas *de travailler* à 60 ans.
　　　いいえ，彼は60歳で働くのをやめはしません。

1. Nous commençons la marche (歩行) à 1h00 ? (marcher 歩く)

　　— OK, on commence .... à 1h00.

2. Ils recommencent la discussion (議論) ? (discuter 議論する)

　　— Non, ils ne recommencent pas ....

3. Elles arrêtent la danse (ダンス) ? (danser ダンスをする)

　　— Non, elles n'arrêtent pas ....

4. Vous arrêtez la correction (添削) des copies (答案) à midi ? (corriger 添削する)

　　— Oui, on arrête .... les copies à midi.

5. Tu commences tes révisions (復習) aujourd'hui (今日) ? (réviser 復習する)

　　— Oui, je commence .... aujourd'hui.

LEÇON 58

penser と oublier の用法

Tu penses à moi chaque jour ? 　君は毎日私のことを考えているの？

1. penser à + 名詞（人・もの），強勢形人称代名詞，動詞の不定詞
…のこと[…すること]を考える

Tu *penses à* moi chaque jour ?　　　　君は毎日私のことを考えているの？
— Oui, je *pense à* toi chaque jour.　　— はい，毎日君のことを考えている。
Vous *pensez* encore *à* ce problème ?　まだその問題について考えているのですか？
— Non, je ne *pense* plus *à* ça.　　　— いいえ，もうそのことについて考えていません。
Il *pense à* appeler Leïla ?
　彼はレイラへ電話することを忘れないでいる？
— Oui, il *pense* parfois *à* appeler Leïla.
　はい，彼はときどきレイラへ電話することを思いだす。
— Non, il ne *pense* jamais *à* appeler Leïla.
　いや，彼はけしてレイラへ電話することを思いださない。
— Non, il ne *pense* jamais à ça.
　いや，彼はけしてそのことを思いださない。

2. oublier + 名詞（もの）…を忘れる と oublier de (d') + 動詞の不定詞
…するのを忘れる

Vous *oubliez* vos soucis le week-end ?
　あなたたちは週末には心配事を忘れますか？
— Oui, on *oublie* toujours nos soucis le week-end.
　はい，私たちはいつも週末には心配事を忘れます。
Il *oublie* parfois la fermeture des portes ?
　彼はときどき玄関の戸締まりを忘れますか？
— Non, il n'*oublie* jamais *de* fermer les portes.
　いいえ，彼はけして玄関を閉めるのを忘れない。
— Non, il n'*oublie* jamais ça.
　いいえ，彼はけしてそれを忘れない。

注　*penser à* **ne pas** + 動詞の不定詞 …しないことを覚えている
　　oublier de **ne pas** + 動詞の不定詞 …しないことを忘れる
　　Il *pense* [*oublie*] toujours [*de*] *à ne pas appeler* ses amis après 20h00.
　　　彼は20時以降友人たちに電話しないことをいつも忘れない[忘れる]。

PRATIQUONS !   練習しましょう!

例にならって，文を書き，CD を聞きながら繰り返し発音してください。
Complétez suivant le modèle, puis écoutez le CD et répétez.

例 1. Vous pensez parfois à vos amis ?
   あなたはときどき友人たちのことを考えますか？

   — Oui, je pense parfois à *eux*.
   はい，私はときどき彼らのことを考えます。

2. Elle oublie de ne pas arriver en retard ? (ne … jamais)
   彼女は遅刻しないことを忘れますか？

   — Non, elle *n'*oublie *jamais* de *ne pas* arriver en retard.
   いいえ，彼女はけして遅刻しないことを忘れません。

   — Non, elle *n'*oublie *jamais* ça.
   いいえ，彼女はけしてそのことを忘れません。

1. Vous pensez parfois à nous ? (souvent)

   もちろん
   — Bien sûr ! On pense .... à ....

          まだ   事故
2. Il pense encore à son accident ? (ne … plus)

   — Non, il .... pense .... à ....

                              ときどき
3. Tu oublies d'appeler tes parents ? (parfois)

   — Oui, j'oublie .... d' .... mes parents.

   — Oui, j'oublie ....

                         迷惑をかける
4. Vous pensez toujours à ne pas déranger ? (toujours)

   — Oui, on pense .... à .... déranger.

   — Oui, on pense .... à ....

LEÇON 59

-er 型規則動詞の直説法現在形 ⑮：語末が -uer で終わる動詞

Je joue au ballon. 私はボールで遊ぶ。

jouer 遊ぶ, 競技する, 演奏する			
je	joue	nous	jouons
tu	joues	vous	jouez
il [elle, on]	joue	ils [elles]	jouent

同型：louer 賃貸しする, 賃借りする, remuer 運ぶ, 動かす, saluer 挨拶する

注 不定詞が **-uer** で終わりますから，すべての活用語尾のまえに **u** が残ります。

Je *joue* au ballon.	私はボールで遊ぶ。
Tu *joues* bien de la guitare.	君はギターの演奏がうまい。
Il *loue* une maison dans Paris.	彼はパリに家を借りる。
Nous *saluons* le professeur.	私たちは先生に挨拶する。
Ils ne *saluent* jamais personne.	彼らはだれにもけして挨拶しない。
Pourquoi ton chien *remue*-t-il la queue ?	君の犬はなぜしっぽをふってるの？

jouer の用法

1) **jouer à** [au, à la, à l', aux] …して遊ぶ，（ゲーム・スポーツ）をする

Ils *jouent à* cache-cache.	彼らはかくれんぼをしている。
Je *joue au* poker.	私はポーカーをする。
Tu *joues à* la poupée ?	君は人形遊びをしているの？
On *joue à* l'ordinateur.	私たちはパソコンで遊んでいる。
On *joue aux* cartes.	私たちはトランプをしている。
Ils aiment jouer *à* quoi [*à* quel sport] ?	彼らはなに[どんなスポーツ]をするのが好きですか？
— *Au* foot.	— サッカーです。

2) **jouer de** [du, de la, de l', des] …（楽器・音楽）を演奏する

Je *joue du* piano.	私はピアノを演奏する。
Il *joue de* la flûte.	彼はフルートを演奏する。
Nous *jouons de* l'accordéon.	私たちはアコーデオンを演奏する。
Elles *jouent* bien *des* castagnettes.	彼女たちはカスタネットが上手です。
Il aime jouer *de* quoi [*de* quel instrument] ?	彼は何[どんな楽器]の演奏が好きですか？
— *Du* piano.	— ピアノです。

PRATIQUONS !　　練習しましょう!

例にならって，文を書き，CD を聞きながら繰り返し発音してください。
Complétez suivant le modèle, puis écoutez le CD et répétez.

例 1. Vous jouez de quel instrument, Pénélope ? (le violon)
　　　ペネロープ，あなたはどんな楽器を演奏するのですか？

— Je *joue du* violon.
私はバイオリンを演奏します。

2. Salut, les copains ! Vous jouez à quoi ? (les cartes)
やあ，みんな！　なにをして遊ぶ？

— Nous *jouons aux* cartes.
私たちはトランプをしよう。

1. À quoi jouent souvent les petites filles ? (la poupée)　　　人形

— Elles ……………… souvent ……………… poupée.

2. Les Espagnols jouent toujours de quel instrument ? (la guitare)
スペイン人　　　　　　　　　　　　　　　　　　　　ギター

— Ils ……………… toujours ……………… guitare.

3. Avec tes copains, tu joues à quoi le week-end ? (le foot)
仲間　　　　　　　　　　週末　　　サッカー

— On ……………… quelquefois ……………… foot.

4. Albert, Martine, vous jouez de quoi à l'école ? (l'accordéon)
アコーディオン

— Nous ……………………………… accordéon.

5. Salut tout le monde ! Vous jouez à quoi ? (les échecs)
チェス

— On ……………………………… échecs.

cent vingt-cinq　125

LEÇON 60

continuer と arrêter の用法

Elle continue la danse ?　彼女はダンスを続けていますか？

continuer　続ける			
je	continue	nous	continuons
tu	continues	vous	continuez
il [elle, on]	continue	ils [elles]	continuent

注　不定詞が **-uer** で終わりますから，すべての活用語尾のまえに **u** が残ります。

continuer à [de] ＋ 不定詞　…し続ける

前置詞は à, de のどちらを使っても意味は同じです。de は書きことばでより頻繁に用いられます。

Elle *continue* la danse ?　　　　　　彼女はダンスを続けていますか？
— Oui, elle *continue à* danser.　　　— はい，彼女はダンスを続けている。
Votre fils *continue d'*étudier ?　　　息子さんは勉強を続けていますか？
— Non, il ne *continue* pas ses études.　— いいえ，彼は勉強を続けていません。

arrêter de ＋ 不定詞　…するのをやめる

Elle *arrête* le piano ?　　　　　　　彼女はピアノをやめるのですか？
— Oui, elle *arrête d'*étudier le piano.　— はい，彼女はピアノの勉強をやめます。
Tu *arrêtes* la course à pied ?　　　君は徒競走をやめるの？
— Non, je n'*arrête* pas *de* courir !　— いいえ，私は走るのをやめない！
— Bien sûr que non !　　　　　　　— もちろんやめない！

Bien sûr que [qu'] … !　もちろん … !

Tu continues le travail [à travailler] après 60 ans ?　君は60歳以降も仕事を続けるの？
— *Bien sûr que* je continue !　　　— もちろん，続けるよ！
— Bien sûr que oui !　　　　　　　— もちろんそうです！
— Bien sûr que non !　　　　　　　— もちろんそうではありません！

PRATIQUONS ! 練習しましょう!

例にならって，文を書き，CD を聞きながら繰り返し発音してください。
Complétez suivant le modèle, puis écoutez le CD et répétez.

例 1. Tu continues de travailler après 60 ans, Céline ?
   セリーヌ，君は60歳以降も働き続けるの？

   — Bien sûr que je *continue à* travailler !
   もちろん，私は働き続ける！

2. Vous continuez à travailler après 18h00 ?
   君たちは18時以降まで仕事を続けるの？

   — Bien sûr que non ! On *arrête* le *travail* à 18h00 pile.
   もちろんそうではありません！ 18時きっかりに仕事はやめるよ。

1. Elles continuent encore de parler de ça ?

   — Oui, elles _____ encore _____ de ça.

   掃除機をかける
2. On continue à passer l'aspirateur dans l'appartement ?

   清潔な
   — Non. On _____ l'aspirateur. C'est propre.

   泳ぐ
3. Vos enfants continuent à nager chaque week-end, Mme Thibaut ?

   — Bien sûr qu'ils _____ la _____ !

   山を歩く
4. Mylène arrête bientôt de marcher en montagne ?

   — Bien sûr que non ! Elle n' _____ pas la _____ .

5. Manon, est-ce que tu arrêtes la danse après le lycée ?

   — Mais non ! Je n' _____ pas _____ .

cent vingt-sept 127

LEÇON 61

-er 型規則動詞の直説法現在形 ⑯：語末が -éer で終わる動詞

Il crée de délicieuses recettes.　彼はとてもおいしいレシピを作る。

créer　作る，生みだす			
je	crée	nous	créons
tu	crées	vous	créez
il [elle, on]	crée	ils [elles]	créent

同型：agréer 受け入れる，
procréer 子どもをつくる，
recréer 作りなおす，
suppléer 補う

注　不定詞が -éer で終わりますから，すべての活用語尾のまえに é が残ります。

Je *crée* un nouveau concept.　　　　私は新しい概念を作りだす。
Tu *crées* de nouvelles sociétés ?　　君は新しい会社を設立するの？
Il *crée* de délicieuses recettes.　　　彼はとてもおいしいレシピを作る。
Nous *créons* souvent des associations.　私たちはしばしば組合を作る。
Ils ne *créent* jamais de problèmes.　彼らはけしてトラブルを起こさない。

注　否定の de：否定文で 直接目的語についた不定冠詞と部分冠詞は **de (d')** にかわります。
　Ces jeunes créent des problèmes ?
　　あの若者たちはトラブルを起こしますか？
　— Mais non ! Ils ne créent pas du tout *de* problèmes.
　　とんでもない！　彼らはまったくトラブルを起こさない。

副　詞

程度：	**trop**	過度に	**beaucoup**	たくさん	**assez**	じゅうぶんに	**peu**	ほとんど…ない
	très	とても	**si**	とても	**vraiment**	ほんとうに	**plutôt**	むしろ
状態：	**bien**	よく	**mal**	悪く	**vite**	速く	**tard**	遅く
場所：	**ailleurs**	よそに	**partout**	至る所に	**autour**	周囲に		
	loin	遠くに	**près**	近くに				
時：	**toujours**	つねに	**souvent**	しばしば	**ne ... jamais**	けして…ない		
	bientôt	まもなく	**longtemps**	長い間				

Il mange *beaucoup* [*peu*] le matin.　　彼は朝はよく食べる[ほとんど食べない]。
Ça tombe *bien* [*mal*].　　　　　　　タイミングがよい[悪い]。
J'habite *loin* [*près*] de mon bureau.　私は会社から遠くに[近くに]住んでいる。
Il est *toujours* [*souvent*] en retard.　彼はいつも[よく]遅れる。

PRATIQUONS !　　練習しましょう!

例にならって，文を書き，CD を聞きながら繰り返し発音してください。
Complétez suivant le modèle, puis écoutez le CD et répétez.

例 1. Cet artiste expose *souvent* ? (souvent または plutôt)
　　　この画家はよく個展を開きますか？

　　— Oui, il *crée* toujours de nouvelles œuvres.
　　　はい，彼はつねに新しい作品を生みだしている。

2. Luc et Léa ont *toujours* des problèmes au travail ? (toujours または très)
　　リュックとレアはいつも職場で問題があるの？

　— Oui, ils *créent* toujours des problèmes.
　　はい，彼らはいつも問題をひき起こす。

1. Haruki Murakami est .... connu ? (bientôt または très)

　— Oui, il .... toujours des œuvres majeures. [重要な]

2. Votre fils est un enfant .... difficile ? (plutôt または vite) [気むずかしい]

　— Oui, il .... toujours des problèmes à l'école.

3. Vous travaillez depuis .... en Asie ? (longtemps または ailleurs)

　— Oui, depuis trois ans. Nous .... des sociétés. [会社]

4. Ta famille est .... d'accord avec tes projets ? (mal または toujours) [計画]

　— Au contraire, elle .... des difficultés. [反対に] [異議]

5. Chéri, pourquoi travailles-tu .... demain ? (bientôt または ailleurs)

　— On .... une nouvelle équipe. (recréer) [チーム]

LEÇON 62

-ir 型規則動詞（第2群規則動詞）の直説法現在形 (1)

À quoi tu réfléchis ? 君は何を考えてるの？

不定詞の語尾 -ir [i]				réfléchir 熟考する			
je	-is [i]	nous	-issons [isɔ̃]	je réfléchis		nous réfléchissons	
tu	-is [i]	vous	-issez [ise]	tu réfléchis		vous réfléchissez	
il	-it [i]	ils	-issent [is]	il réfléchit		ils réfléchissent	
elle	-it [i]	elles	-issent [is]	elle réfléchit		elles réfléchissent	
on	-it [i]			on réfléchit			

同型：grossir 太る，maigrir やせる，grandir 大きくなる，jaunir 黄色くなる，rougir 赤くなる
verdir 緑色になる，blanchir 白くなる，noircir 黒くなる

À quoi tu *réfléchis* ?　　　　　　　　　　君は何を考えてるの？
— Je *réfléchis* à mon emploi du temps.　— 私はスケジュールのことを考えている。
Elle *grossit* beaucoup en ce moment.　　彼女はいまとても太っている。
Ils ne *maigrissent* jamais.　　　　　　　彼らはけしてやせない。
Nous *grandissons* chaque année.　　　　 私たちは毎年大きくなっている。
Les feuilles *jaunissent* au printemps ?　　木の葉は春には黄色くなりますか？
— Mais non ! Elles *verdissent*.　　　　　— とんでもない！　緑色になります。
Et en automne ?　　　　　　　　　　　　で，秋には？
— Elles *rougissent*, bien sûr.　　　　　 — もちろん，赤くなります。

注 1) réfléchir à + もの / penser à + 人・もの
　　Tu réfléchis [penses] *à ton projet* ?　　　私は君の計画について考えてるの？
　　— Oui, je réfléchis [pense] *à ça*.　　　　— はい，私はそのことを考えている。
　　Tu penses *à qui* ? *À Jean* ?　　　　　　君はだれのことを考えてるの？　ジャンのこと？
　　— Non, je ne pense pas *à lui*.　　　　　— いや，彼のことは考えていない。

2) grandir de …だけ大きくなる，grossir [maigrir] de …だけ太る［やせる］
　　Tu grandis *de* combien chaque année ?　君は毎年どれくらい大きくなってるの？
　　— Je grandis *de* 2 ou 3 centimètres.　　— 2，3センチ大きくなっている。
　　— *De* 2 ou 3 centimètres.　　　　　　 — 2，3センチだよ。

PRATIQUONS ! 練習しましょう!

例にならって，文を書き，CD を聞きながら繰り返し発音してください。
Complétez suivant le modèle, puis écoutez le CD et répétez.

例 1. Tu réfléchis toujours à quoi ? À ce problème ?
君はいつも何のことを考えているの？　この問題について？

— Oui, je *réfléchis* toujours à *ça*.
はい，私はいつもそのことについて考えている。

2. À qui pense-t-il ? À ses parents ?
彼はだれのことを考えてるの？　彼の両親のこと？

— Non, il ne *pense* jamais à *eux*.
いいえ，彼はけして彼らのことは考えない。

1. Vous réfléchissez toujours à quoi ? À votre emploi du temps ? 〔スケジュール〕

    — Non, je ne .... pas toujours à ....

2. Ils pensent souvent à leur fille ?

    — Bien sûr qu'ils .... souvent à ....

3. Elle réfléchit à la date de son mariage ? 〔日取り〕〔結婚式〕

    — Oui, elle .... beaucoup à ....

4. À quoi réfléchis-tu ? À tes problèmes de travail ?

    — Oui, je .... souvent à ....

5. Penses-tu à moi quand tu es loin de moi ? 〔…から遠い〕

    — Mais oui ! Je .... chaque minute à .... 〔しょっちゅう〕

LEÇON 63 -ir 型規則動詞の直説法現在形 (2)
選択を表わす疑問代名詞

Je choisis le pull blanc.　　私は白いセーターを選びます。

choisir 選ぶ			
je	choisis	nous	choisissons
tu	choisis	vous	choisissez
il [elle, on]	choisit	ils [elles]	choisissent

同型：agir 行動する，obéir 従う，remplir 満たす，書きこむ，réussir 成功する，réunir 集める

Je *choisis* le pull blanc.　　私は白いセーターを選びます。
On *réussit* bien dans notre travail.　　私たちの仕事はうまくいっている。
Vous n'*obéissez* jamais !　　君たちはけして言うことをきかない！

選択を表わす疑問代名詞

〈定冠詞＋疑問形容詞〉の構成で，性・数変化します。「〜のなかのだれ，どれ」と選択をたずねるときに使います。

男性・単数	女性・単数	男性・複数	女性・複数
lequel	**laquelle**	**lesquels**	**lesquelles**

Quel costume aimez-vous ?　　あなたはどのスーツが好きですか？
— Le costume blanc.　　—白いスーツです。
Pardon ? *Lequel* ?　　失礼ですが？　どれですか？
— Le blanc.　　—白です。

Vous choisissez quelle jupe ?　　あなたはどのスカートを選びますか？
— La jupe bleue, s'il vous plaît.　　—青いスカートをお願いします。
Pardon ? *Laquelle* ?　　失礼ですが？　どれですか？
— La bleue, s'il vous plaît.　　—青をお願いします。

色彩の表現

		男性・単数	女性・単数	男性・複数	女性・複数
blanc	白色	le blanc	la blanche	les blancs	les blanches
violet	紫色	le violet	la violette	les violets	les violettes
jaune	黄色	le jaune	la jaune	les jaunes	les jaunes
bleu	青色	le bleu	la bleue	les bleus	les bleues
marron	栗色	le marron	la marron	les marrons	les marrons

PRATIQUONS !　　練習しましょう！

例にならって，文を書き，CD を聞きながら繰り返し発音してください。
Complétez suivant le modèle, puis écoutez le CD et répétez.

例 1. Tu choisis quel sac ? (blanc)　　　君はどのバッグにする？
　　　　— Je choisis *le* sac *blanc*.　　　　— 白のバッグにする。
　　　　Pardon, *lequel* ?　　　　　　　　　ごめんなさい，どれ？
　　　　— *Le blanc*, ici.　　　　　　　　　— こちらの白いのだよ。

　　2. Vous regardez quelles jupes ? (bleu)　どのスカートを見ているのですか？
　　　　— Je regarde *les* jupes *bleues*.　　— 青いスカートを見ています。
　　　　Pardon, *lesquelles* ?　　　　　　　ごめんなさい，どのスカート？
　　　　— *Les bleues*, là.　　　　　　　　— あそこの青いスカートです。

<small>登録　　　　大学　　　　　　　　　カード　　紫色の</small>
1. Pour son inscription en fac, il remplit quelle fiche ? (violet)

　　— Il remplit .... fiche ....

　　Pardon, ... ?

　　— ....

<small>欲しい　　ネックレス　　　　　白い</small>
2. Vous désirez quel collier, Mademoiselle ? (blanc)

　　— J'aime beaucoup .... collier ....

　　Pardon, ... ?

　　— .... , ici.

<small>注釈を加える　　　　　　万年筆　　青い　　赤い</small>
3. Vous annotez les copies avec quels stylos ? (bleu / rouge)

　　— Avec .... stylos ou .... stylos ....

　　Pardon, ... ?

　　— .... ou ....

cent trente-trois　133

LEÇON 64

-ir 型規則動詞の直説法現在形 (3)

Je finis à 10h00 ce matin. 私はけさは10時に終える。

finir 終わる，終える			
je	fin*is*	nous	fin*issons*
tu	fin*is*	vous	fin*issez*
il [elle, on]	fin*it*	ils [elles]	fin*issent*

同型：établir 設置する，fournir 供給する，saisir つかむ

Tu *finis* à quelle heure ce matin ? 君はけさは何時に終えるの？
— Je *finis* à 10h00. — 私は10時に終える。
Il *finit* à 3h00 cet après-midi. 彼はきょうの午後は3時に終える。
Nous *finissons* à 8h00 ce soir. 私たちは今晩は8時に終える。
Ils *finissent* avant minuit. 彼らは午前0時までに終える。

Ça commence et ça *finit* à quelle heure ce film ?
この映画は何時に始まって，何時に終わるの？
— Ça commence à 15h30 et ça *finit* à 17h45.
15時30分に始まって，17時45分に終わる。

時刻表現 (2)

Quelle heure est-il ? / Il est quelle heure ? 何時ですか？

	12時間制	24時間制
2h15	Il est deux heures **et quart** (du matin).	Il est deux heures **quinze**.
7h10 [=19h10]	Il est **sept** heures dix (du soir).	Il est **dix-neuf** heures dix.
3h30	Il est trois heures **et demie**.	Il est trois heures **trente**.
6h00 [=18h00]	Il est **six** heures (juste).	Il est **dix-huit** heures (pile).

Quelle heure avez-vous ? / Tu as quelle heure ? 何時ですか？

4h45	J'ai **cinq** heures **moins le quart**.	J'ai **quatre** heures **quarante-cinq**.
5h55	J'ai **six** heures **moins cinq**.	J'ai **cinq** heures **cinquante-cinq**.

Vous avez l'heure, s'il vous plaît ? / Tu as l'heure, s'il te plaît ? 時間がわかりますか？
— Oui, j'ai 2h30. — はい，2時30分です。
— Non, je n'ai pas l'heure. Désolé. — いいえ，腕時計をもっていません。申し訳ない。

注　1h00 du matin 朝の1時，3h00 de l'après-midi 午後3時，8h00 du soir 夜の8時

PRATIQUONS ! 練習しましょう！

例にならって，文を書き，CD を聞きながら繰り返し発音してください。
Complétez suivant le modèle, puis écoutez le CD et répétez.

例 1. Ce soir, tu finis à quelle heure, Léo ? (8h15)
　　　レオ，今晩君は何時に終えるの？

— Je finis à *huit heures et quart*.
　私は８時15分に終えます。

— Je finis à *vingt heures quinze*.
　私は20時15分に終えます。

2. Léna commence à quelle heure ce matin ? (8h30)
　レナはけさは何時に始めますか？

— Elle commence à *huit heures et demie*.
　彼女は８時半に始めます。

— Elle commence à *huit heures trente*.
　彼女は８時30分に始めます。

1. Ce soir, ça finit à quelle heure, la soirée ? (11h00) 〔パーティー〕

　— Ça finit après _____.

　— Ça finit après _____.

2. À quelle heure est-ce que cette émission finit, ce soir ? (9h30) 〔放送〕

　— Elle finit à _____.

　— Elle finit à _____.

3. Vous finissez à quelle heure cet après-midi ? (1h10)

　— Nous finissons à _____.

　— Nous finissons à _____.

4. Tes cours commencent à quelle heure ce matin ? (10h15) 〔授業〕

　— Ils commencent à _____.

　— Ils commencent à _____.

LEÇON 65

不規則動詞の直説法現在形 (1)：語末が -ir で終わる動詞
〈人〉をたずねる疑問代名詞

Je pars de chez moi à 8 heures.　私は8時に家をでる。

partir　出発する			
je	par*s*	nous	part*ons*
tu	par*s*	vous	part*ez*
il [elle, on]	par*t*	ils [elles]	part*ent*

同型：dormir 眠る，mentir うそをつく，servir 奉仕する，食事をだす，sortir 外出する，sentir 感じる

注　単数は語尾 -□ir が **-s, -s, -t** に，複数は語尾 **-ir** が **-ons, -ez, -ent** にかわります。このように活用形が **-s, -s, -t, -ons, -ez, -ent** で終わるのは不規則動詞の最も多いパターンです。

　Je *pars* de chez moi à huit heures.　　私は8時に家をでる。
　Mes chats *dorment* toute la journée.　　私の猫たちは1日中眠っている。

courir　走る			
je	cour*s*	nous	cour*ons*
tu	cour*s*	vous	cour*ez*
il [elle, on]	cour*t*	ils [elles]	cour*ent*

同型：concourir 協力する，競争する，parcourir 歩き回る，ざっと目を通す，secourir 救助する

注　語尾 **-ir** が単数は **-s, -s, -t** に，複数は **-ons, -ez, -ent** にかわります。

　Je *cours* le cent mètres en dix secondes.　　私は100メートルを10秒で走る。
　Tous les matins, il *parcourt* son journal.　　毎朝，彼は新聞にざっと目を通す。

〈人〉をたずねる疑問代名詞

	主語	直接目的語・属詞	間接目的語・状況補語
人 (だれ)	1) **qui** …? **qui est-ce qui** …? だれが	2) **qui** ＋ 倒置形？ **qui est-ce que** …? だれを・…はだれ	3) 前置詞 ＋ **qui** ＋ 倒置形？ 前置詞 ＋ **qui est-ce que** …?

1) *Qui* ment? = *Qui est-ce qui* ment?　　うそをついているのはだれ？
　— C'est elle.　　　　　　　　　　　　— 彼女です。
2) *Qui* secourez-vous? = *Qui est-ce que* vous secourez?　だれを救済するの？
　— Nous secourons les réfugiés.　　　　— 難民たちを救済します。
3) *Avec qui* pars-tu? = *Avec qui est-ce que* tu pars?　だれとでかけるの？
　— *Avec* des cousins.　　　　　　　　— いとこたちとでかける。

注　くだけた表現では，倒置形をさけてイントネーションの疑問文を使うことがあります。
　　Tu sors avec *qui*?　だれとでかけるの？　　C'est *qui*?　あれはだれ？

PRATIQUONS !   練習しましょう!

例にならって，文を書き，CD を聞きながら繰り返し発音してください。
Complétez suivant le modèle, puis écoutez le CD et répétez.

例 1. Qui *est-ce qui court* vite ? (courir)
   走るのが速いのはだれですか？
   — *C'est* Antoine.
   アントワーヌです。

2. Tu *sors avec qui* ce soir ? (sortir)
   君は今晩だれとでかけるの？
   — *Avec* mon amie Florence.
   友だちのフロランスと。

1. Qui ……………… ……………… dans la chambre (部屋) ? (dormir)
   — ……………… ma fille.

2. Qui ……………… les pompiers (消防士) ……………… ? (secourir 救助する)
   — Ils ……………… les blessés (負傷者).

3. À ……………… vous ……………… du vin ? (servir)
   — Je ……………… du vin à mes amis.

4. Qui ……………… ……………… toujours ? (mentir)
   — Bien sûr, ……………… Henri.

5. Avec ……………… ……………… -vous au Japon ? (partir)
   — ……………… ma famille.

LEÇON 66

不規則動詞の直説法現在形 (2)：語末が -ire で終わる動詞
〈もの〉をたずねる疑問代名詞

Je conduis chaque jour.　私は毎日車を運転する。

conduire 運転する，導く			
je	condui*s*	nous	condui*sons*
tu	condui*s*	vous	condui*sez*
il [elle, on]	condui*t*	ils [elles]	condui*sent*

同型：introduire 招き入れる，produire 生産する，traduire 翻訳する，construire 建築する，détruire 破壊する

注　語尾 **-re** が，単数は **-s, -s, -t** に，複数は **-sons, -sez, -sent** にかわります。

　　Je *conduis* chaque jour.　　　　　私は毎日車を運転する。
　　La France *produit* du bon vin.　　フランスはおいしいワインを産出する。

lire 読む			
je	li*s*	nous	li*sons*
tu	li*s*	vous	li*sez*
il [elle, on]	li*t*	ils [elles]	li*sent*

同型：relire 再び読む，élire 選出する

注　語尾 **-re** が，単数は **-s, -s, -t** に，複数は **-sons, -sez, -sent** にかわります。

　　Je *relis* parfois ce livre.　　　　　　私はときどきこの本を読み直す。
　　Vous *lisez* le journal chaque matin ?　あなたは毎朝新聞を読みますか？

〈もの〉をたずねる疑問代名詞

	主語	直接目的語・属詞	間接目的語・状況補語
もの (なに)	1) **qu'est-ce qui** ...? なにが	2) **que** + 倒置形？ **qu'est-ce que** ...? なにを・…はなに	3) 前置詞 + **quoi** + 倒置形？ 前置詞 + **quoi est-ce que** ...?

1) *Qu'est-ce qui* détruit les pucerons ?　　なにで害虫を駆除しますか？
　　— C'est cet insecticide.　　　　　　　　— この殺虫剤です。
2) *Que* produit-on ici ? = *Qu'est-ce qu'*on produit ici ?　ここではなにを生産していますか？
　　— On produit du blé.　　　　　　　　　— 小麦を生産しています。
3) *À quoi* travailles-tu ? = *À quoi est-ce qu*e tu travailles ?　何にとりくんでいるの？
　　— À la traduction d'un livre.　　　　　　— 本の翻訳にとりくんでいます。

注　くだけた表現では，倒置形をさけてイントネーションの疑問文を使うことがあります。
　　Tu cherches *quoi* ?　なにを探してるの？　　C'est *quoi* ?　　　　これはなに？
　　Il parle de *quoi* ?　彼は何について話してるの？　Il mange avec *quoi* ?　彼は何で食べるの？

PRATIQUONS !　　練習しましょう!

例にならって，文を書き，CD を聞きながら繰り返し発音してください。
Complétez suivant le modèle, puis écoutez le CD et répétez.

例 1. *Que construit*-on entre ces deux villes ?
　　　これら 2 つの街のあいだになにが建設されているの？

　　　— On *construit* une autoroute.
　　　高速道路が建設されている。

2. *Qu'est-ce qui détruit* parfois les villes ?
　　　なにがときどき町を破壊しますか？

　　　— *Ce sont* les tremblements de terre.
　　　地震です。

1. ……………… tu ……………… en ce moment ? (lire)

　　— Je ……………… un roman de Balzac.

2. Ça ……………… mauvais ici. C'est ……………… ? (sentir)
　　　　　　悪臭がする

　　— ……………… sûrement la poubelle.
　　　きっと　　　　ゴミ箱

3. ……………… ……………… -vous en ce moment ? (traduire)

　　— Je ……………… un livre japonais.

4. ……………… la France ……………… beaucoup ? (produire)

　　— Elle ……………… beaucoup de vin.

5. ……………… ……………… cette machine ? (conduire)
　　　　　　　　　　　　　　　機械　　動かす

　　— ……………… le machiniste.
　　　　　　道具方

cent trente-neuf　139

LEÇON 67

不規則動詞の直説法現在形 (3)：語末が -ttre で終わる動詞

Quelle robe mets-tu ?　君はどんなドレスを着るの？

mettre 置く			
je	met**s**	nous	mett**ons**
tu	met**s**	vous	mett**ez**
il [elle, on]	met	ils [elles]	mett**ent**

同型：admettre（入ることを）許す，
permettre 許可する，
promettre 約束する，
remettre もとの場所に置く，
届ける，transmettre 伝える

注　単数は語尾 **-tre** が **-s, -s, -□** に，複数は語尾 **-re** が **-ons, -ez, -ent** にかわります。単数の活用形が **-s, -s, -□** で終わっていますが，これは prendre 型と attendre 型にもみられる活用パターンです。

Tu *mets* combien de sucres dans ton café ?　コーヒーには何個の砂糖をいれる？
— Je *mets* deux morceaux de sucre.　私は砂糖を2個入れる。
Il *permet* tout à ses enfants.　彼は子どもたちに何でも許している。
Vous *promettez* ?　あなたは約束しますか？

注　1) mettre は，「置く」以外に，「（衣服など）を着る，（時間，金）をかける」という意味でも使われます。
　　Quelle robe *mets*-tu ?　君はどんなドレスを着るの？
　　Elle *met* deux heures pour préparer le dîner.　彼女は夕食の準備に2時間かける。
　2) permettre [promettre] à + 人 + de + 不定詞　人に…することを許す［約束する］
　　Nous *permettons à* notre fille *de* sortir le soir.　私たちは娘に夜間外出を許している。
　　Il *promet à* sa mère *de* rentrer avant 9 heures.　彼は母親に9時までに帰ると約束する。

battre 打つ			
je	bat**s**	nous	batt**ons**
tu	bat**s**	vous	batt**ez**
il [elle, on]	bat	ils [elles]	batt**ent**

同型：abattre 打ち倒す，combattre 戦う，débattre 討議する

注　単数は語尾 **-tre** が **-s, -s, -□** に，複数は語尾 **-re** が **-ons, -ez, -ent** にかわります。

Il *bat* son chien pour le punir.　彼は罰をあたえるために犬をなぐる。
Nous *combattons* pour la liberté.　私たちは自由のために闘う。
On *débat* les conditions du contrat.　私たちは契約条件を交渉する。

PRATIQUONS !　練習しましょう!

例にならって，文を書き，CD を聞きながら繰り返し発音してください。
Complétez suivant le modèle, puis écoutez le CD et répétez.

例 1. Le parking du restaurant est complet.　(mettre または permettre)
　　　　このレストランの駐車場は満車だよ。

　　　— Tant pis ! Je *mets* ma voiture dans la rue.
　　　　しかたない！　路上駐車するよ。

　　2. Vous finissez le dossier quand ?　(promettre または remettre)
　　　　あなたたちはいつ書類の作成を終わりますか？

　　　— Nous *remettons* sans faute le dossier demain.
　　　　あすにはかならず書類をお届けします。

1. Nous partons en vacances demain.　(permettre または promettre)

　　— Vous avez de la chance. La météo .... du soleil.
　　　　　　　　　運　　　天気予報　　　　　　　　　　　　　晴天

2. Il n'y a pas de nuages dans le ciel.　(mettre または permettre)
　　　雲　　　　　　　　空

　　— Ça .... de voir les étoiles.
　　　　　　　　　　　　　　　星

3. Il participe souvent à des manifestations ?　(battre または combattre)
　　　参加する　　　　　　　　　　デモ

　　— Oui, il .... toujours pour les droits de l'homme.
　　　　　　　　　　　　　　　　　　　　　　　　　　　人権

4. Ton professeur est sévère avec ses élèves ?　(admettre または battre)
　　　　　　　　　　　厳しい

　　— Oui, il n' .... jamais les retards dans son cours.

5. Je pose les cartons où ?　(admettre または mettre)

　　— Tu .... les cartons dans le salon, s'il te plaît.

LEÇON 68

不規則動詞の直説法現在形 (4)：語末が -eindre で終わる動詞
疑問副詞 (1)：comment, combien

Je peins un tableau.　私は絵を描く。

peindre	塗る，描く		
je	pein*s*	nous	pei*gnons*
tu	pein*s*	vous	pei*gnez*
il [elle, on]	pein*t*	ils [elles]	pei*gnent*

同型：atteindre 到達する，éteindre 消す，repeindre 塗り替える，feindre …のふりをする，teindre 染める

注　単数は語尾 **-dre** が **-s, -s, -t** に，複数は語尾 **-ndre** が **-gnons, -gnez, -gnent** にかわります。

Comment *peint*-elle？　　　　　　　彼女はどのように絵を描くの？
— Elle ne *peint* pas très bien.　　　— 彼女はあまりじょうずに絵を描けない。
Je *peins* un tableau.　　　　　　　私は絵を描く。
Tu *repeins* ta chambre？　　　　　　君は部屋のペンキを塗り替えるの？
Il *atteint* le sommet de la montagne.　彼は山頂に到達する。
Nous *éteignons* la lumière.　　　　　私たちは明かりを消す。
Ils *feignent* la maladie.　　　　　　彼らは病気のふりをしている。

疑問副詞 (1)

comment どのように，どんな風な？

　Comment est-il, ton prof？　　　　君の先生はどう？
　— Il est beau et sympa.　　　　　　— ハンサムで，感じがいい。

combien いくつ，いくら？

　*Combien d'*argent as-tu？　　　　　君はいくらもってるの？
　— Presque rien.　　　　　　　　　— ほとんど無一文だよ。
　*Combien d'*amis avez-vous à Paris？　パリには何人の友だちがいますか？
　— Pas beaucoup.　　　　　　　　　— あまり多くありません。

副詞の組み合わせ

Un café, Jean？　　　　　　　ジャン，コーヒーはいかが？
— *Très volontiers.*　　　　　— 喜んで。
Ils parlent comment？　　　　彼らはどのように話す？
— *Plutôt bien.*　　　　　　　— うまいほうだよ。

PRATIQUONS !　　練習しましょう!

例にならって，文を書き，CD を聞きながら繰り返し発音してください。
Complétez suivant le modèle, puis écoutez le CD et répétez.

例 1. Jean-Paul peint comment ? (bien / très)
　　　ジャン＝ポールはどのように絵を描くの？
　　— Il peint *très bien*.
　　　彼はとてもじょうずに描く。

2. Vous parlez bien français ? (assez / mal)
　　あなたはじょうずにフランス語を話しますか？
　　— Non, je parle français *assez mal*.
　　　いいえ，かなり下手なフランス語を話します。

1. Lucien, tu as faim ? (pas / trop)

　　— Non, je n'ai ……………… ……………… faim.

2. Benoît et Laure prononcent mal le japonais ? (bien / plutôt)
　　　　　　　　　　　発音する　　　日本語

　　— Non, ils prononcent ……………… ……………… .

3. Cette sportive est souvent blessée ? (assez / souvent)
　　　スポーツ選手　　　　　負傷した

　　— Oui, elle est ……………… ……………… blessée.

4. Il enseigne comment, ton prof ? (bien / très)
　　　教える

　　— Il enseigne ……………… ……………… .

5. Robert, vous dînez avec nous ce soir ? (très / volontiers)
　　　　　　　夕食をとる　　　　　今晩

　　— Oui, merci. ……………… ……………… .

LEÇON 69

不規則動詞の直説法現在形 (5)：語末が -oindre で終わる動詞
疑問副詞 (2)：comment, pourquoi

Je rejoins mes amis à Nice.　私はニースで友人たちと合流する。

joindre 結びつける			
je	join*s*	nous	joi*gnons*
tu	join*s*	vous	joi*gnez*
il [elle, on]	join*t*	ils [elles]	joi*gnent*

同型：poindre 現われる，
　　　rejoindre ふたたびいっしょ
　　　になる

注 単数は語尾 **-dre** が **-s, -s, -t** に，複数は語尾 **-ndre** が **-gnons, -gnez, -gnent** にかわります。

Je *rejoins* mes amis à Nice.　　私はニースで友人たちと合流する。
Tu *joins* ça et ça ensemble.　　君はこれとこれをいっしょにしなさい。
Il *joint* un chèque à la lettre.　彼は手紙に小切手を同封する。
Le jour *point* à l'horizon.　　　地平線に日の光がさし始める。

疑問副詞 (2)

comment どのように，どんな風な？

　Elle chante *comment* ?　　彼女はどんな風に歌いますか？
　— Très bien.　　　　　　—とてもじょうずです。
　— Comme ci, comme ça.　—まあまあってとこです。
　— Pas très bien.　　　　—あまりじょうずではありません。
　— Comme une pro.　　　—プロのようです。

注 comme un [une, des] …のように
　Il parle italien *comme un* Italien.　　　　彼はイタリア人のようにイタリア語を話す。
　Ils travaillent *comme des* professionnels.　彼らは本職のような仕事ぶりだ。

pourquoi なぜ？　— **parce que** というのは…だからです

　Pourquoi est-ce qu'il roule vite ?　　なぜ彼はスピードをだすのですか？
　— *Parce qu*'il est très pressé　　　　—とても急いでいるからです。

si (= très) + 形容詞・副詞　たいへん，とても，それほど…

Elle est *si* grande, cette ville !　この町はとても大きい！
Il parle *si* vite !　　　　　　　彼はとても早口だ！

PRATIQUONS !　　練習しましょう！

例にならって，文を書き，CD を聞きながら繰り返し発音してください。
Complétez suivant le modèle, puis écoutez le CD et répétez.

例 1. Jules parle bien japonais ?
　　　　ジュールはじょうずに日本語を話す？

　　　— Oui, il parle japonais *comme* un Japonais.
　　　　はい，彼は日本人のように日本語を話す。

　　2. Pourquoi est-ce que tu rigoles comme ça, Lisa ?
　　　　リザ，なぜ君はそんなに笑ってるの？

　　　— *Parce qu'*il est *si* drôle, ce film !
　　　　この映画がとても滑稽だからよ！

1. Pourquoi est-ce que tu n'éteins jamais la lumière ^(明かり) ?

　　— ……………………… c'est trop sombre ^(暗い) chez moi ^(家のなか).

2. C'est un bon chanteur ^(歌手), ce jeune ?

　　— Ah oui ! Il chante ……………………… un professionnel ^(プロ) !

3. Ils n'aiment pas les chiens de leurs voisins. Pourquoi ?

　　— ……………………… ils sont méchants ^(かみつく), ces chiens.

4. Daisuke parle bien français ?

　　— Oui, il parle français ……………………… un Français.

5. Oh là là ! Ces fleurs ^(花) sont si chères ^(高い) !

　　— C'est vrai, elles sont vraiment ……………………… chères !

cent quarante-cinq　145

LEÇON 70

不規則動詞の直説法現在形 (6)：語末が -aindre で終わる動詞

Vous craignez la police ?　警察が怖いのですか？

craindre 恐れる，心配する			
je	crain**s**	nous	crai**gnons**
tu	crain**s**	vous	crai**gnez**
il [elle, on]	crain**t**	ils [elles]	crai**gnent**

同型：contraindre 強制する，plaindre 気の毒に思う

注　単数は語尾 **-dre** が **-s, -s, -t** に，複数は語尾 **-ndre** が **-gnons, -gnez, -gnent** にかわります。

Je *crains* le vent.　　　　　　　　　　私は風がでるのではないかと心配している。
Elle *contraint* ses filles à rentrer tôt.　　彼女はむりやり娘たちを早く帰らせる。
Vous *craignez* la police ?　　　　　　　あなたは警察が怖いのですか？

注　1) craindre ＋人・もの＝ avoir peur de ＋人・もの　…を恐れる，心配する
　　　　On *craint* le tonnerre [la pluie, notre professeur].　人は雷［雨，私たちの先生を］を恐れる。
　　　　＝ On a peur du tonnerre [de la pluie / de notre professeur].
　　2) contraindre ＋人＋à＋不定詞 ＝ obliger ＋人＋à＋不定詞　人にむりやり…させる
　　　　Il *contraint* ses employés à arriver tôt.　彼は従業員を早く来させる。
　　　　＝ Il oblige ses employés à arriver tôt.

副詞句

1) n'importe comment どんな風にでも，n'importe où どこでも，n'importe quand いつでも，n'importe quoi 何でも，(avec, pour) n'importe qui だれ（と，のため）でも，(à) n'importe quelle heure 何時（に）でも

   Tu manges quoi à midi ?　　　　　　お昼はなにを食べる？
   — *N'importe quoi.*　　　　　　　　— 何でも。
   Il parle avec qui ?　　　　　　　　　彼はだれと話しますか？
   — *Avec n'importe qui.*　　　　　　— だれとでも。

2) quelque part どこかで，nulle part どこにも…ない

   Il est où, le chat ?　　　　　　　　　どこにいるの，猫は？
   — *Quelque part*, dans la maison.　　— 家のなかのどこかだよ。
   Ils habitent où, ces hommes ?　　　　彼らはどこに住んでるの，あの人たちは？
   — *Nulle part.* Ce sont des clochards.　— どこにも。あの人たちはホームレスだから。

PRATIQUONS !　　練習しましょう！

例にならって，文を書き，CD を聞きながら繰り返し発音してください。
Complétez suivant le modèle, puis écoutez le CD et répétez.

例 1. Qui est-ce qui craint la police ?
   だれが警察を恐れますか？

   — *N'importe qui* (craint la police).
   だれでも（警察を恐れます）。

2. À quelle heure finit-elle son travail ?
   彼女は何時に仕事を終えますか？

   — (Elle finit) *À n'importe quelle heure*.
   （彼女は）どんな時間にでも（終えます）。

1. Tu travailles où en ce moment （今）?

   — (Je travaille) ....

2. Qui a peur des séismes （地震）?

   — .... (a peur des séismes).

3. Ivan, tu manges comment avec des baguettes （箸）?

   — (Je mange) .... !

4. Vous parlez de quoi quand vous êtes ensemble ?

   — (On parle) ....

5. Mme Martin parle avec qui au parc ?

   — (Elle parle) ....

LEÇON 71

不規則動詞の直説法現在形 (7)：prendre

Je prends le TGV chaque jour. 　私は毎日 TGV に乗る。

prendre	とる，食べる，飲む，乗る			
je	prend**s**	nous	pren**ons**	
tu	prend**s**	vous	pren**ez**	
il [elle, on]	prend	ils [elles]	pren**nent**	

同型：reprendre 再び取る，再開する，
　　　surprendre 驚かす

注　単数は語尾 **-re** が **-s, -s, -□** に，複数は語尾 **-dre** が **-ons, -ez, -nent** にかわります。

Je *prends* le TGV chaque jour.　　私は毎日 TGV に乗る。
Le tonnerre *surprend* toujours.　　雷鳴にはいつもびっくりする。
Vous *reprenez* du café ?　　　　　コーヒーのお代わりをしますか？

注　1) 倒置形の発音 pren*d-i*l ?［プ랑ティル］pren*d-e*lle ?［プランテル］pren*d-o*n ?［プラントン］
　　2) prendre は使用頻度が高いだけではなく，意味範囲も広い動詞です。
　　　　prendre froid 風邪をひく，prendre mal 病気になる，prendre rendez-vous 面会の約束をする，prendre un verre 一杯やる，prendre l'avion 飛行機に乗る，prendre un bain 入浴する，prendre son petit déjeuner 朝食をとる

形容詞から副詞への変形 (1)

原則：形容詞の女性・単数形 + **ment**

形容詞(男性・単数)		形容詞(女性・単数)	副詞		名詞	
rapide	速い	rapide	rapide**ment**	速く	rapidité	速さ
lent	遅い	lente	lente**ment**	ゆっくりと	lenteur	遅さ
difficile	むずかしい	difficile	difficile**ment**	やっとのことで	difficulté	困難
facile	簡単な	facile	facile**ment**	簡単に	facilité	簡単さ
net	明瞭な	nette	nette**ment**	明瞭に	netteté	明瞭
quotidien	毎日の	quotidienne	quotidienne**ment**	毎日	quotidien	日刊紙
paresseux	怠惰な	paresseuse	paresseuse**ment**	なまけて	paresse	怠惰
doux	やさしい	douce	douce**ment**	やさしく	douceur	やさしさ
nouveau	新しい	nouvelle	nouvelle**ment**	新たに	nouveauté	新しさ

注　副詞はほかの副詞 (très, trop, assez, plutôt, vraiment) と組み合わせて使うことがあります。
　　Mon prof parle *vraiment trop* rapidement !　　私の先生はほんとうに話すのが速すぎる！
　　C'est *vraiment très* difficile ce travail.　　　この仕事はほんとうにとてもむずかしい。

PRATIQUONS !   練習しましょう!

例にならって，文を書き，CD を聞きながら繰り返し発音してください。
Complétez suivant le modèle, puis écoutez le CD et répétez.

例 1. Tu prends souvent l'avion ? (régulier)
君はよく飛行機に乗るの？

— Oui, je prends l'avion *régulièrement*.
うん，定期的に飛行機に乗る。

2. Ils prennent rarement leur voiture ? (quotidien)
彼らはめったに車に乗らないの

— Non, ils prennent leur voiture *quotidiennement*.
いや，彼らは毎日車に乗っている。

1. Elle aime beaucoup son mari ? (tendre)   愛情深い

— Oui, elle aime son mari ....

2. Vous comprenez bien cet exercice, les enfants ? (difficile)
理解する   練習問題   むずかしい

— Non, on comprend cet exercice ....

3. Mme Dulac parle comment à ses élèves ? (douce)   やさしい

— Elle parle à ses élèves trop ....

4. Les Japonais marchent rapidement ? (lent)   速く 遅い

— Non, ils marchent plutôt ....   どちらかというと

5. Takashi apprend vite le français ? (rapide)   習得する 速い

— Oui, il apprend assez ....

LEÇON 72

不規則動詞の直説法現在形 (8)：語末が -dre で終わる動詞

J'apprends l'italien.　私はイタリア語を学んでいる。

apprendre 習う，覚える			
j'	apprend*s*	nous	appren*ons*
tu	apprend*s*	vous	appren*ez*
il [elle, on]	apprend	ils [elles]	appren*nent*

同型：comprendre 理解する, entreprendre とりかかる

注　単数は語尾 **-re** が **-s, -s, -□** に，複数は語尾 **-dre** が **-ons, -ez, -nent** にかわります。

Vous *apprenez* quelle langue en fac ?　　大学でどんな言語を学んでいますか？
— J'*apprends* l'italien.　　— 私はイタリア語を学んでいます。
Il *comprend* le coréen ?　　彼は韓国語がわかるの？
— Oui, il *comprend* assez bien.　　— はい，彼はかなりよくわかる。
Ils *apprennent* rapidement.　　彼らはのみこみが速い。
Il *entreprend* des travaux dans la maison.　　彼は家の工事にとりかかる。

注　言語を表わす語は，男性名詞ですから一般に定冠詞 **le (l')** をつけます。
　　Il apprend [comprend, étudie] *le français*.　彼はフランス語を習う[理解する，勉強する]。

形容詞から副詞への変形 (2)

変則形

形容詞(男性・単数)		形容詞(女性・単数)	副詞		名詞	
aimable	愛想のいい	aimable	aimable*ment*	愛想よく	amabilité	愛想
joli	きれいな	jolie	joli*ment*	きれいに	joliesse	美しさ
vrai	ほんとうの	vraie	vrai*ment*	ほんとうに	vérité	真実
passionné	情熱的な	passionnée	passionné*ment*	熱烈に	passion	情熱
gentil	親切な	gentille	genti*ment*	親切に	gentillesse	親切
prudent	慎重な	prudente	prude*mment*	慎重に	prudence	慎重
violent	乱暴な	violente	viole*mment*	乱暴に	violence	暴力
courant	流れるような	courante	coura*mment*	流暢に	courant	流れ

注　〈avec ＋ 無冠詞名詞〉で副詞の意味を表わすことができます。
　　gentiment　＝ avec gentillesse　親切に　　facilement　＝ avec facilité　簡単に
　　aimablement ＝ avec amabilité　愛想よく　　difficilement ＝ avec difficulté　やっとのことで

PRATIQUONS !　　練習しましょう!

例にならって，文を書き，CD を聞きながら繰り返し発音してください。
Complétez suivant le modèle, puis écoutez le CD et répétez.

例 1. Il parle toujours avec gentillesse ? (gentil)
　　　　彼はいつもやさしく話しますか？

　　— Oui, il parle toujours *gentiment*.
　　　はい，彼はいつもやさしく話します。

2. Elle apprend le piano avec facilité ? (facile)
　　彼女は簡単にピアノを習得しますか？

　　— Oui, elle apprend le piano assez *facilement*.
　　　はい，彼女はまあまあ簡単にピアノを習得します。

　　　　　　　練習問題
1. Tu comprends cet exercice avec difficulté ? (difficile)

　　— Oui, je comprends cet exercice ＿＿＿＿＿＿＿＿＿ .

　　　　　　　横断する　　道路
2. Elles traversent la rue avec prudence ? (prudent)

　　— Oui, elles traversent la rue ＿＿＿＿＿＿＿＿＿ .

　　　　　　　いつも　　妻
3. Il aime toujours sa femme avec passion ? (passionné)

　　— Oui, il aime toujours sa femme ＿＿＿＿＿＿＿＿＿ .

　　　　　　　　　　　　　簡単に
4. Ils apprennent comment ? Avec facilité ? (facile)

　　— Oui, ils apprennent plutôt ＿＿＿＿＿＿＿＿＿ .

　　　　　　　　挨拶する
5. Est-ce que le voisin salue avec amabilité ? (aimable)

　　— Oui, il salue toujours très ＿＿＿＿＿＿＿＿＿ .

cent cinquante et un　151

LEÇON 73

不規則動詞の直説法現在形 (9)：語末が -oir で終わる動詞

Nous voyons un film ce soir. 私たちは今晩映画を見る。

voir 見る，見える，（人に）会う			
je	vois	nous	voyons
tu	vois	vous	voyez
il [elle, on]	voit	ils [elles]	voient

同型：prévoir 予想する，
revoir 再会する，
entrevoir かいま見える

注 単数は語末 **-r** が **-s, -s, -t** に，複数は語尾 **-ir** が **-yons, -yez, -ient** にかわります。

Je *vois* bien [mal]. 　　私はよく見える［よく見えない］
Il *voit* des amis vers 8h00. 　　彼は8時ごろ友人たちと会う。
Nous *voyons* un film ce soir. 　　今晩私たちは映画を見る。

注 voir は「見る，見える，（人に）会う」以外に，「理解する，検討する」という意味でも使われます。

Ils ne *voient* vraiment pas. 　　彼らはほんとうに分かっていない。

活用パターンが類似している動詞

croire 信じる，思う			
je	crois	nous	croyons
tu	crois	vous	croyez
il [elle, on]	croit	ils [elles]	croient

注 単数は語尾 **-re** が **-s, -s, -t** に，複数は語尾 **-ire** が **-yons, -yez, -ient** にかわります。

Je *crois* cet homme. 　　私はその男を（言うことを）信用する。
On ne *croit* pas (à) cette histoire. 　　私たちはその話を信じない。
Nous *croyons* arriver vers midi. 　　私たちは正午ごろ着くと思います。
Vous *croyez* que ce chien est méchant ? 　　あなたはあの犬がかみつくと思いますか？
— Non, je ne le *crois* pas. 　　— いや，私はそうは思わない。

注 例文 <Non, je ne le crois pas.> の le を中性代名詞といいます。ここでは，従属節（que ce chien est méchant）に代わっています。語順は動詞の直前です。（詳しくは Leçon 91 参照）

PRATIQUONS ! 練習しましょう!

例にならって，文を書き，CD を聞きながら繰り返し発音してください。
Complétez suivant le modèle, puis écoutez le CD et répétez.

例 1. Sylvia voit Gérard le week-end, vous croyez ?
  シルビアは毎週末ジェラールと会っていると思いますか？

  — Non, *je ne le crois pas*. Ils sont fâchés.
  いいえ，私はそうは思わない。ふたりは仲たがいしている。

  2. Tu penses vraiment que ce film est bien ?
  君はほんとうにこの映画はすぐれていると思う？

  — Oui, *je le pense*. Les critiques sont bonnes.
  はい，私はそう思う。評判がいい。

1. Les Japonais croient que les Français sont toujours en vacances ?

  — Oui, ... Ils voient ça à la télé.

2. Jean-Pierre pense que cet examen est difficile ?

  — Oui, ... Tout le monde échoue.

3. Charles et Justine sont encore étudiants, tu crois ?

  — Non, ... Ils travaillent déjà.

4. Justin, Éric, vous pensez que ce professeur est bon ?

  — Non, ... Nous ne comprenons rien.

5. Julie, Léa, Brad Pitt est sympa, vous croyez ?

  — Oui, ... , et il est très sexy.

cent cinquante-trois

LEÇON 74

不規則動詞の直説法現在形 ⑽：語末が -dre で終わる動詞

J'attends le facteur.　私は郵便配達夫を待っている。

attendre　待つ			
j'	attend**s**	nous	attend**ons**
tu	attend**s**	vous	attend**ez**
il [elle, on]	attend	ils [elles]	attend**ent**

同型：défendre 守る，descendre 降りる，entendre 聞こえる，étendre 広げる，répondre 答える，vendre 売る

注　語尾 **-re** が，単数は **-s, -s, -□** に，複数は **-ons, -ez, -ent** にかわります。

Tu *attends* qui ?　　　　　　　　　　君はだれを待ってるの？
— J'*attends* le facteur.　　　　　　　— 私は郵便配達夫を待っている。
Il *vend* ses vieux livres.　　　　　　　彼は自分の古本を売る。
Elle *étend* le linge dehors.　　　　　　彼女は外で洗濯物を干している。
On *descend* vite l'escalier.　　　　　　私たちは急いで階段を降りる。
Nous *défendons* les travailleurs.　　　私たちは労働者を擁護する。
Vous *entendez* les cigales ?　　　　　セミの声が聞こえますか？
Ces enfants *répondent* mal à leur mère.　この子たちは母親への返事の仕方が悪い。

注　1) regarder, écouter は「注意して見る，聞く」，voir, entendre は「自然に見える，聞こえてくる」という意味の違いがあります。

　　Il ne *regarde* jamais la télévision.　　　彼はけしてテレビを見ない。
　　Ils *écoutent* attentivement le professeur.　彼らは先生の話を傾聴している。
　　Tu *vois* bien la voiture sur le parking ?　君は駐車場にある車がよく見えますか？
　　J'*entends* continuellement le bruit des voitures.　私にはたえず車の音が聞こえる。

2) entendre「聞こえる」，écouter「聞く」などの動詞を知覚動詞といいます。知覚動詞は＜知覚動詞＋直接目的語＋動詞の不定詞［動詞の不定詞＋直接目的語］＞の構文で使われることがあります。

　　Je *regarde* les enfants *dessiner*.　　　私は子どもたちが絵を描くのを見ている。
　　Ils *écoutent* leur fille *jouer* du piano.　彼らは娘がピアノを弾くのを聞いている。
　　Il *voient* les enfants *jouer* dans le jardin.　彼には子どもたちが庭で遊ぶのが見える。
　　Tu *entends chanter* les oiseaux ?　　　君には鳥のさえずりが聞こえる？

PRATIQUONS !　　練習しましょう!

例にならって，文を書き，CDを聞きながら繰り返し発音してください。
Complétez suivant le modèle, puis écoutez le CD et répétez.

例 1. Est-ce que vous vendez votre ordinateur ?
　　　　あなたたちはパソコンを売るのですか？
　　　　— Oui, nous *vendons* notre ordinateur.
　　　　はい，私たちはパソコンを売ります。

2. Tu entends toujours les enfants crier ?
　　あいかわらず子どもたちの泣き声が聞こえる？
　　— Oui, j'*entends* toujours les enfants *crier*.
　　はい，あいかわらず子どもたちの泣き声が聞こえる。

　　　　　　　洗濯物を広げて乾かす
1. Maman, tu étends le linge dans le jardin aujourd'hui ?

— Oui, j' _____ _____ dehors. Il fait très beau.

2. Il attend sa femme quand elle est en retard ?

— Bien sûr qu'il _____ _____ ! Il est très gentil.

3. Tu entends les voitures rouler d'ici ?

— Bien sûr ! J' _____ les voitures _____ d'ici.

4. Ils voient bien voler les oiseaux dans le ciel ?

— Non, ils ne _____ pas bien les oiseaux _____ dans le ciel.

5. Léo, Élie, entendez-vous les cigales chanter en été ?

— Oui, on _____ les cigales _____ .

cent cinquante-cinq　155

LEÇON 75

直接目的語人称代名詞 (1)：me, te, vous, le, la

Il la rencontre de temps en temps.　彼はときどき彼女と出会う。

直接目的語人称代名詞（単数形）

主語人称代名詞	je	tu	vous	il	elle
直接目的語人称代名詞	**me (m')** 私を	**te (t')** 君を	**vous** あなたを	**le (l')** 彼を，それを	**la (l')** 彼女を，それを

Mes amis *me* défendent toujours.　私の友人たちはいつも私を守ってくれる。

Nous *t'*attendons à la bibliothèque.　私たちは図書館で君を待っている。

Tu *m'*appelles quand ?　君はいつ私に電話するの？

— Je *vous* appelle demain.　あすあなたに電話します。

Les filles *le* regardent souvent.　女の子たちはしばしば彼を見つめている。

Marie ? Il *la* rencontre de temps en temps.　マリー？　彼はときどき彼女と出会う。

Ce CD ? Je *l'*écoute parfois.　このCD？　私はそれをときどき聴きます。

Il ne *la* vend pas, sa voiture ?　彼はそれを売らないの，彼の車を？

注 1) 目的語人称代名詞は，肯定命令文の場合をのぞいて，つねに動詞の直前におきます。

2) 文頭や動詞のあとにおかれた目的語を強調するために，代名詞を使って繰りかえしたり，予告したりすることがあります。

Ce restau, tu *l'*aimes beaucoup ?
　このレストランだけど，君はここが大好きなの？

— Oui, je *l'*aime beaucoup, *ce restau* !
　うん，ここが大好きだよ，このレストランが！

Vous aimez *ça*, *la soupe* ?
　あなたたちはこれが好きですか，スープが？

— Non, *la soupe*, on n'aime pas trop *ça*.
　いいえ，スープは，これはあまり好きではありません。

Pierre ? Je *le* vois demain.　ピエール？　私は彼にあす会う。

Marie ? Je *la* rencontre dimanche.　マリー？　私は彼女と日曜日に会う。

Ce T-shirt ? Je *l'*achète bien sûr !　このティーシャツ？　私はそれをもちろん買う！

PRATIQUONS !　　練習しましょう!

例にならって，文を書き，CD を聞きながら繰り返し発音してください。
Complétez suivant le modèle, puis écoutez le CD et répétez.

例 1. Tu attends la navette Air France ?
君はエール・フランスのシャトル便を待ってるの?

— Oui, je *l*'attends.
はい，私はそれを待っている。

2. Vous aimez ce politicien ?
あなたたちはこの政治家が好きですか?

— Non, ce politicien, on *le* déteste !
いや，この政治家は嫌いです!

　　　　　聞こえる　　　音楽　　　　　隣人
1. Elle entend la musique du voisin de chez elle ?

— Oui, de chez elle, elle .... entend bien.

　　　組合　　　擁護する　　　　　　　従業員
2. Les syndicats défendent toujours cet employé ?

— Oui, cet employé, ils .... défendent toujours.

　　　売る　　　写真
3. Vous vendez cette photo, Madame ?

— Oui, je .... vends 5 euros.

　　　　　　つねに　　　　携帯電話　　　身につけて
4. Vous avez toujours votre portable sur vous, Monsieur ?

— Non, mon portable, je ne .... ai pas toujours sur moi.

　　　　　　　　　　　　　　　　管理人
5. Mme Pernot, est-ce que la concierge vous salue ?

　　　　　　　　　　　　　　けして…ではない
— Non, elle ne .... salue jamais.

LEÇON 76

不規則動詞の直説法現在形 (11)：語末が -vrir, -frir で終わる動詞
直接目的語人称代名詞 (2)：nous, vous, les

On les couvre chaudement.　私たちは彼らに厚着させる。

découv*rir*　発見する			
je	découv*re*	nous	découv*rons*
tu	découv*res*	vous	découv*rez*
il [elle, on]	découv*re*	ils [elles]	découv*rent*

off*rir*　提供する			
j'	off*re*	nous	off*rons*
tu	off*res*	vous	off*rez*
il [elle, on]	off*re*	ils [elles]	off*rent*

同型：couvrir 覆う，recouvrir 再び覆う，覆いつくす，ouvrir 開く

> 注　語尾 **-ir** が，単数は **-e, -es, -e** に，複数は **-ons, -ez, -ent** にかわります。つまり語尾 **-ir** が **-er** 型規則動詞と同じかわりかたをします。

直接目的語人称代名詞（複数形）

主語人称代名詞	nous	vous	ils / elles
直接目的語 人称代名詞	**nous** 私たちを	**vous** あなたたちを	**les** 彼(女)たちを それらを

Il fait froid dehors. Vous couvrez bien les enfants ?
　外は寒い！　あなたたちは子どもたちに厚着させますか？

— Bien sûr ! On *les* couvre chaudement.
　もちろん！　私たちは彼らに厚着させます。

Tu offres ces fleurs à quelqu'un ?
　この花々はだれかにプレゼントするの？

— Oui, je *les* offre à ma mère.
　はい，これらは母にプレゼントします。

確認　肯定疑問文には，Oui か Non で答え，否定疑問文には，Si か Non で答えます。

Est-ce que tu aimes le chocolat ?　君はココアが好き？
— *Oui*, j'aime bien ça.　—うん，それを好きだよ。
Est-ce que tu aimes la bière ?　君はビールが好き？
— *Non*, je n'aime pas trop ça.　—いいえ，それをあまり好きではない。
Tu n'aimes pas les escargots ?　君はエスカルゴが好きではないの？
— *Si*, j'aime beaucoup ça.　—いや，それが大好きだよ。
Tu n'aimes pas le café ?　君はコーヒーが好きではないの？
— *Non*, je n'aime pas du tout ça.　—うん，それが全然好きではない。

PRATIQUONS !　　練習しましょう!

例にならって，文を書き，CD を聞きながら繰り返し発音してください。
Complétez suivant le modèle, puis écoutez le CD et répétez.

例 1. Les enfants, vous n'êtes pas contents ? Pourquoi ?
　　　　あなたたちは不満なのですか？　なぜ？

　　　— Parce qu'on *nous* couvre trop.
　　　　私たちは厚着させられるからです。

2. Les forains n'ouvrent pas les manèges aujourd'hui ?
　　興行師たちはきょう回転木馬を始めないの？
　　— Si, ils *les* ouvrent à 13h00.
　　　いや，彼らは13時にそれらを始める。

　　　　　　　　　　　　　　　　　　海岸
1. Vous aimez quoi, quand vous êtes à la plage, les enfants ?

　　　　　　　　　　　　　　　　砂
　　— Que papa ……………… recouvre de sable !

　　　　　　　　　　　　　　　　バルコニー
2. Il fait froid. Vous couvrez vos fleurs sur le balcon ?

　　— Non, je ne ……………… couvre pas.

　　　　　　　　　　　　　　　　　　　　雨戸
3. À quelle heure est-ce que vous ouvrerez vos volets ?

　　　　　ふだん
　　— En général, on ……………… ouvre vers 7h00.

4. Mamie, tu offres le champagne à Noël ?

　　— Bien sûr que je ……………… offre.

5. Monsieur, vous découvrez les rues de votre nouveau quartier ?

　　　　　　　　　　　　　　　　　少しずつ
　　— Oui, je ……………… découvre petit à petit.

LEÇON 77

不規則動詞の直説法現在形 ⑿：dire, écrire
間接目的語人称代名詞 ⑴：me, te, vous, lui

Qu'est-ce que tu me dis ? 何て言ってるの？

dire 言う			
je	di*s*	nous	di*sons*
tu	di*s*	vous	di*tes*
il [elle, on]	di*t*	ils [elles]	di*sent*

同型：redire 繰り返して言う，interdire 禁止する，contredire 反対のことを言う，prédire 予言する，médire 悪く言う

注　語尾 **-re** が，単数は **-s, -s, -t** に，複数は **-sons, -tes, -sent** にかわります。

écrire 書く			
j'	écri*s*	nous	écri*vons*
tu	écri*s*	vous	écri*vez*
il [elle, on]	écri*t*	ils [elles]	écri*vent*

同型：décrire 描写する，inscrire 記入する，prescrire 処方する

注　語尾 **-re** が，単数は **-s, -s, -t** に，複数は **-vons, -vez, -vent** にかわります。

間接目的語人称代名詞（単数形）

主語人称代名詞	je	tu	vous	il /elle
直接目的語人称代名詞	**me (m')** 私に	**te (t')** 君に	**vous** あなたに	**lui** 彼(女)に

Pardon ? Qu'est-ce que tu *me* dis ?　ごめん，何て言ってるの？
— Je *te* dis « au revoir » !　— 私は君に「さよなら」と言っている！
Votre fils *vous* écrit souvent ?　息子さんはあなたによく手紙を書きますか？
— Non, il ne *m'*écrit pas souvent.　— いいえ，彼は私にあまり手紙を書きません。
Est-ce qu'elle parle à Pierre ?　彼女はピエールに話しますか。
— Oui, elle *lui* parle.　— はい，彼女は彼に話します。

dire ... à + 人　〈人〉に...を言う

Ma voisine *me* dit merci.　私の隣人は私にお礼を言う。
Le patron ne *te* dit jamais au revoir.　上司は君にけして別れの挨拶をしない。
Je *lui* dis bonjour tous les matins.　私は彼(女)に毎朝挨拶する。
Je *te* redis merci pour le dîner.　君に重ねて夕食のお礼を言います。

PRATIQUONS !　　練習しましょう!

例にならって，文を書き，CD を聞きながら繰り返し発音してください。
Complétez suivant le modèle, puis écoutez le CD et répétez.

例 1. Tu dis bonjour à Évelyne ?
　　　　君はエヴリーヌに挨拶する？
　　— Oui, je *lui* dis bonjour.
　　　はい，私は彼女に挨拶する。

2. Pierre te contredit parfois ?
　　ピエールはときどき君に口答えする？
　　— Oui, il *me* contredit tout le temps !
　　　はい，彼はしょっちゅう私に口答えする！

1. Vous dites bonjour à Patrick ?

　　— Oui, nous ………… disons bonjour chaque matin.　（毎朝）

2. M. Dubois, qu'est-ce que votre docteur vous prescrit ?

　　— Il ………… prescrit des médicaments contre la toux.　（咳止めの薬）

3. Les commerçants disent merci à Mme Lepic ?　（商人）

　　— Bien sûr qu'ils ………… disent toujours merci !

4. Aline écrit souvent à Julien ?

　　— Non, mais elle ………… téléphone chaque jour.

5. Madame, vos enfants sont parfois impolis avec moi !　（無礼な）

　　— Vraiment ? Qu'est-ce qu'ils ………… disent ?

LEÇON 78

不規則動詞の直説法現在形 ⒀：faire, plaire
間接目的語人称代名詞 ⑵：nous, vous, leur

Il nous fait un café.　彼は私たちにコーヒーを作ってくれる。

faire　作る，…をする			
je	fai*s*	nous	fai*sons*
tu	fai*s*	vous	fai*tes*
il [elle, on]	fai*t*	ils [elles]	*font*

同型：satisfaire 満足させる，défaire 解体する，refaire やり直す，parfaire 完成する

> 注　語尾 **-re** が，単数は **-s, -s, -t** に，複数は (nous)**-sons**, (vous)**-tes** にかわります。ils の活用形は不定詞の語幹 fai- が残りません。

plaire　気に入る			
je	plai*s*	nous	plai*sons*
tu	plai*s*	vous	plai*sez*
il [elle, on]	plaî*t*	ils [elles]	plai*sent*

同型：déplaire 気に入らない

> 注　語尾 **-re** が，単数は **-s, -s, -t** に，複数は **-sons, -sez, -sent** にかわります。il の活用で，不定詞の **i** が **î** になります。

間接目的語人称代名詞（複数形）

主語人称代名詞	nous	vous	ils / elles
間接目的語 人称代名詞	**nous** 私たちに	**vous** あなたたちに	**leur** 彼(女)らに

Ce produit *vous* plaît ?　　この製品はあなたたちの気に入りましたか？
— Oui, il *nous* plaît bien.　　— はい，とても気に入りました。
Vous répondez toujours à vos amis ?　　かならず友人たちに返事を書きますか？
— Oui, on *leur* répond toujours.　　— はい，かならず彼らに返事を書きます。

faire … à + 人　〈人〉に…を作る

Est-ce qu'il fait un café à toi et à moi ?　　彼は君と私にコーヒーを作ってくれるの？
— Oui, il *nous* fait un café.　　— はい，彼は私たちにコーヒーを作ってくれる。

à + 人 = pour + 人

Il écrit une lettre *à ma sœur et à moi*.　　彼は私の姉[妹]と私に手紙を書く。
→ Il *nous* écrit une lettre.　　→ 彼は私たちに手紙を書く。
Il écrit une lettre *pour Pierre et pour moi*.　　彼はピエールと私宛の手紙を書く。
→ Il écrit une lettre *pour nous*.　　→ 彼は私たち宛の手紙を書く。

PRATIQUONS ! 練習しましょう!

例にならって，文を書き，CD を聞きながら繰り返し発音してください。
Complétez suivant le modèle, puis écoutez le CD et répétez.

例 1. Mesdames, les ouvriers *vous* refont quoi, dans la maison ?
職人たちは家であなたたちになにを修理してくれるのですか？

— Ils *nous* refont les tapisseries.
彼らは私たちにタピスリーを修理してくれる。

2. Tu *leur* envoies un mail, à Stéphane et à Lola ?
君は彼らにメールを送るの，ステファヌとローラに？

— Non, je *leur* envoie une carte postale.
いいえ，私は彼らに絵はがきを送る。

1. Tu _____ fais un thé, s'il te plaît, Liza ?

— Oui, je _____ prépare ça tout de suite (すぐに), les amis.

2. Tania, tu _____ refais un beau dessin, à mamie et à papi ?

— Oui papa, je _____ refais (描き直す) un beau dessin !

3. Monsieur, Madame, Jacques _____ aide pour le buffet (立食の料理) ?

— Oui, il _____ fait les desserts (デザート).

4. Papa, tu as un peu de temps pour _____ , s'il te plaît ?

— Non, désolé. Je _____ vois après (あとで). D'accord ?

5. On fait quoi maintenant avec les enfants ?

— Ben ... (えっと) On _____ lit une histoire (物語).

LEÇON 79

faire を用いた表現

Vous faites souvent la cuisine ? よく料理をしますか？

faire を用いたさまざまな表現

faire un dessin	デッサンを描く	(= dessiner)
faire la cuisine	料理をする	(= cuisiner)
faire le dîner	夕食を作る	(= préparer le dîner)
faire un meuble	家具を製造する	(= fabriquer un meuble)
faire une maison	家を建てる	(= construire une maison)
faire sa chambre	部屋の掃除をする	(= ranger, nettoyer sa chambre)
faire du piano	ピアノを演奏する	(= jouer du piano)
faire du basket	バスケットをする	(= jouer au basket)
faire une blague	冗談を言う	(= plaisanter)
faire cher	（値段が）高い	(= coûter cher)

確認 faire の否定形のあとの不定冠詞と部分冠詞は de (d') になります。

Elle fait *du* basket. 彼女はバスケットをする。→ Elle *ne* fait *pas de* basket.

Jean *fait un dessin* à sa mère. ジャンは母親に絵を描いて説明する。
→ Jean lui *fait un dessin*. → ジャンは彼女に絵を描いて説明する。
Jean *dessine* pour sa mère. ジャンは母親のために絵を描く。
→ Jean *dessine* pour elle. → ジャンは彼女のために絵を描く。
Vous *faites* souvent *la cuisine* ? よく料理をしますか？
— Non, je ne *cuisine* pas souvent. — いいえ、あまり料理はしません。

Maman, je peux aller jouer ? ママ、遊びに行ってもいい？
— Avant, tu *fais* ton lit ! — そのまえにベッドを整えなさい！

Lola *fait du piano* ? ローラはピアノが弾けますか？
— Oui, elle *fait du piano*. — はい、彼女はピアノを弾けます。
Il *fait des blagues* au bureau ? 彼は会社で冗談を言いますか？
— Non, il ne *fait* jamais *de blagues*. — いいえ、彼はけして冗談を言いません。

注 refaire 再び…する、やり直す、修理する

Ça ne va pas du tout : vous *refaites* cet exercice tout de suite !
これじゃ、全然だめです。この練習問題をすぐにやり直しなさい！

PRATIQUONS !　　練習しましょう!

例にならって，文を書き，CD を聞きながら繰り返し発音してください。
Complétez suivant le modèle, puis écoutez le CD et répétez.

例 1. Est-ce que tu cuisines souvent ? (la cuisine)
　　　　君はよく料理をするの？

　　　— Oui, je *fais* souvent *la cuisine*.
　　　　うん，よく料理をする。

　　2. Elle joue au basket ?
　　　　彼女はバスケットをしますか？

　　　— Non, elle ne *fait* pas *de basket*.
　　　　いや，彼女はバスケットはしません。

1. Ton père fabrique un meuble ? (un bureau)　　　　　　　デスク

　　— Oui, il ＿＿＿＿＿＿＿＿ ＿＿＿＿＿ ＿＿＿＿＿＿＿ .

2. Qu'est-ce que les ouvriers construisent ? (une maison)

　　— Ils ＿＿＿＿＿＿＿＿＿＿＿＿＿＿＿＿＿＿＿ .

3. 100 euros le repas ! Ça coûte trop cher pour nous !　　一食

　　— C'est vrai. Ça ＿＿＿＿＿＿＿ trop ＿＿＿＿＿＿＿ pour nous.

4. Votre professeur ne plaisante jamais en classe ? (des plaisanteries)
　　　　　　　　　　　冗談を言う　　　　　　　　　　　　　冗談

　　— Non, il ne ＿＿＿＿＿＿＿ jamais ＿＿＿＿＿＿＿＿＿＿ .

5. Julia, ta sœur joue du piano ?

　　— Oui, elle ＿＿＿＿＿＿＿＿＿＿＿＿＿＿＿＿＿＿＿ . Elle est pianiste.

cent soixante-cinq　165

LEÇON 80 代名動詞の直説法現在形

À quelle heure vous levez-vous ? あなたは何時に起きますか？

代名動詞は再帰代名詞 **se**（＝主語自身）とともに用いる動詞です。**se** は主語にあわせて変化します。再帰代名詞は目的語ですから，位置は目的語人称代名詞の場合と同じです。

je	**me (m')** ...	nous	**nous** ...
tu	**te (t')** ...	vous	**vous** ...
il [elle, on]	**se (s')** ...	ils [elles]	**se (s')** ...

Je *me* lave.　　　　　　　私は私自身の身体を洗う。　　　→ 私は身体を洗う。
Nous *nous* promenons.　私たちは私たち自身を散歩させる。→ 私たちは散歩する。

注　再帰代名詞 me, te, se は，母音字または無音の h のまえでエリズィオンしてそれぞれ m', t', s' となります。
　　je m'amuse 私は楽しむ，tu t'habilles 君は着替える，il s'enrichit 彼は金持ちになる

se coucher　寝る					
je	*me* couche	nous	*nous* couchons
tu	*te* couches	vous	*vous* couchez
il [elle, on]	*se* couche	ils [elles]	*se* couchent

注　否定形　　　：je ne me couche pas, il ne se couche pas, nous ne nous couchons pas
　　倒置疑問形：te couches-tu ?, se couche-t-il ?, vous couchez-vous ?

À quelle heure *se couchent*-ils ?　　　　　　　　彼らは何時に寝ますか？
— Ils *se couchent* vers dix heures.　　　　　　　— 彼らは10時ごろ寝ます。
Est-ce que le professeur *s'absente* souvent ?　先生はよく休みますか？
— Non, il ne *s'absente* jamais !　　　　　　　　— いいえ，けして休みません！
Pourquoi *te morfonds*-tu, Pierrot ?　　　　　　　ピエロ，君はなぜ待ちくたびれたの？
— Je me morfonds parce que je *m'ennuie*.　　— ぼくは待ちくたびれた，退屈だから。
Les enfants *se battent*-ils ?　　　　　　　　　　子どもたちはけんかしますか？
— Non, ils ne *se battent* jamais.　　　　　　　— いいえ，彼らはけしてけんかしません。

PRATIQUONS !   練習しましょう!

例にならって，文を書き，CDを聞きながら繰り返し発音してください。
Complétez suivant le modèle, puis écoutez le CD et répétez.

例 1. Ta mère ne *se* repose jamais ?
君のお母さんはけして休みをとりませんか？

— Non, elle ne *se repose* jamais.
はい，彼女はけして休みません。

2. À quelle heure *vous* levez-vous d'habitude ?
あなたたちはふだん何時に起きますか？

— En général, nous *nous levons* vers 7h00.
ふつう，私たちは7時ごろ起きます。

1. Vous .... maquillez quand vous êtes chez vous ? （化粧する）

— Non, je ne .... jamais.

2. Nous ne .... couchons pas tôt ce soir, n'est-ce pas ?

— D'accord, on .... après 11h00.

3. Valentin, ton père .... rase chaque jour ? （ひげを剃る）

— Oui, et moi aussi, je .... chaque jour.

4. Vous .... promenez toujours avec plaisir ?

— Oui, nous .... toujours avec plaisir.

5. Il .... amuse et moi, je travaille. C'est normal, ça ? （遊ぶ）

— Mais non ! Il ne .... pas. Il travaille aussi.

cent soixante-sept **167**

LEÇON 81

不規則動詞の直説法現在形 ⑭：vouloir, pouvoir, devoir

Tu veux boire un thé ? 君は紅茶を飲みたい？

vouloir （＋名詞）…が欲しい, （＋不定詞）…したい			
je	v*eux*	nous	voul*ons*
tu	v*eux*	vous	voul*ez*
il [elle, on]	v*eut*	ils [elles]	v*eulent*

注 nous, vous の活用で, 不定詞の語尾 **-oir** が **-ons**, **-ez** にかわります。単数の活用形が **-x**, **-x**, **-t** で終わるのは vouloir と pouvoir だけです。

André, tu *veux* boire un thé ? アンドレ, 君は紅茶を飲みたい？
— Avec plaisir, merci. — 喜んで, ありがとう。

pouvoir （＋不定詞）…することができる, …してもよい			
je	p*eux*	nous	pouv*ons*
tu	p*eux*	vous	pouv*ez*
il [elle, on]	p*eut*	ils [elles]	p*euvent*

注 nous, vous の活用で, 不定詞の語尾 **-oir** が **-ons**, **-ez** にかわります。それ以外の活用では不定詞の語幹が残りません。

Monsieur. Je *peux* monter, s'il vous plaît ? 乗ってもいいですか？
— Bien sûr, montez ! — もちろん, 乗ってください！

devoir （＋不定詞）…しなければならない, …であるに違いない, （＋名詞）…を借りている			
je	d*ois*	nous	dev*ons*
tu	d*ois*	vous	dev*ez*
il [elle, on]	d*oit*	ils [elles]	d*oivent*

注 nous, vous の活用で, 不定詞の語尾 **-oir** が **-ons**, **-ez** にかわります。それ以外の活用では不定詞の語幹が残りません。

Devons-nous rencontrer Bruno ? 私たちはブリュノと会わなければなりませんか？
— Oui, nous *devons* le rencontrer. — はい, 私たちは彼と会わなければなりません。

quelque chose なにか, rien なにも…ない

Louis, tu veux *quelque chose* ? ルイ, 君はなにか欲しい？
— Non merci, je *ne* veux *rien*. — いや, けっこう, ぼくはなにも欲しくない。

quelqu'un だれか, personne だれも…ない

Ils veulent parler à *quelqu'un* ? 彼らはだれかに話したいのですか？
— Non, ils *ne* veulent parler à *personne*. — いいえ, 彼らはだれにも話したがらない。

PRATIQUONS !   練習しましょう!

例にならって，文を書き，CD を聞きながら繰り返し発音してください。
Complétez suivant le modèle, puis écoutez le CD et répétez.

例 1. Tu veux me dire quelque chose ?
　　　　君は私になにか言いたいの？

　　　— Non, je ne veux *rien* te dire.
　　　　いいえ，私は君になにも言いたくはない。

2. Chérie, je peux prendre la voiture cet après-midi ?
　　ねえ，きょうの午後車を使ってもいい？

　— Oui, tu peux *la* prendre.
　　ええ，それを使ってもいいわよ。

1. Est-ce que Marina doit donner quelque chose à Paul ?

　　— Non, elle ne doit ＿＿＿＿＿＿＿ lui donner.

2. Je dois absolument te parler, Gérard !
   （どうしても）

　　— Je ＿＿＿＿＿＿＿ écoute, Nicole.

3. Vous voulez parler à quelqu'un, Mademoiselle ?

　　— Oui, je veux parler à ＿＿＿＿＿＿＿ . ... À M. Granot.

4. Est-ce qu'on peut caresser votre chien, Madame ?
   （撫でる）

　　— Oui, bien sûr. Vous pouvez ＿＿＿＿＿＿＿ caresser.

5. Lucien, tu dois de l'argent à quelqu'un ?

　　— Mais non ! Je ne dois de l'argent à ＿＿＿＿＿＿＿ .

cent soixante-neuf 169

LEÇON 82

不規則動詞の直説法現在形 ⑴⑸：語末が -oir で終わる動詞

Je reçois mes amis chez moi.　私は友人たちを家に迎える。

recevoir 受けとる			
je	reç*ois*	nous	recev*ons*
tu	reç*ois*	vous	recev*ez*
il [elle, on]	reç*oit*	ils [elles]	reç*oivent*

同型：apercevoir 見える，気づく，
　　　concevoir 理解する，
　　　décevoir 失望させる

注　単数は語尾 **-cevoir** が **-çois**, **-çois**, **-çoit** に，複数は語尾 **-oir** が (nous)**-ons**, (vous)**-ez** にかわります。ils の活用形は語尾 **-cevoir** が **-çoivent** になります。

Je *reçois* mes amis chez moi.　　　　　　　　私は友人たちを家に迎える。
Là-bas, on *aperçoit* le clocher de l'église.　　むこうに教会の鐘楼が見える。
Il *déçoit* toujours ses parents.　　　　　　　　彼はいつも両親をがっかりさせる。

boire 飲む			
je	bo*is*	nous	b*uvons*
tu	bo*is*	vous	b*uvez*
il [elle, on]	boi*t*	ils [elles]	boi*vent*

注　単数は不定詞の語尾 **-re** が **-s**, **-s**, **-t** に，nous, vous の活用形は不定詞の語幹が残りません。ils の活用形は不定詞の語尾 **-re** が **-vent** になります。

Tu *bois* du vin ou de l'eau ?　　　　　　　　　　君はワインを飲む，それとも水？
— Je *bois* généralement de l'eau à table.　　　　— ぼくはふつう食事中は水を飲む。
Les bébés *boivent* du lait.　　　　　　　　　　　赤ん坊は牛乳を飲む。
Nous *buvons* une bouteille de vin par jour.　　　私たちは1日に1瓶のワインを飲む。

注　1) 部分冠詞は数えられない名詞につけます。（詳しくは Leçon 36 参照）
　　　du (de l') ＋男性・単数名詞　　de la (de l') ＋女性・単数名詞
　　　母音字または無音の h のまえでは，( ) 内の形を使います。
　2) 容器で分量を表わすことがあります。

un verre de vin	1杯のワイン	une tasse de café	1杯のコーヒー
un pot de confiture	1瓶のジャム	une brique de lait	1パックの牛乳
une carafe d'eau	1カラフの水	une boîte de sardines	1缶のサーディン
un paquet de sucre	1パックの砂糖	un carton de livres	書類箱1箱の本

PRATIQUONS !　　練習しましょう！

例にならって，文を書き，CDを聞きながら繰り返し発音してください。
Complétez suivant le modèle, puis écoutez le CD et répétez.

例 1. Vous buvez encore *du* vin (*m.s.*)？ (sac または verre)
　　　もっとワインを飲みますか？

　　　— Oui, un autre *verre de* vin, s'il vous plaît.
　　　はい，ワインのお代わりをお願いします。

　　2. Tu bois souvent *du* lait (*m.s.*)？ (brique または paquet)
　　　君はよく牛乳を飲む？

　　　— Oui, je bois une *brique de* lait par jour.
　　　はい，1日に1パック飲む。

1. Vous avez ＿＿＿＿ confiture (*f.s.*)？ (boîte または pot)　　　ジャム

　　— Oui, il y a un ＿＿＿＿ ＿＿＿＿ confiture sur la table.

2. Le matin, je prends ＿＿＿＿ thé au lait (*m.s.*). Et toi？ (tasse または sac)　ミルクティー

　　— Moi, je bois une ＿＿＿＿ ＿＿＿＿ café noir.　　ブラックコーヒー

3. Tu prends ＿＿＿＿ café (*m.s.*), Sylvie？ (pot または verre)

　　— Non merci. Juste un ＿＿＿＿ ＿＿＿＿ eau, s'il te plaît.　水

4. Je veux boire encore ＿＿＿＿ vin (*m.s.*). (bouteilles または verres)

　　— Il y a des ＿＿＿＿ ＿＿＿＿ vin dans la cave.　地下貯蔵庫

5. J'ai chaud et soif. Tu as ＿＿＿＿ eau (*f.s.*)？ (carafe または sac)　水

　　— Oui, il y a une ＿＿＿＿ ＿＿＿＿ eau dans le frigo.

LEÇON 83

savoir と connaître

Je sais conduire. 　私は運転ができる。

savoir （＋不定詞）…することができる，（＋名詞）…を知っている			
je	s*ais*	nous	sav*ons*
tu	s*ais*	vous	sav*ez*
il [elle, on]	s*ait*	ils [elles]	sav*ent*

注　単数は語尾 -avoir が，-ais，-ais，-ait に，複数は不定詞の語尾 -oir が -ons，-ez，-ent にかわります。

Est-ce que ton frère *sait* parler chinois ? 　　君の兄[弟]は中国語を話せるの？
— Non, mais il *sait* parler coréen. 　　　　　— いや，でも韓国語は話せる。
Quelle heure est-il ? 　　　　　　　　　　　　何時？
— Je ne *sais* pas. 　　　　　　　　　　　　 — わからない。

注　〈savoir＋不定詞〉と〈pouvoir＋不定詞〉：savoir は，そもそもの能力の有無を問題にしますが，pouvoir は，そのときの状況によって可能かどうかが問題になります。
　　Je ne *sais* pas nager. 　　　　　　私は泳げません(金槌です)。
　　Je ne *peux* pas nager aujourd'hui. 　私はきょうは(たとえば，熱があるので)泳げません。

connaître （＋名詞）…を知っている			
je	connai*s*	nous	connai*ssons*
tu	connai*s*	vous	connai*ssez*
il [elle, on]	connaî*t*	ils [elles]	connai*ssent*

注　語尾 -tre が，単数は -s，-s，-t に，複数は -ssons，-ssez，-ssent にかわります。不定詞の î が il の活用で残ります。

Il *connaît* cette chanteuse ? 　　　　　　彼はあの歌手のことを知っているの？
— Non, il ne la *connaît* pas. 　　　　　　— いや，彼は彼女のことを知らない。
Il ne *connaît* pas Louis et Léa ? 　　　　彼はルイとレアを知らない(面識がない)の？
— Si, il les *connaît*. 　　　　　　　　　 — いいえ，彼らとは知り合いです。

注　一般に都市名を代名詞に置きかえることはありません。
　　Tu connais bien *Paris* ? 　　　　　　　　君はパリに詳しいの？
　　— Non, je ne connais pas bien *Paris*. 　　— いいえ，私はパリをよく知らない。

PRATIQUONS !   練習しましょう!

例にならって，文を書き，CD を聞きながら繰り返し発音してください。
Complétez suivant le modèle, puis écoutez le CD et répétez.

例 1. Est-ce que Patrick sait jouer au tennis ?
　　　パトリックはテニスができるの？
　　— Oui, il *sait jouer au tennis*.
　　　はい，彼はテニスができる。

2. Tes parents connaissent-ils le proviseur ?
　　君の両親は高校の校長と知り合いなの？
　　— Non, ils ne *le connaissent* pas.
　　　いや，彼らは彼と知り合いではない。

1. Est-ce que tu connais la sœur de Paul ?

　　— Non, je ne ……………… ……………………… pas.

2. Savez-vous utiliser cet appareil ?

　　— Non, je ne ……………………… pas ……………………… .

3. Sandra et Julie connaissent le prix de cette robe ?

　　— Oui, elles ……………… ……………………… .

4. Ton petit frère sait nager ?

　　— Non, il ne ……………………… pas encore ……………………… .

5. Je ne connais pas du tout ces gens. Et toi ?

　　— Mais si, tu ……………… ……………………… ! Ils habitent près de chez nous.

cent soixante-treize 173

LEÇON 84

不規則動詞の直説法現在形 ⒃：aller
前置詞 à ＋ 場所

Je vais au cinéma.　私は映画を見に行く。

aller …へ行く			
je	*vais*	nous	all*ons*
tu	*vas*	vous	all*ez*
il [elle, on]	*va*	ils [elles]	*vont*

注 nous, vous の活用で，不定詞の語尾 **-er** が **-ons**, **-ez** にかわります。それ以外の活用では不定詞の語幹が残りません。

Où *vas*-tu?　　　　　　　　君はどこへ行くの？
— Je *vais* au cinéma.　　— 私は映画を見に行く。

前置詞 à ＋ 場所

1) **à ＋ 普通名詞**（詳しくは Leçon 26 参照）

à ＋ le	→	**au**	Je vais *au* cinéma.	私は映画を見に行く。
à ＋ la	→	**à la**	Tu vas à la campagne ?	君は田舎へ行くの？
à ＋ l'	→	**à l'**	Nous allons à l'université.	私たちは大学へ行く。
à ＋ les	→	**aux**	Elles vont *aux* toilettes.	彼女たちは洗面所へ行く。

   注　1) 前置詞 à は，方向や場所を示します。
   　　　　Il va [est] *au* café.　彼はカフェへ行く［カフェにいる］。
   　　　2) aller 以外にも場所を表わす状況補語をとる動詞はたくさんあります。
   　　　　voyager 旅行する，étudier 勉強する，habiter 住む，déjeuner 昼食をとる，
   　　　　dîner 夕食をとる，sortir 外出する，partir 出発する，retourner 戻る

2) **à ＋ 国名**（詳しくは Leçon 27 参照）

   a) **au** ＋ 男性・単数国名，**aux** ＋ 男性／女性・複数国名
   　　au Japon (*m.s.*) 日本へ　　　　　*au* Maroc (*m.s.*) モロッコへ
   　　aux États-Unis (*m.pl.*) アメリカへ　*aux* Philippines (*f.pl.*) フィリピンへ

   b) **en** ＋ 女性国名，**en** ＋ 母音字または無音の h で始まる男性・単数国名
   　　en Italie (*f.s.*) イタリアへ　　*en* Équateur (*m.s.*) エクアドルへ

3) **à ＋ 都市名**

   Ils voyagent *à* Venise.　彼らはヴェネチアへ旅行する。

   注　1) 前置詞 à は到達，存在の地点を，前置詞 dans は活動の範囲を表わします。
   　　　　Les enfants sont *dans* leur chambre？　子どもたちは部屋のなかにいる。
   　　　2) chez ＋ 職業名：chez le coiffeur 理髪店へ，chez le dentiste 歯医者へ
   　　　3) その他の場所を表わす前置詞 sur …の上に，à côté de …の横に，entre …の間に

PRATIQUONS !　　練習しましょう!

例にならって，文を書き，CD を聞きながら繰り返し発音してください。
Complétez suivant le modèle, puis écoutez le CD et répétez.

例 1. Vous dînez où, samedi ?
　　　あなたたちは土曜日どこで夕食をとりますか？
　　　— Nous dînons *au* restaurant (*m.s.*), comme d'habitude.
　　　私たちはいつも通りレストランで夕食をとります。

　　2. Où habitent tes parents ?
　　　君の両親はどこに住んでいるのですか？
　　　— Ils habitent *en* Allemagne (*f.s.*).
　　　彼らはドイツに住んでいます。

1. Où allez-vous aujourd'hui ?

　　— Nous allons .... marché aux puces (蚤の市) (*m.s.*).

2. M. et Mme Palma voyagent où, cette année ?

　　— Ils voyagent .... Italie (*f.s.*).

3. Maman, j'ai trop mal au ventre. On va .... le docteur ?

　　— Non. Nous allons directement .... hôpital (病院) (*m.s.*).

4. Tu étudies dans ta chambre à la cité universitaire (大学都市) ?

　　— Non, j'étudie souvent .... bibliothèque (図書館) (*f.s.*).

5. Qu'est-ce que vous faites cet été ?

　　— On retourne (再び行く) .... États-Unis (*m.pl.*) !

LEÇON 85

不規則動詞の直説法現在形 ⑰：venir
前置詞 de ＋ 場所

On vient de l'école. 私たちは学校から来る。

venir ...から来る			
je	vie*ns*	nous	ven*ons*
tu	vie*ns*	vous	ven*ez*
il [elle, on]	vie*nt*	ils [elles]	vie*nnent*

同型：revenir ...から戻って来る，
　　　intervenir 介入する，
　　　provenir ...から来る，
　　　tenir もつ，つかむ

注 nous, vous の活用で，不定詞の語幹 ven- が残り，語尾 -ir が -ons, -ez にかわります。それ以外の活用では不定詞の語幹が残りません。

D'où *venez*-vous?　　　君たちはどこから来るの？
— On *vient* de l'école.　　— 私たちは学校から来る。
Tu *reviens* d'où?　　　君はどこから戻って来るの？
— Je *reviens* du Japon.　— 私は日本から戻って来る。

前置詞 de ＋ 場所

1) **de** ＋ 普通名詞（詳しくは Leçon 25 参照）
　　de ＋ le　→　**du**　　Je viens *du* cinéma.　　私は映画館から来る。
　　de ＋ la　→　de la　　Elle vient de la campagne.　彼女は田舎から来る。
　　de ＋ l'　→　de l'　　On vient de l'université.　私たちは大学から来る。
　　de ＋ les　→　**des**　　Vous venez *des* toilettes ?　あなたたちは洗面所から来たの？

2) **de** ＋ 国名
　a) **du** ＋ 男性・単数国名，**des** ＋ 男性／女性・複数国名
　　　du Japon (*m.s.*)　　　日本から　　　　*du* Maroc (*m.s.*)　　　　モロッコから
　　　des États-Unis (*m.pl.*)　アメリカから　　*des* Philippines (*f.pl.*)　フィリピンから

　b) **de (d')** ＋ 女性国名，**d'** ＋ 母音字または無音の h で始まる男性・単数国名
　　　de France (*f.s.*)　　フランスから　　*de* Belgique　　　　ベルギーから
　　　*d'*Italie (*f.s.*)　　　イタリアから　　*d'*Équateur (*m.s.*)　エクアドルから

3) **de** ＋ 都市名
　　Ils viennent *de* Strasbourg.　　彼らはストラスブール出身です。

4) **de chez** ＋ 職業名
　　Je reviens *de chez* le docteur.　私は医者のところから戻って来る。

PRATIQUONS !　　練習しましょう!

例にならって，文を書き，CD を聞きながら繰り返し発音してください。
Complétez suivant le modèle, puis écoutez le CD et répétez.

例 1. Robert arrive d'où ?
　　　　ロベールはどこから着いたの？
　　　— Il arrive *de* Nantes.
　　　　彼はナントから着いた。

2. D'où proviennent ces fruits?
　　これらの果物はどこから来たものですか？
　　— Ils proviennent *du* marché (*m.s.*).
　　それらは市場から来たものです。

1. D'où revenez-vous avec ces paquets ? （袋）

　　— Nous revenons .... Galeries Lafayette (*f.pl.*). （ギャルリーラファイエット）

2. Tes cousins arrivent d'où ?

　　— Lucie arrive .... Tours, et Luc, ... Nice.

3. Tu es très bronzé, Sylvain ! （日に焼けた）

　　— Oui, je reviens .... plage (*f.s.*). （海岸）

4. Ton frère rentre de quel pays ?

　　— Il rentre .... Brésil (*m.s.*). Il adore ce pays. （ブラジル）

5. Aline vient du supermarché ?

　　— Non, elle vient .... le coiffeur.

LEÇON 86

副詞的代名詞 (1)：y

Il y va. 彼はそこへ行く。

代名詞 **y** は，場所を表わす補語（前置詞 à [en, chez, *etc*.] ＋名詞）に代わり，「そこに，そこへ」を意味します。

Il va			→	Il *y* va.
	au cinéma.	映画へ		彼はそこへ行く。
	à la piscine.	プールへ		
	à l'hôpital.	病院へ		
	à l'infirmerie.	保健室へ		
	aux toilettes.	洗面所へ		
	chez Pierre.	ピエールの家へ		
	au Laos.	ラオスへ		
	en Chine.	中国へ		
	en Irak.	イラクへ		
	en Espagne.	スペインへ		
	aux Bahamas.	バハマへ		
	à Londres.	ロンドンへ		

Tu vas *à la bibliothèque* aujourd'hui ?　　きょうは図書館へ行くの？
— Oui, j'*y* vais.　　— はい，そこへ行く。
Est-ce que Denis va *chez le coiffeur* ?　　ドゥニは〜床屋へ行くの？
— Non, il n'*y* va pas.　　— いいえ，彼はそこへ行かない。
Jean voyage-t-il *au Vietnam* ?　　ジャンはヴェトナムへ旅行するの？
— Oui, il *y* voyage.　　— はい，彼はそこへ旅行する。
Son amie étudie *en Corée du Sud* ?　　彼(女)の友だちは韓国で勉強しているの？
— Oui, elle *y* étudie.　　— はい，彼女はそこで勉強している。

> 注　副詞的代名詞の位置は，目的語人称代名詞と同じです。肯定命令文の場合をのぞいて，動詞の直前におきます。

aller ＋ 不定詞　…しに行く

Paul *va dîner* au restaurant ce soir ?　　今晩ポールはレストランへ夕食を食べに行くの？
— Oui, il *va* y *dîner*.　　— はい，彼はそこへ夕食を食べに行く。
Alice, tu *vas travailler* à la bibliothèque ?　　アリス，君は図書館へ勉強しに行くの？
— Oui, je *vais* y *travailler* aujourd'hui.　　— はい，きょうはそこへ勉強しに行く。

PRATIQUONS !   練習しましょう！

例にならって，文を書き，CD を聞きながら繰り返し発音してください。
Complétez suivant le modèle, puis écoutez le CD et répétez.

例 1. Maman, nous allons à la plage aujourd'hui ?
   ママ，ぼくたちはきょう海岸へ行くの？
   — Oui, nous *y allons*.
   そうよ，私たちはそこへ行くのよ。

2. Est-ce que tu étudies encore à Bordeaux, Alex ?
   アレックス，君はまだボルドーで勉強しているの？
   — Non, je *n'y étudie plus*.
   いや，もうそこでは勉強していない。

1. Mesdames, vous travaillez à la pharmacie Dutronc ? （薬局）

   — Oui, nous _____ .

2. Les employés ne vont pas au bureau aujourd'hui ?

   — Bien sûr qu'ils _____ ! Ce n'est pas férié. （休日）

3. Bruno va à la fac cet après-midi ?

   — Oui, il _____ . Il a cours.

4. Est-ce que tu vas chez le dentiste ce matin, maman ?

   — Non, je _____ . Pourquoi ?

5. Caroline et Sylvie habitent encore en Italie ?

   — Non, elles _____ .

LEÇON 87

副詞的代名詞 (2)：en

Nous en revenons. 私たちはそこから帰って来る。

代名詞 en は，場所を表わす補語（前置詞 de ＋ 名詞）に代わり，「そこから」を意味します。

Nous revenons {
du jardin. 庭から
de la cuisine. 台所から
de l'école. 学校から
des magasins. 商店から
de chez Henri. アンリの家から
du Népal. ネパールから
de Turquie. トルコから
d'Iran. イランから
d'Indonésie. インドネシアから
de l'Océan. 大西洋から
des États-Unis. アメリカから
de Paris. パリから
} → **Nous *en* revenons.** 私たちはそこから帰って来る。

Est-ce qu'elle vient *du supermarché* ? 彼女はスーパーから来たの？
— Non, elle n'*en* vient pas. — いいえ，彼女はそこから来たのではない。
Elle revient *de la bibliothèque* ? 彼女は図書館から戻ったの？
— Oui, elle *en* revient juste. — はい，ちょうどそこから戻ったところだ。
Vous venez *du Japon* ? あなたは日本から来たのですか？
— Oui, j'*en* viens. Je suis japonaise. — はい，私はそこから来た。私は日本人です。

venir ＋ 不定詞　…しに来る

Qu'est-ce que tu *viens faire* ici ? 君はここへなにをしに来るの？
— Je *viens rencontrer* un ami. — 私は友だちに会いに来る。
Aline et Mélanie *viennent danser* ce soir ? アリーヌとメラニーは今晩踊りに来るの？
— Non, elles ne viennent pas. — いいえ，彼女たちは来ない。
Ludo *vient jouer* au parc avec nous ? リュドは公園へぼくたちと遊びに来るの？
— Non, sa mère ne veut pas. — いいえ，お母さんがそれを望んでいない。

PRATIQUONS !　　練習しましょう!

例にならって，文を書き，CD を聞きながら繰り返し発音してください。
Complétez suivant le modèle, puis écoutez le CD et répétez.

例 1. Tu reviens de Venise ?
　　　君はヴェネチアから戻ったの？

— Non, je *n'en reviens pas*.
　いや，そこから戻ったのではない。

2. M. Smith ne vient pas d'Angleterre ?
　スミス氏は英国から来たんじゃないの？

— Si, il *en vient*. Il est anglais.
　いや，彼はそこから来たんだよ。彼は英国人です。

1. Est-ce que ton frère rentre de vacances bientôt ?

— Il .... juste.

2. Ta sœur vient-elle de l'école ?

— Non, elle ....

3. Salut les filles ! Vous revenez de chez le coiffeur ?

— Non, on ....

4. Arrivent-ils de Yokohama ?

— Oui, ils .... juste.

5. Reviens-tu du gymnase ? (体育館)

— Oui, j' ....

LEÇON 88

近接過去形

Elles viennent d'arriver.　彼女たちは到着したばかりです。

形：venir の直説法現在形＋de＋不定詞　…したばかりです

Marc, tu *viens d'*arriver ?	マルク，君はいま着いたの？
— Non, je ne *viens* pas *d'*arriver.	— いや，いま着いたのではない。
Je *viens d'écouter* le professeur.	私は先生の話を聞いたところです。
Tu *viens de faire* du sport avec Denis ?	君はドゥニとスポーツをしたばかりなの？
Nous *venons de déménager* à Rennes.	私たちはレンヌに引っ越したばかりです。
Pierre *vient de voyager* en Suisse.	ピエールはスイスを旅行したばかりです。
Ils *viennent de courir* 30 minutes.	彼らは30分のランニングをしたばかりです。

注
肯定形	: Elles viennent d'arriver.	彼女たちは到着したばかりです。
否定形	: Nous ne venons pas de dormir.	私たちはさっき眠れなかった。
疑問形	: Qu'est-ce que vous venez de faire ?	あなたはさっきなにをしたのですか？
否定疑問形	: Ne viens-tu pas de sortir ?	君は外出したばかりじゃないの？

用法：現在の行為と直接関係する近い過去の行為を表現するために用いられます。

Claire n'a pas faim. Elle *vient de manger*.
　クレールはお腹がすいていない。彼女は食事をしたばかりです。

Mon père est fatigué. Il *vient de faire* du sport.
　私の父は疲れている。彼は運動をしたばかりです。

Vous êtes là depuis longtemps ?　君たちはずいぶんまえからここにいるのですか？
— Nous *venons* juste *d'arriver*.　— 私たちはたったいま着きました。

注 近接過去形といっしょに使われる時間表現
「さっき」：il y a une seconde, il y a un instant, il y a une minute, il y a un (petit) moment
「このあいだ」：il n'y a pas (bien, très, si) longtemps, il y a (très) peu de temps

PRATIQUONS !   練習しましょう!

例にならって,文を書き,CD を聞きながら繰り返し発音してください。
Complétez suivant le modèle, puis écoutez le CD et répétez.

例 1. Alain est en Espagne ? (partir)
アランはスペインにいるの?

— Oui, il *vient de partir*, il n'y a pas très longtemps.
はい,彼はこのあいだ出発したところです。

2. Est-ce que tu es fatigué ? (dormir)
君は疲れているの?

— Non, je ne suis pas fatigué. Je *viens de dormir*.
いや,私は疲れていない。睡眠をとったばかりです。

1. Maman, je veux une nouvelle moto ! (acheter)

— Ah bon ! Mais tu .... une moto, non ?

2. Pourquoi André et Éva ne viennent-ils pas nous voir ? (déménager) 〔引っ越す〕

— Tu ne sais pas ? Ils .... aux Pays-Bas. 〔オランダ〕

3. Je vais au cinéma. Tu m'accompagnes, Lili ? (aller) 〔いっしょに来る〕

— Non merci, je .... juste .... au ciné.

4. Mme Sorrel a l'air si triste ces jours-ci. Pourquoi ? (perdre) 〔この頃〕

— Parce qu'elle .... son mari.

5. Daisuke, Naoko, vous êtes vraiment très joyeux ! (trouver) 〔ほんとうに〕〔うれしい〕

— Et comment ! On .... un super boulot ! 〔あたりまえだよ〕 〔最高の〕〔職〕

LEÇON 89 現在進行形

Mes enfants sont en train de jouer. 私の子どもたちは遊んでいる。

形：être の直説法現在形＋en train de ＋不定詞　…しているところです

Il *est en train de lire* un roman intéressant.
　彼はおもしろい小説を読んでいるところです。

Nous *sommes en train de chanter* au karaoké.
　私たちはカラオケで歌っているところです。

Vous *êtes en train d'apprendre* le français ?
　あなたたちはフランス語を学んでいるところですか？

Ils *sont en train de dormir* sur le canapé.
　彼らはソファーで眠っているところです。

Mes enfants *sont en train de jouer*.
　私の子どもたちは遊んでいるところです。

注　肯定形　　：Mon cousin est en train d'étudier pour le baccalauréat.
　　　　　　　　　私の従兄弟はバカロレアの勉強をしているところです。

　　　否定形　　：La secrétaire n'est pas en train de travailler.
　　　　　　　　　その女性秘書は現在仕事中ではありません。

　　　疑問形　　：Es-tu en train de jouer sur ton ordinateur ou bien en train d'étudier ?
　　　　　　　　　君はパソコンで遊んでいるの，それとも勉強しているの？

　　　否定疑問形：Ne sont-ils pas en train de faire les courses ?
　　　　　　　　　彼らは買いものをしているところではないのですか？

用法：会話が行われているときに進行している行為を表現するために用いられます。

Il ne faut pas faire de bruit ! Grand-père est *en train de faire* la sieste.
　騒いではいけません！　おじいさんが昼寝をしています。

Maman est très en colère ! Elle *est en train de crier*.
　ママはとても怒っている！　彼女は大声でわめいている。

Tom a de la chance. Il *est en train de faire* le tour du monde !
　トムがうらやましい。彼は世界一周旅行をしているところです！

注　1）〈être en train de ＋不定詞〉は，電車 train とは関係ありません。
　　　2）現在進行形といっしょに使われる時間表現
　　　　en ce moment 目下，maintenant 今，actuellement 目下，ces temps-ci 近頃，ces jours-ci この頃，aujourd'hui きょう，à présent 今は

PRATIQUONS ! 練習しましょう!

例にならって，文を書き，CD を聞きながら繰り返し発音してください。
Complétez suivant le modèle, puis écoutez le CD et répétez.

例 1. Chéri ! Mais où est le chien ? (dormir)
　　　ねえ！　犬はいったいどこにいるの？

　— Là, dans sa niche. Il *est en train de dormir*.
　　あそこ，犬小屋のなか。眠っているところよ。

2. Que fais-tu dans le salon, Lulu ? (regarder)
　　君は応接間でなにをしているの，リュリュ？

　— Je *suis en train de regarder* un film.
　　私は映画を見ているところです。

1. Élise ne vient pas ? (téléphoner)

　— Elle arrive. Elle ⟶⟶⟶⟶⟶⟶⟶⟶ à Cynthia.

2. Franck, est-ce qu'on peut parler à ton père maintenant ? (travailler)

　— Non, pas maintenant. Il ⟶⟶⟶⟶⟶⟶⟶⟶ .

3. Qu'est-ce que Martin et Lucas font en ce moment ? (étudier)

　— Ils ⟶⟶⟶⟶⟶⟶⟶⟶ pour leurs examens.

4. Ces temps-ci, vous faites beaucoup de sport, M. Delfour ? (terminer)

　— Non. Je ⟶⟶⟶⟶⟶⟶⟶⟶ un gros projet.

5. Tes parents s'ennuient-ils pendant leur retraite ? (faire)
　　　　　退屈する　　　　　　　　　　退職

　— Penses-tu ! Ils ⟶⟶⟶⟶⟶⟶⟶⟶ le tour du monde.
　　とんでもない

LEÇON 90

近接未来形

Je vais rencontrer Nicolas au café. 私たちはカフェでニコラに会います。

形：aller の直説法現在形＋不定詞　まもなく…する

Je *vais rencontrer* Nicolas au café. 　私たちはカフェでニコラに会います。
Tu *vas aller* au musée avec Daniel ? 　君はダニエルと美術館へ行くの？
Il *va regarder* un DVD ce soir. 　彼は今晩 DVD を見ます。
Vous *allez manger* une glace ? 　あなたたちはアイスクリームを食べますか？
Ils ne *vont* pas *sortir* ce week-end. 　彼らは今週末外出しない。

注　肯定形　　　：Il va arriver dans une minute. 　彼はまもなく到着します。
　　否定形　　　：Vous n'allez pas jouer dehors. 　君たちは外では遊ばないの？
　　疑問形　　　：Va-t-elle téléphoner à sa sœur ? 　彼女は姉［妹］に電話しますか？
　　否定疑問形：Ne vont-ils pas arrêter de faire du bruit ? 　彼らは騒ぐのをやめないのですか？

用法：会話が行われているときと関係する近い未来の行為を表現するために用いられます。

Je voyage en Italie cet été. Je *vais* bientôt *réserver* mon billet d'avion.
　私は今年の夏イタリアを旅行する。もうすぐ飛行機の切符を予約する。

Lorenzo, il faut t'habiller !　Nous *allons partir*.
　ロレンゾ，服を着替えなければ！　私たちはもうすぐ出かけるよ。

Il me faut prendre la clé tout de suite, sinon je *vais* l'*oublier* !
　私はすぐに鍵をもたなければならない，さもないとそれを忘れそうだ！

注　1）〈aller＋不定詞〉の形は，「…しに行く」という意味でも用いられます。
　　　　Je *vais manger* chez Sabine.　　私はサビーヌの家へ食事をしに行く。
　　2）近接未来形が不定詞に aller「…へ行く」をとり，aller の直説法現在形＋aller「まもなく…へ行く」となることもあります。
　　　　Il *va aller* à la mer.　　彼は海へ行く予定です。
　　　　Vous *allez aller* au cinéma demain ?　あなたはあす映画を見に行くのですか？
　　3）近接未来形が不定詞に aller＋不定詞「…しに行く」をとり，aller の直説法現在形＋aller＋不定詞「まもなく…しに行く」となることもあります。
　　　　Je *vais aller manger* chez Sabine.　私はサビーヌの家へ食事をしに行くところです。

PRATIQUONS ! 練習しましょう!

例にならって，文を書き，CD を聞きながら繰り返し発音してください。
Complétez suivant le modèle, puis écoutez le CD et répétez.

例 1. Est-ce que vous aimez ce chanteur ? (acheter)
   あなたたちはあの歌手が好きですか？

   — On l'adore ! Nous *allons acheter* son dernier CD.
   大好きです！ 私たちは彼の最新の CD を買うつもりです。

2. Tu fais des courses aujourd'hui, Martine ? (aller)
   マルティーヌ，君はきょう買いものをするの？

   — Non, je *ne vais pas aller* au supermarché aujourd'hui.
   いいえ，きょうはスーパーへは行かない。

1. Chéri, il est où, ce restaurant italien ? (chercher)

   — Je ne sais pas. Mais je ……………………………… sur Internet.

2. Fabrice roule vraiment trop vite ! Tu n'es pas d'accord ? (avoir)
   (車を走らせる)

   — Si, je suis d'accord. Un jour, il ……………………………… un accident.
   (そのうち)

3. Tu dors ici ce soir, Fred ? (rentrer)

   — Non, merci. Je ……………………………… chez moi.

4. Vos copines vont venir avec vous cet après-midi ? (venir)
   (仲間)

   — Non, elles ……………………………… avec nous.

5. Vous ne sortez pas aujourd'hui, les enfants ? (sortir)

   — Non, on ……………………………… ! Il fait trop mauvais.

LEÇON 91

中性代名詞 (1)：le

Je l'espère.　そう期待します。

1. 属詞（形容詞，無冠詞名詞）に代わります。

Tes parents sont gentils ?　　　　　　　　君の両親はやさしい？
— Oui, ils *le* sont. (le = gentils)　　　　　— はい，彼らはそうです。
Vous êtes chrétien ?　　　　　　　　　　あなたはキリスト教徒ですか？
— Non, je ne *le* suis pas. (le = chrétien)　— いいえ，そうではありません。

注　属詞はおもに〈主語＋être 動詞の活用形＋属詞〉の構文で使われます。

2. 〈不定詞＋名詞グループ〉に代わります。

Il croit pouvoir magrir ?　　　　　　　　彼はやせられると思ってるの？
— Oui, il *le* croit. (le = pouvoir magrir)　— はい，彼はそう思ってる。
Il faut finir cela aujourd'hui ?　　　　　　きょうそれを終えなければなりませんか？
— Oui, il *le* faut. (le = finir cela aujourd'hui)　— はい，そうしなければなりません。
Tu ne peux pas me faire ça ?　　　　　　君は私のためにそれができないの？
— Si, je *le* peux. (le = te faire ça)　　　— いいえ，私はそれができる。

3. 従属節 (que …) に代わります。

Ils arrivent aujourd'hui ?　　　　　　　　彼らはきょう着くのですか？
— Je *l'*espère. (l' = qu'ils arrivent aujourd'hui)　— そう期待します。

注　1) 中性代名詞の位置は，目的語人称代名詞と同じです。肯定命令文の場合をのぞいて，動詞の直前におきます。
　　2) 中性代名詞の le は，母音字または無音の h のまえでエリズィオンして l' となります。
　　　Étudier est important, mais s'amuser *l'*est aussi ! (l' = important)
　　　　勉強することは大切です，しかし，遊ぶこともまたそうです！
　　　Philippe est sympa, et son frère *l'*est aussi. (l' = sympa)
　　　　フィリップは感じがいい，そして彼の兄[弟]もまたそうです。
　　3) 中性代名詞の le は性・数変化しません。性・数変化する直接目的語人称代名詞（le 男性・単数，la 女性・単数，les 男性 / 女性・複数）と混同しないようにしましょう。
　　4) le は，ça に代わることもあります。
　　　Jean fait *ça* souvent, et Marie *le* fait encore plus souvent.
　　　　ジャンはよくそうする，マリーはもっと頻繁にそうする。

PRATIQUONS !　　練習しましょう!

例にならって，文を書き，CD を聞きながら繰り返し発音してください。
Complétez suivant le modèle, puis écoutez le CD et répétez.

例 1. Pierre n'est pas très sympa. C'est mon avis.
　　　ピエールはあまり感じがよくない。これは私の意見です。
　　　— Selon moi, il *l'est*. Moi, je l'aime bien.
　　　私の考えでは，彼は感じがいい。私は彼が好きです。

2. Ils veulent aller dans ce pays dangereux ?
　　彼らはあの危険な国へ行きたがっているのですか？
　　— Oui, ils *le veulent*. C'est pour leur travail. Ils sont journalistes.
　　はい，彼らはそうすることを望んでいる。それは仕事のためです。彼らはジャーナリストです。

定刻に
1. Tu penses arriver à l'heure ?

　　— Oui, je ……………………………… . Je vais partir tôt.

解決する
2. Cet étudiant peut résoudre ce problème de mathématiques ?

　　　　　　　　　　　　　　　　　　　　込み入った
　　— Non, il ……………………………… . C'est trop complexe.

夫
3. Chantal Labat, voulez-vous prendre pour époux Jean Dalot ?

　　— Oui ! Je ……………………………… !

4. Est-ce qu'il faut travailler vite ?

　　— Oui, il ……………………………… . On doit finir ça aujourd'hui.

勝つ　　　　試合　　　　それでも
5. Elle n'espère pas gagner cette compétition, tout de même ?

　　— Mais si ! Elle ……………………………… bien.

LEÇON 92

中性代名詞 (2)：en

Des chats ? Ils en ont quatre.　猫？　彼らは4匹飼っている。

中性代名詞 en は，基本的には〈de □〉に代わります。

1.〈不定冠詞複数 des ＋名詞〉に代わります。

Est-ce qu'il y a des pompiers dans ce village ?　　この村に消防士たちはいますか？
— Oui, il y *en* a. (en＝des pompiers)　　— はい，います。

2.〈否定の de ＋名詞〉に代わります。

Y a-t-il un docteur dans le quartier ?　　この辺に医者はいますか？
— Non, il n'y *en* a pas. (en＝de docteur)　　— いいえ，いません。
Y a-t-il des chirurgiens dans cet hôpital ?　　この病院に外科医はいますか？
— Non, il n'y *en* a pas. (en＝de chirurgiens)　　— いいえ，いません。
Nous recevons des lettres ?　　私たちは手紙を受けとりますか？
— Non, nous n'*en* recevons pas. (en＝de lettres)　　— いいえ，それを受けとりません。

3.〈数詞＋名詞〉の名詞に代わります。(不定冠詞の単数 un，une は数詞扱いです)

Est-ce qu'il y a un hôpital près d'ici ?　　この近くに病院はありますか？
— Oui, il y *en* a un. (en＝hôpital)　　— はい，1軒あります。
Ils ont combien de chats ?　　彼らは何匹の猫を飼っていますか？
— Des chats ? Ils *en* ont quatre. (en＝chats)　　— 猫？　彼らは4匹飼っている。
Combien d'enfants avez-vous ?　　あなたは何人の子どもがいますか？
— On *en* a trois. (en＝enfants)　　— 私たちには3人います。

4.〈数量表現＋de ＋名詞〉の〈de ＋名詞〉に代わります。

un kilo de … 1キロの…，deux litres de … 2リットルの…，trois paquets de… 3パックの…，douze bouteilles de … 12本の…
Tu veux combien de biscuits ?　　君は何枚のビスケットが欲しいの？
— J'*en* veux un paquet. (en＝de biscuits)　　— 私は1パック欲しい。
Vous voulez combien de viande ?　　あなたはどれだけの肉が欲しいのですか？
— J'*en* veux deux kilos. (en＝de viande)　　— 2キロ欲しい。

PRATIQUONS !　　練習しましょう!

例にならって，文を書き，CD を聞きながら繰り返し発音してください。
Complétez suivant le modèle, puis écoutez le CD et répétez.

例 1. Daniel, combien de voitures avez-vous ? Deux ?
　　　ダニエル，何台の車をもっているのですか？　2台？
　　— Oui, c'est ça. J'*en ai deux*.
　　　はい，そうです。私は2台もっています。

　　2. Il n'y a pas de musées dans cette ville ?
　　　この町に美術館はないのですか？
　　— Non, il *n'y en a pas*. C'est une petite ville.
　　　はい，ありません。ここは小さな町です。

1. M. et Mme Martin ont combien d'enfants ? Trois ?

　　— Oui, ils _____ : deux garçons et une fille.

2. Tu n'achètes pas de DVD ?
　　　　　　　　　　　　　　　　　　　一文なしの　　目下
　　— Non, je _____. Je suis fauchée en ce moment.

3. Allô, chéri ! Tu prends six bouteilles d'eau, comme d'habitude ?
　　　　もちろん
　　— Entendu. J' _____. À ce soir, chérie.

　　　　郵便配達人
4. Monsieur le facteur, y a-t-il des lettres pour moi aujourd'hui ?

　　— Non, Mme Perrier. Il _____.

5. Vous mettez deux sucres dans votre café ? C'est bien ça ?

　　— Oui, c'est ça. On _____.

LEÇON 93

中性代名詞 (3)：en

Oui, j'en ai beaucoup.　　はい，私はそれをたくさんもっている。

1.〈部分冠詞 du, de la, de l'＋名詞〉に代わります。

Est-ce qu'elle veut du saucisson ?　　彼女はソーセージが欲しいのですか？
— Oui, elle *en* veut. (en = du saucisson)　　— はい，彼女はそれが欲しい。
Elle veut de la charcuterie ?　　彼女は豚肉製品が欲しいのですか？
— Oui, elle *en* veut. (en = de la charcuterie)　　— はい，彼女はそれが欲しい。
Est-ce qu'elle veut de l'aïoli ?　　彼女はアイオリが欲しいのですか？
— Oui, elle *en* veut. (en = de l'aïoli)　　— はい，彼女はそれが欲しい。

2.〈否定の de＋名詞〉に代わります。

Est-ce qu'elle veut du pâté ?　　彼女はパスタが欲しいのですか？
— Non, elle n'*en* veut pas. (en = de pâté)　　— いいえ，彼女はそれが欲しくない。
Elle veut de la soupe ?　　彼女はスープが欲しいのですか？
— Non, elle n'*en* veut pas. (en = de soupe)　　— はい，彼女はそれが欲しい。

3.〈数量副詞＋de＋名詞〉の〈de＋名詞〉に代わります。

trop de … あまりに多くの…，beaucoup de … 多くの…，assez de … かなりの…，un peu de … 少しの …，peu de … ほとんど…ない
Tu as beaucoup de CD ?　　君はたくさんの CD をもっている？
— Oui, j'*en* ai beaucoup. (en = de CD)　　— はい，それをたくさんもっている。
On a assez de temps pour finir ça ?　　それを終えるに十分な時間があるの？
— Non, on n'*en* a pas assez. (en = de temps)　　— いや，十分はない。
Il a beaucoup d'amis à Paris ?　　彼はパリにたくさんの友だちがいるの？
— Non, ils *en* ont peu. (en = d'amis)　　— いいえ，彼にはほとんどいない。

PRATIQUONS !　　練習しましょう！

例にならって，文を書き，CD を聞きながら繰り返し発音してください。
Complétez suivant le modèle, puis écoutez le CD et répétez.

例 1. Tu manges beaucoup de pommes ?
　　　　君はたくさんのリンゴを食べるの？
　　　— Oui, j'*en mange beaucoup*.
　　　　はい，私はたくさん食べる。

2. Est-ce que vous voulez encore un peu de café ?
　　もう少しコーヒーはいかがですか？
　— Non merci, je *n'en veux plus*.
　　いや，けっこう，それはもう欲しくありません。

　　　　　　　　　会社　　　製造する　　　　　　　　家具
1. Est-ce que cette entreprise fabrique beaucoup de meubles ?

　— Oui, elle ....

2. Voulez-vous du vin, Messieurs ?

　— Oui, nous .... Un Bordeaux, s'il vous plaît.

3. Les étudiants ont-ils assez de temps pour faire cet exercice ?

　— Oui, ils .... C'est un exercice facile.

4. Prennent-elles des toasts et de la confiture au petit déjeuner ?

　— Non, elles .... Elles boivent seulement du café.

5. Nathalie, tu as trop de travail ces temps-ci, n'est-ce pas ?
　　　　　確かに　　　　　　　　　　　　　　　　　早く,夏休みになれ
　— En effet, j' .... Vivement les vacances !

LEÇON 94

中性代名詞 (4)：y

J'y réponds dans la journée. 今日中にそれに返事を書く。

中性代名詞 y は，基本的には〈à＋もの，ことがら〉に代わります。

1.〈à＋名詞表現〉に代わります。

Vous croyez à cette histoire ?
あなたはその話を信じるのですか？

— Oui, j'*y* crois. (y＝à cette histoire)
はい，私はそれを信じます。

Pensez-vous à votre avenir ?
あなたは将来のことを考えますか？

— Mais oui, j'*y* pense toujours. (y＝à mon avenir)
もちろん，いつもそのことを考えています。

Quand est-ce que tu réponds à cette lettre ?
君はいつこの手紙に返事を書くの？

— J'*y* réponds dans la journée. (y＝à cette lettre)
今日中にそれに返事を書く。

2.〈à＋不定詞，節〉に代わります。

Tu renonces à passer un examen ?
君は受験をあきらめるの？

— Non, je n'*y* renonce jamais. (y＝à passer un examen)
いや，私はけしてそれをあきらめない。

Consentez-vous à ce qu'il propose ?
あなたは彼が提案していることに同意するのですか？

— Oui, j'*y* consens. (y＝à ce qu'il propose)
はい，私はそれに同意します。

注　〈à＋□〉に代えるとき，□は原則として「もの，ことがら」でなければなりません。〈à＋人〉の場合は，間接目的語人称代名詞を使います。

Tu téléphones *à Jean* ?　君はジャンに電話するの？
— Oui, je *lui* téléphone.　— はい，私は彼に電話する。

PRATIQUONS !   練習しましょう!

例にならって，文を書き，CD を聞きながら繰り返し発音してください。
Complétez suivant le modèle, puis écoutez le CD et répétez.

例 1. Vous jouez au Loto ?
　　　あなたはロトをやりますか？

　　— Oui, j'*y joue*.
　　はい，私はそれをやります。

2. Tu réponds toujours à tes mails tout de suite ?
　　君はメールにいつもすぐ返信する？

　　— Non, je *n'y réponds pas* toujours tout de suite.
　　いいえ，それにいつもすぐ返信するとはかぎらない。

　　　　　　　サンタクロース
1. Tu crois au Père Noël ? (ne … plus)

　　— Non, je ……………………………… depuis longtemps.

　覚えている
2. Pensez-vous à appeler votre professeur ?

　　— Oui, j' ……………………………… .

　参加する　　　　　　　　　　デモ
3. Il participe souvent à ces manifestations ? (ne … jamais)

　　— Non, il ……………………………… .

　　　　　　　　　　　　　　　　太る
4. Est-ce qu'elle fait attention à ne pas grossir ?

　　— Oui, elle ……………………………… .

　貢献する
5. Ils contribuent encore à ce projet ? (ne … plus)

　　— Non, ils ……………………………… .

LEÇON 95

非人称構文 (1)：天候

Il fait soleil et il fait chaud.　日が照っていて，暑い。

非人称構文で主語として用いられる **Il** は，非人称です。〈人〉や〈もの〉に代わる代名詞ではありませんから，訳すことのできない形式主語です。

Quel temps fait-il ?	どんな天気ですか？
Il fait chaud [frais, froid].	暑い［涼しい，寒い］。
Il fait beau [soleil, clair].	天気がいい［日が照っている，晴れわたっている］。
Il fait bon [doux].	穏やかな［暖かくて気持ちのよい］天気だ。
Il fait mauvais [gris, nuageux].	天気が悪い［どんより曇っている，曇天だ］。
Il fait sec [humide].	乾燥している［じめじめしている］。
Il fait jour [nuit].	夜が明ける［日が暮れる］。
Il y a du brouillard [du vent].	霧がかかっている［風がある］。
Il y a de l'humidité [des nuages].	湿気がある［雲がでている］。
Quelle température fait-il ?	気温は何度ですか？
Il fait 10°C [moins 5°C].	10度［零下5度］です。

天候を表わす非人称動詞

pleuvoir	雨が降る	: Il pleut. (= Il y a de la pluie.)	雨が降っている。
neiger	雪が降る	: Il neige. (= Il y a de la neige.)	雪が降っている。
grêler	雹が降る	: Il grêle. (= Il y a de la grêle.)	雹が降っている。
geler	凍る，凍てつく	: Il gèle. (= Il y a du gel.)	氷がはる。
venter	風が吹く	: Il vente. (= Il y a du vent.)	風が吹いている。

季節名 les saisons

(au) printemps 春(に)　(en) été 夏(に)　(en) automne 秋(に)　(en) hiver 冬(に)

En quelle saison sommes-nous ? ― En été.　今の季節は？　―夏です。

月名 les mois de l'année

janvier 1月, février 2月, mars 3月,　　avril 4月,　　mai 5月,　　juin 6月,
juillet 7月,　août 8月,　septembre 9月, octobre 10月, novembre 11月, décembre 12月

En quel mois sommes-nous ?　　　　　今は何月？
― Nous sommes en mars [au mois de mars].　―3月です。

PRATIQUONS !   練習しましょう!

例にならって，文を書き，CD を聞きながら繰り返し発音してください。
Complétez suivant le modèle, puis écoutez le CD et répétez.

例 1. En France, en juillet, il y a du soleil ?
　　　フランスでは，7月は天気がいいですか？

　　— Oui, c'est l'été ! En général, il *fait soleil*.
　　　はい，夏ですから！　だいたい好天です。

2. Est-ce qu'il y a du gel ce matin ?
　　けさは凍結していますか？

　　— Oui, effectivement, il *gèle*.
　　　はい，まさしく，凍結している。

1. La tempête arrive. Il y a tellement de vent !
　　嵐

　　— C'est vrai. Il ………………… vraiment beaucoup.

2. C'est dangereux de conduire. Il y a tellement de neige.

　　— C'est vrai. Il ………………… trop fort.

3. Au Japon, l'été, il y a de l'humidité, n'est-ce pas ?

　　— Exactement. Il ………………… très ………………… .
　　　その通り

4. Il y a beaucoup de pluie en Normandie et en Bretagne ?

　　— Oui. Il ………………… souvent dans ces régions.

5. Papa ! On ne va pas à la mer ? Il y a trop de nuages ?

　　— Eh oui ! Il ………………… trop ………………… ce matin.

LEÇON 96

非人称構文 (2)：Il faut ＋ 名詞

Il te faut un marteau.　君にはハンマーが必要です。

falloir は，非人称構文のなかでしか用いられない動詞です。いいかえれば，非人称の Il に対する活用形しかありません。

1. Il faut ＋ 名詞　…が必要である

Il *faut* un marteau [des outils].	ハンマー［工具］が必要です。
Il ne *faut* pas de marteau [d'outils].	ハンマー［工具］は必要ない。
Est-ce qu'il *faut* un marteau [des outils] ?	ハンマー［工具］は必要ですか？

2. Il ＋ 間接目的語人称代名詞 ＋ faut ＋ 名詞　…には…が必要である

Il *te faut* un marteau.	君にはハンマーが必要です。
Il ne *te faut* pas de marteau.	君にはハンマーは必要ない。

3. Il ＋ 間接目的語人称代名詞 ＋ faut ＋ pour ＋ 不定詞
…するには…には…が必要である

Est-ce qu'il *te faut* un marteau *pour faire* ce travail ?
　この仕事をするのに君にはハンマーが必要なの？

— Oui, il *me faut* un marteau *pour faire* ça.
　はい，それをやるのに私にはハンマーがいる。

---

avoir besoin de (d') ＋ 名詞　…が必要である

Nous n'*avons* pas *besoin d'*escabeau.	私たちは踏み台は必要ない。
Nous *avons besoin d'*une échelle.	私たちははしごが必要です。
Nous *avons besoin de* matériel [d'outils].	私たちは工具一式が必要です。

avoir besoin de (d') ＋ 不定詞　…する必要がある

Elles *ont besoin de* faire une pause.	彼女たちは中休みする必要がある。
Elles *ont besoin d'*arrêter le travail.	彼女たちは仕事を中断する必要がある。

注　falloir ＝ avoir besoin de …（する）必要がある
　Il me faut un dico.　　＝ J'ai besoin d'un dico.　　私は辞書が必要です。
　Il te faut boire de l'eau. ＝ Tu as besoin de boire de l'eau.　君は水を飲む必要がある。

PRATIQUONS !　　練習しましょう!

例にならって，文を書き，CD を聞きながら繰り返し発音してください。
Complétez suivant le modèle, puis écoutez le CD et répétez.

例 1. Qu'est-ce qu'il faut à René pour son travail ?
　　　　仕事をするためにルネにはなにが必要ですか？
　　　— Il *lui faut* des outils.
　　　　彼には工具が必要です。

　　2. Vous avez besoin de quelque chose, Monsieur ?
　　　　あなたはなにか必要ですか？
　　　— Oui, j'*ai besoin d'*un stylo rouge.
　　　　はい，私は赤のペンが必要です。

1. Qu'est-ce qu'il faut à Sylvie pour sa tarte ?

　　— Il ＿＿＿＿＿＿＿＿＿＿ un plat à tarte.
　　　　　　　　　　　　タルト用の皿

2. Mme Touran, vous avez besoin de quelque chose ?

　　— Oui, j' ＿＿＿＿＿＿＿＿＿＿ une pelle à gâteau.
　　　　　　　　　　　　ケーキサーバー

3. Faut-il quelque chose à ces clients ?
　　　　　　　　　　　　客

　　— Oui, il ＿＿＿＿＿＿＿＿＿＿ des chaussures de sport.
　　　　　　　　　　　　スポーツシューズ

4. Il ne vous faut pas autre chose, Messieurs ?
　　　　　　　　ほかのもの

　　— Si, il ＿＿＿＿＿＿＿＿＿＿ des glaçons.
　　　　　　　　　　　　氷

5. Justine a besoin de quoi pour faire son dessin ?

　　— Elle ＿＿＿＿＿＿＿＿＿＿ crayons de couleur.
　　　　　　　　　　　　色鉛筆

LEÇON 97

非人称構文 (3)：Il faut ＋ 不定詞

Il faut étudier chaque jour.　毎日勉強しなければならない。

■ Il faut ＋不定詞　…しなければならない

Il *faut étudier* chaque jour.	毎日勉強しなければならない。
Est-ce qu'il *faut partir* maintenant ?	もう出発しなければなりませんか？
Il ne *faut* pas *voler* dans les magasins !	店で万引きしてはいけない！

■ Il＋間接目的語人称代名詞＋faut＋不定詞　…は…しなければならない

Il *lui faut étudier* chaque jour.	彼(女)は毎日勉強しなければならない。
Il *leur faut aller* chez le médecin.	彼(女)らは医者へ行かなければならない。
Il ne *nous faut* pas *partir* maintenant.	私たちはいま出発すべきではない。

命令を表わす場合

Il faut ｛ *répondre* tout de suite aux questions.　すぐに質問に答えなければなりません。
descendre tout de suite au rez-de-chaussée.　すぐに１階へ下りなければなりません。
mettre un manteau et une écharpe.　コートとマフラーを着なければなりません。

禁止を表わす場合

Il ne faut pas ｛ *fumer* dans les restaurants.　レストランでたばこを吸ってはいけません。
dire de gros mots.　下品なことばを口にしてはいけません。
faire des choses comme ça.　そのようなことをしてはいけません。

注　〈Il（＋間接目的語人称代名詞＋）faut＋不定詞〉の構文は，たいていの場合，〈devoir＋不定詞〉に言い換えることができます。

Il vous faut manger. ＝ Vous devez manger.	あなたは食べなければなりません。
Pierre, il faut partir. ＝ Pierre, tu dois partir.	ピエール，出発しなければなりません。

pour quoi faire? なにをするために？ ― pour ＋ 不定詞　…するために

Elle va au supermarché *pour quoi faire* ?	彼女はなにをするためにスーパーへ行くの？
― *Pour faire* des courses.	―買いものをするために。
Il faut une voiture *pour quoi faire* ?	なにをするために車が必要なのですか？
― Il faut une voiture *pour aller* à la campagne.	―田舎へ行くために車が必要です。
Tu as besoin d'un stylo *pour quoi faire* ?	君はなにをするために万年筆が必要なの？
― J'ai besoin d'un stylo *pour écrire*.	―私は書くために万年筆が必要です。

PRATIQUONS !　練習しましょう!

例にならって，文を書き，CD を聞きながら繰り返し発音してください。
Complétez suivant le modèle, puis écoutez le CD et répétez.

例 1. Est-ce que Marie doit donner une réponse bientôt ? (falloir)
マリーはすぐに返事をしなければなりませんか？

— Oui, il lui *faut donner* une réponse bientôt.
はい，彼女はすぐに返事をしなければなりません。

2. Il nous faut partir immédiatement, Madame ? (devoir)
私たちはすぐに出発しなけれななりませんか？

— Oui, vous *devez partir* immédiatement.
はい，君たちはすぐに出発しなければならない。

1. Je dois venir maintenant, maman ? (falloir)

— Oui, il te .... tout de suite. C'est urgent.

2. Nous sortons. Il nous faut mettre un manteau ? (devoir)

— Oui, vous .... un manteau. Il fait froid !

3. Claire, tu dois absolument fumer à l'extérieur ? (falloir)
　　　　　　　　　　　　　　　　屋外で

— Oui, c'est la loi ! Il .... dehors.
　　　　　　法律

4. Les footballeurs doivent reprendre le match ? (devoir)

— Oui. Ils .... tout de suite.
　　　　　　　　　　　　　　すぐに

5. On doit étudier sérieusement pour réussir dans la vie ? (falloir)

— Bien sûr ! Il .... toujours .... sérieusement.

LEÇON 98 形容詞と副詞の比較級

Jean est plus gentil qu'Alain.　ジャンはアランよりやさしい。

優等比較級：**plus**		...より...です
同等比較級：**aussi**	＋形容詞・副詞＋**que (qu')** ...	...と同じくらい...です
劣等比較級：**moins**		...ほど...ではない

1. 形容詞の比較級

Jean est *plus* gentil *qu'*Alain.　　ジャンはアランよりやさしい。
L'opéra est *aussi* intéressant *que* le théâtre.　オペラは芝居と同じくらいおもしろい。
Claire est *moins* grande *que* sa sœur.　クレールは彼女の姉[妹]ほど背が高くない。

注　形容詞は関係する名詞や代名詞の性・数に一致します。

2. 副詞の比較級

Le guépard court *plus* vite *que* la gazelle.　チータはガゼルより走るのが速い。
Paul parle *aussi* lentement *qu'*Amélie.　ポールはアメリーと同じくらいゆっくり話す。
Je voyage *moins* souvent *que* vous.　私はあなたほど旅行しない。

3. 形容詞・副詞の特殊な優等比較級

bon (*ne, s, nes*) よい ― **meilleur** (*e*)(*s*) よりよい

Est-ce que la cuisine est bonne dans ce restaurant ?
　このレストランの料理はおいしいですか？
— Oui, elle est *meilleure que* dans le restaurant à côté.
　はい，隣のレストトランよりおいしいです。

bien よく，よい，快適な ― **mieux** よりよく，よりよい，より快適な

C'est bien, la vie à Toulouse ?　トゥルーズでの生活は快適ですか？
— Oui, c'est *mieux qu'*à Paris !　— はい，パリより快適です！

mauvais 悪い ― **pire** より悪く

Cette route est très mauvaise.　この道路はとても悪い。
— Oui. Elle est *pire que* la route habituelle.　— そうだね。いつもの道路より悪い。

PRATIQUONS !　　練習しましょう!

> 例にならって，文を書き，CDを聞きながら繰り返し発音してください。
> Complétez suivant le modèle, puis écoutez le CD et répétez.

例 1. Sonia mesure 1,70 m et Valentine 1,80 m. (grand)
　　　ソニアは1メートル70で，ヴァランティーヌは1メートル80です。
　　→ Valentine est *plus grande que* Sonia.
　　　ヴァランティーヌはソニアより背が高い。

2. M. Villon reste 8 heures au bureau, et Mme Badin 5. (longtemps)
　　ヴィヨン氏は職場に8時間いて，バダン夫人は5時間います。
　→ Mme Badin travaille *moins longtemps que* M. Villon.
　　バダン夫人はヴィヨン氏ほど長く働かない。

1. Les pommes sont à 2 euros et les bananes à 1 euro. (cher)
　　　　　　　　　　　　　　　　バナナ

　→ Les bananes sont _____ les pommes.

2. Éva sort 3 fois par semaine. Lara 2 fois. (souvent)

　→ Éva sort _____ Lara.

3. Samuel appelle 5 fois par jour. Luc 3 fois. (fréquemment)

　→ Samuel appelle _____ Luc.

4. Robert a 87 ans et Alphonsine a 87 ans. (âgé)
　　　　　　　　　アルフォンスィーヌ

　→ Alphonsine est _____ Robert.

5. Ce sandwich est bon, mais cette pizza n'est pas aussi bonne. (bon)

　→ Ce sandwich est _____ cette pizza.

LEÇON 99 名詞と動詞の比較級

Je dors moins qu'avant. 私は以前ほど眠れない。

1. 名詞の比較級

優等比較級：**plus**		…よりたくさんの…を…する
同等比較級：**autant** } + **de (d')** + 名詞 + **que (qu')** …		…と同じくらいの…を…する
劣等比較級：**moins**		…ほど…を…ない

Il y a *plus d'*habitants à Marseille *qu'*à Bordeaux.
　マルセイユにはボルドーよりたくさんの住民がいる。

Je mange *autant de* fruits *que* mon frère.
　私は兄[弟]と同じくらいの果物を食べる。

Au Japon, on mange *moins de* pain *qu'*en France.
　日本では、フランスほどパンを食べない。

注　un peu [beaucoup] + plus [moins] + de... que (qu')

　J'ai *beaucoup plus de* CD *que* Jean.
　　私はジャンと比べてはるかにたくさんの CD をもっている。

　Elle gagne *un peu moins* d'argent *que* lui ?
　　彼女のほうが彼より少し収入が少ない。

2. 動詞の比較級

優等比較級：**plus**		…よりたくさん…する
同等比較級：**autant** } + **que (qu')** …		…と同じくらい…する
劣等比較級：**moins**		…ほど…ない

Ma femme dépense *plus que* moi.　　私の妻は私より浪費する。
Je travaille *autant que* mes collègues.　　私は同僚と同じくらい働く。
Je dors *moins qu'*avant.　　私は以前ほど眠れない。

注　un peu [beaucoup] + plus [moins] + que (qu')

　Mon épouse dort 8 heures par nuit, et moi, je dors *beaucoup moins qu'*elle ; environ 5 heures.
　　私の妻は毎晩8時間眠り、私の睡眠時間は彼女よりはるかに少ない。5時間くらいだ。

PRATIQUONS !　　練習しましょう!

例にならって，文を書き，CD を聞きながら繰り返し発音してください。
Complétez suivant le modèle, puis écoutez le CD et répétez.

例 1. À Toulouse, il y a 390 000 habitants et à Nice 340 000.（−）
　　　トゥルーズには39万人の住民がいて，ニースは34万人です。
　　→ Il y a *moins d'*habitants à Nice *qu'*à Toulouse.
　　　ニースのほうがトゥルーズより住民の数が少ない。

2. Ma sœur dépense 100 euros par semaine et moi 200.（＋）
　　私の姉[妹]は週に100ユーロ遣い，私は200ユーロ遣う。
　　→ Je dépense *plus que* ma sœur.
　　　私は私の姉[妹]よりたくさん遣う。

1. Nous avons 150 CD et Paul et Nina en ont 100 seulement.（＋）

　　→ Nous avons ……………… ……………… CD ……………… Paul et Nina.

2. Il conduit pendant 10 km et sa femme pendant 25.（−）

　　→ Il conduit ……………… ……………… sa femme.

3. Mon chien dort 12 heures par jour et mon chat 16.（＋）

　　→ Mon chat dort ……………… ……………… mon chien.

4. Daniel lit 20 livres par an et Luc 3.（−）

　　→ Luc lit beaucoup ……………… ……………… livres ……………… Daniel.

5. Mlle Calant voyage 3 fois par an et M. Pagès 3 fois aussi.（＝）

　　→ M. Pagès voyage ……………… ……………… Mlle Calant.

LEÇON 100 最上級

Annie est la plus belle du lycée. アニーはリセで最も美しい。

1. 形容詞の最上級

優等最上級 ⎱
        ⎰ 定冠詞 **(le, la, les)** + { **plus** / **moins** } + 形容詞 + **de (d')** …
劣等最上級 ⎱

…のなかで最も…である
…のなかで最も…でない

Pierre est *le plus* grand *de* la famille. ピエールは家族で最も背が高い。
Annie est *la plus* belle *du* lycée. アニーはリセで最も美しい。
Louis et Louise sont *les moins* courageux *des* quatre enfants.
ルイとルイーズは4人の子どもたちのなかで最も勉強熱心ではない。

注 1) 形容詞と定冠詞は関係する名詞や代名詞の性・数に一致します。
2) 前置詞 de と定冠詞の縮約に注意しましょう:de + le → du, de + les → des

2. 副詞の最上級

優等最上級 ⎱
        ⎰ 定冠詞 **(le)** + { **plus** / **moins** } + 副詞 + **de (d')** …
劣等最上級 ⎱

…のなかで最も…である
…のなかで最も…でない

Dans la classe, Paul étudie *le plus* sérieusement. クラスで、ポールが最も真剣に勉強する。
Henri parle *le moins* vite de nous trois. 私たち3人で、アンリが最も早口ではない。

3. 形容詞・副詞の特殊な優等最上級

bon (*ne*, *s*, *nes*) よい ― **le [la, les] meilleur** (*e*)(*s*) 最もよい

Mamie, tes crêpes sont *les meilleures* ! おばあちゃん、あなたのクレープは一番おいしい!

bien よく ― **le mieux** 最もよく

Luc parle *le mieux* italien. リュックは最もじょうずにイタリア語を話します。

4. 動詞の最上級

優等最上級 ⎱
        ⎰ 定冠詞 **(le)** + { **plus** / **moins** } + **de (d')** …
劣等最上級 ⎱

…のなかで最も…する
…のなかで最も…しない

Dans cette entreprise, Éric gagne *le plus*. この会社で、エリックが最も収入が多い。

PRATIQUONS !　　練習しましょう!

例にならって，文を書き，CD を聞きながら繰り返し発音してください。
Complétez suivant le modèle, puis écoutez le CD et répétez.

例 1. Anne parle plus vite que Clara et Clara parle plus vite que Jean.（−）
アンヌはクララより早口で，クララはジャンより早口です。
→ Jean parle *le moins vite* des trois.
ジャンは3人のなかで最も話すのが遅い。

2. Léo est plus petit qu'Adrien, mais Léa est plus petite que Léo.（＋）
レオはアドリアンより小さい，しかしレアはレオより小さい。
→ Léa est *la plus petite* des trois.
レアは3人のなかで最も小さい。

1. M. Bez et Mme Degas enseignent plus sérieusement que M. Mazin.（−）　熱心に

→ M. Mazin enseigne _____ des trois.

2. Mme Batte et M. Raimond travaillent moins que Mme Polin.（＋）

→ Mme Polin travaille _____ des trois.

3. Alice est moins gentille que Marie, Lilou et Anne.（＋）

→ Marie, Lilou et Anne sont _____ des quatre.

4. Hugo parle moins vite que Victor. Victor parle moins vite que Luc.（＋）

→ Luc parle _____ des trois.

5. David, Julie, Lia et Fred étudient plus que Colin.（−）

→ Colin étudie _____ des cinq.

LEÇON 101 — 命令文（第1群規則動詞）

Ne regardez pas la télé !　テレビは見ないでください！

形：直説法現在 tu, nous, vous の活用形から，それぞれの主語人称代名詞をとりのぞいた形です。

regarder　見る		
直説法現在形	肯定命令形	否定命令形
tu　regardes	regard*e*　見なさい	ne regard*e* pas
nous　regardons	regardons　見ましょう	ne regardons pas
vous　regardez	regardez　見てください	ne regardez pas

注　tu に対する命令形では，活用語尾 -es の s が脱落します。

用法：命令や禁止を表わします。よく文尾に感嘆符（！）をつけます。

Joue !	遊びなさい！	Ne joue pas !	遊ぶな！
Arrête !	止めなさい！	N'arrête pas !	止めるな！
Marchons !	歩きましょう！	Ne marchons pas !	歩かないでおきましょう！
Négocions !	交渉しましょう！	Ne négocions pas !	交渉を止めましょう！
Étudiez !	勉強してください！	N'étudiez pas !	勉強しないでください。
Refusez !	断ってください！	Ne refusez pas !	断らないでください！

Étudiez et ne *regardez* pas la télé, s'il vous plaît !
　勉強してください，テレビは見ないでください！

Ne *pose* pas de questions, mais plutôt *écoute*, s'il te plaît.
　質問はしないで，それよりよく話を聞いてね。

注　語調を和らげるために，文尾に s'il te plaît [STP]，s'il vous plaît [SVP] を付けることがあります。
　Chante, *s'il te plaît*.　　　どうぞ，歌いなさい。
　Commencez, *s'il vous plaît*.　どうか，始めてください。
　Payez, *SVP*.　　どうか，お支払いください。

PRATIQUONS !　　練習しましょう!

例にならって，文を書き，CDを聞きながら繰り返し発音してください。
Complétez suivant le modèle, puis écoutez le CD et répétez.

例 1. Est-ce que nous devons étudier la biologie aussi ?
　　　　私たちは生物学も勉強しなければなりませんか？

　　　— Évidemment, *étudiez* aussi la biologie !
　　　　もちろんです，生物学も勉強してください！

2. Maman, je peux jouer au foot dans le salon ?
　　ママ，応接間でサッカーをしてもいい？

　　— Non, *ne joue pas* au foot dans le salon !
　　　だめよ，応接間ではサッカーをしないで！

1. Est-ce que je peux parler, s'il vous plaît ?

　　— Je vous en prie, Monsieur, ... !

2. Je dois fermer la porte, papa ?

　　— Non, s'il te plaît, ... la porte.

3. Naoko, je veux étudier le japonais.

　　— Bonne idée ! .... le japonais, alors !

4. Je dois toujours écouter mon professeur, papa ?

　　— Bien sûr, Lili ! .... toujours ton professeur !

5. Il y a beaucoup à faire. On travaille ce week-end ?

　　— Non. .... ce week-end !

LEÇON 102 命令文（第2群規則動詞）と直接目的語人称代名詞の位置

Ne me choisis pas ! 私を選ばないで！

1. 第2群規則動詞の命令形

直説法現在 tu, nous, vous の活用形から，それぞれの主語人称代名詞をとりのぞいた形です。

finir 終える		
直説法現在形	肯定命令形	否定命令形
tu finis	finis 終えなさい	ne finis pas
nous finissons	finissons 終えましょう	ne finissons pas
vous finissez	finissez 終えてください	ne finissez pas

2. 直接目的語人称代名詞の位置

主語人称代名詞	je	tu	il	elle	nous	vous	ils / elles
直接目的語人称代名詞	me (m') 私を	te (t') 君を	le (l') 彼を それを	la (l') 彼女を それを	nous 私たちを	vous あなた （たち）を	les 彼(女) らを

1） 肯定命令文では動詞の直後にトレ・デュニオン（-）でつなぎます。

　Avertis-*moi* de ton départ !　　　（← Tu *m'*avertis de ton départ.）
　　私に君の出発のことを知らせなさい！　　　君は私に君の出発のことを知らせる。

　Accomplissons-*la* !　　　（← Nous accomplissons *notre mission*.）
　　それをやりとげましょう！　　　私たちは任務をやりとげる。

　Approfondissez-*le* !　　　（← Vous approfondissez *ce thème*.）
　　それを掘り下げてください！　　　あなたはそのテーマを掘り下げる。

> 注　me, te は肯定命令文で使われるとき，それぞれ moi, toi となります。

2） 否定命令文では動詞の直前におきます。

　Ne *me* choisis pas !　　　（← Tu ne *me* choisis pas.）
　　私を選ばないで！　　　君は私を選ばない。

　Ne *les* réunissons pas !　　　（← Nous ne réunissons pas *nos amis*.）
　　彼らを集めないことにしよう！　　　私たちは友人たちを集めない。

　Ne *le* bâtissez pas !　　　（← Vous ne bâtissez pas *ce mur*.）
　　それを作らないでください！　　　あなたはこの壁を作らない。

PRATIQUONS !　　練習しましょう!

例にならって，文を書き，CD を聞きながら繰り返し発音してください。
Complétez suivant le modèle, puis écoutez le CD et répétez.

例 1. Nous ne voulons pas finir ce plat.
　　　　私たちはこの料理を食べてしまいたくない。
　　　— *Finissez-le*, s'il vous plaît !
　　　　どうか，それを食べてしまってください！

　　2. Je veux avertir Olivier.
　　　　私はオリヴィエに知らせたい。
　　　— Non, *ne l'avertis pas* !
　　　　いや，彼には知らせるな！

1. Je ne veux pas réunir mes amis pour la fête.
　　　　　　　　　　　　　　　　　　　　　　パーティー

　　— Mais si, Pierre, ... !

2. Chéri, nous ne devons pas choisir ce film maintenant, n'est-ce pas ?

　　— Non, ... maintenant.

3. Maman, je ne peux pas remplir la bouteille d'eau.

　　— Si, tu le peux. .... !

　　　　　　　　　　　　運転免許証取得試験
4. Nous voulons réussir notre permis de conduire tout de suite.
　　　　　　　　　　　　　　　　　　　　　　　　　　1度目で
　　— Très bien. .... du premier coup alors.

　　　　　　　　　定義する
5. Est-ce qu'on doit définir les mots difficiles ?

　　— Oui. .... !

LEÇON 103 命令文（不規則動詞）と間接目的語人称代名詞の位置

Écrivez-moi ! 私に手紙を書いてください！

1. 不規則動詞の命令形
直説法現在 tu, nous, vous の活用形から、主語人称代名詞をとりのぞいた形です。

boire 飲む		
直説法現在形	肯定命令形	否定命令形
tu bois	bois 飲みなさい	ne bois pas
nous buvons	buvons 飲みましょう	ne buvons pas
vous buvez	buvez 飲んでください	ne buvez pas

注 1) 次の3つの動詞の命令形は特殊形です。
　　être：sois, soyons, soyez　　avoir：aie, ayons, ayez　　savoir 知る：sache, sachons, sachez
2) tu に対する命令形では、aller および tu の活用語尾が -es のとき、語末の s が脱落します。
　　aller 行く：tu vas → va, parler 話す：tu parles → parle, accueillir 迎える：tu accueilles → accueille, ouvrir 開く：tu ouvres → ouvre, offrir 贈る：tu offres → offre
3) vouloir は、とくに vous に対する命令形（Veuillez＋不定詞 どうか…してください）が用いられ、語調が丁寧な表現になります。
　　Veuillez entrer, s'il vous plaît !　どうかお入りください！

2. 間接目的語人称代名詞の位置

主語人称代名詞	je	tu	il / elle	nous	vous	ils / elles
間接目的語人称代名詞	**me (m')** 私に	**te (t')** 君に	**lui** 彼(女)に	**nous** 私たちに	**vous** あなた(たち)に	**leur** 彼(女)らに

1) 肯定命令文では動詞の直後にトレ・デュニオン (-) でつなぎます。

Rends-*lui* ce livre !　　（← Tu rends ce livre *à ta sœur*.）
彼女にこの本を返しなさい！　　君は姉［妹］にこの本を返す。

Disons-*leur* bonjour !　　（← Nous disons bonjour *aux voisins*.）
彼らに挨拶をしましょう！　　私たちは隣人たちに挨拶をする。

Écrivez-*moi* !　　（← Vous *m'*écrivez.）
私に手紙を書いてください！　　あなたは私に手紙を書く。

注 me, te は肯定命令文で使われるとき、それぞれ moi, toi となります。

2) 否定命令文では動詞の直前におきます。

Ne *me* mens pas !　　（← Tu ne *me* mens pas.）
私に嘘をつくな！　　君は私に嘘をつかない。

PRATIQUONS !　　練習しましょう!

例にならって，文を書き，CD を聞きながら繰り返し発音してください。
Complétez suivant le modèle, puis écoutez le CD et répétez.

例 1. Papa, les invités arrivent. (accueillir)
　　　パパ，お客さんたちが到着したよ。
　　　— Dina, *accueille-les*, s'il te plaît.
　　　ディナ，彼らをお迎えしてね！

2. Comme boisson, qu'est-ce que je vous sers ? (apporter)
　　　飲みものはなにをお出ししましょうか？
　　　— *Apportez-moi* du vin, s'il vous plaît.
　　　私にワインを持ってきてください。

1. J'offre un jeu vidéo à ma petite sœur ? (offrir)

   — .... plutôt un livre.

2. Justine, je peux appeler Laure maintenant ? (téléphoner)

   — Oui, ... Elle est chez elle.

3. Regarde ces belles fleurs, maman ! (cueillir) [摘む]

   — .... et fais un joli bouquet. [花束]

4. Tania est très en retard. Partons sans elle. (attendre)

   — Mais non ! .... encore un peu.

5. Nous avons soif ! On peut prendre cette bouteille d'eau ? (boire)

   — Bien sûr ! ....

LEÇON 104 命令文：代名動詞 中性代名詞の位置

Repose-toi. 休みなさい！

1. 代名動詞の命令形

直説法現在 tu, nous, vous の活用形から，それぞれの主語人称代名詞をとりのぞいて作ります。肯定命令文の場合，再帰代名詞は，動詞の直後にトレ・デュニオン(-)でつなぎます。このとき，te は toi となります

se reposer　休む		
直説法現在形	肯定命令形	否定命令形
tu te reposes	repose-*toi*　休みなさい	ne *te* repose pas
nous nous reposons	reposons-*nous*　休みましょう	ne *nous* reposons pas
vous vous reposez	reposez-*vous*　休んでください	ne *vous* reposez pas

注　1）te は母音字または無音の h のまえではエリズィオンして t' になります。
　　　Ne *t'*arrête pas！　立ち止まるな！
　2）第2群規則動詞と不規則動詞についても，再帰代名詞の位置は同じです。
　3）s'en moquer それを無視する（← se moquer de …を無視する）の肯定命令形は，次のようになります。
　　　Moque-*t'*en！　Moquons-*nous*-en！　Moquez-*vous*-en！

2. 中性代名詞の位置

中性代名詞の位置は，目的語人称代名詞と同じです。肯定命令文では動詞の直後にトレ・デュニオン(-)でつなぎ，否定命令文では動詞の直前におきます。

Dis-*le* franchement.　　　　　　　　　（← Tu dis franchement *que tu es fatigué*.）
　率直にそう言いなさい。　　　　　　　　　君は率直に疲れていると言う。

Achetons-*en* six.　　　　　　　　　　　（← Nous achetons six *œufs*.）
　それを6個買いましょう。　　　　　　　　私たちは卵を6個買う。

N'*y* répondez pas.　　　　　　　　　　（← Vous ne répondez pas *à cette lettre*.）
　それに返事を書かないでください。　　　　あなたはこの手紙に返事を書かない。

注　tu に対する命令形で脱落した s は，中性代名詞 y, en のまえでは復活します。
　　Va *à la maison*！　家へ行きなさい！　→　Vas-*y*！　　そこへ行きなさい！
　　Cueille *des fleurs*！　花を摘みなさい！　→　Cueilles-*en*！　それらを摘みなさい！

PRATIQUONS !　　練習しましょう!

例にならって，文を書き，CDを聞きながら繰り返し発音してください。
Complétez suivant le modèle, puis écoutez le CD et répétez.

例 1. Est-ce que je suis en retard ?（se dépêcher ＋）
　　　私は遅れていますか？

　　— Oui. Tu dois partir maintenant. *Dépêche-toi* !
　　　はい。君はもう出発しなけれならない。急げ！

　2. Jean, fais attention en voiture !（s'inquiéter －）
　　　ジャン，車の運転に注意しなさい！

　　— Papa, maman, *ne vous inquiétez pas*. Je ne conduis pas vite.
　　　パパ，ママ，心配しないで。ぼくはスピードをださない。

1. On peut se reposer un peu ? On est fatigués.（se reposer －）

　　— Non, ……………………………… maintenant. Continuons.
　　　　　　　　　　　　　　　　　　　　　　　続ける

2. Maman, Ludovic me tape !（se disputer －）
　　　　　　　たたく　　　けんかする

　　— Les enfants, ……………………………, s'il vous plaît.

3. Papa, je ne veux pas faire mes devoirs.（se souvenir ＋）

　　— ……………………………… de ta promesse. Tu dois étudier.
　　　　　　　　　　　　　　　約束

4. Bonne nuit ! On va se coucher tout de suite.（se laver ＋）

　　— Avant de vous coucher, ……………………………… tout de même !

5. Je pars au club de foot. À tout à l'heure, maman !（s'amuser ＋）

　　— OK, ……………………………… bien, Nathan.

LEÇON 105

直説法複合過去形 (1)：助動詞に avoir をとる動詞

J'ai bien mangé. 私はよく食べた。

形：助動詞 avoir の直説法現在形＋過去分詞

j'	ai	travaillé	(travailler)	私は働いた
tu	as	fini	(finir)	君は終えた
il [elle, on]	a	lu	(lire)	彼[彼女，私たち]は読書した
nous	avons	étudié	(étudier)	私たちは勉強した
vous	avez	grandi	(grandir)	あなた(たち)は成長した
ils [elles]	ont	écrit	(écrire)	彼ら[彼女ら]は手紙を書いた

注 否定形　　：je n'ai pas travaillé, il n'a pas lu, nous n'avons pas étudié
　 倒置疑問形：as-tu fini ?, a-t-il lu ?, ont-ils écrit ?

過去分詞の作りかた

1) 規則的な語尾

　不定詞の語尾 -er → -é（例外なし）：travailler 働く ＞ travaillé ; aller 行く ＞ allé

　不定詞の語尾 -ir → -i：finir 終える ＞ fini ; sortir 外出する ＞ sorti

2) 不規則な語尾

　être …である ＞ été ; mettre 置く ＞ mis ; prendre とる ＞ pris ; conduire 運転する ＞ conduit ; dire 言う ＞ dit ; faire …をする ＞ fait ; ouvrir 開く ＞ ouvert ; avoir 持つ ＞ eu ; boire 飲む ＞ bu ; devoir …しなければならない ＞ dû ; pouvoir …できる ＞ pu ; savoir 知る ＞ su ; voir 見る ＞ vu ; attendre 待つ ＞ attendu ; connaître 知る ＞ connu ; croire 信じる ＞ cru ; recevoir 受けとる ＞ reçu ; rendre 返す ＞ rendu ; vouloir …したい ＞ voulu

用法：現在までにすでに完了している事柄，およびその結果が現在とつながりをもつ事柄や記憶に残っている最近の事実や経験された事実を表わします。

J'*ai* déjà *fini* mes devoirs.　　　　　　私はすでに宿題を終えた。
J'*ai* bien *mangé* et je n'ai pas faim.　　私はよく食べたので，お腹がすいていない。
Ils n'*ont* pas *reçu* votre invitation.　　彼らはあなたの招待状を受けとらなかった。

注 副詞は助動詞のうしろにおきます。
　　J'ai *bien* travaillé.　私はよく働いた。　J'ai *vraiment bien* travaillé.　私はほんとうによく働いた。

PRATIQUONS ! 練習しましょう!

> 例にならって，文を書き，CDを聞きながら繰り返し発音してください。
> Complétez suivant le modèle, puis écoutez le CD et répétez.

例 1. Je t'aide à cuisiner ?
   私は君の料理を手伝いましょうか？
   — Non, ça va. Le repas est déjà prêt. J'*ai cuisiné* ce matin.
   いや，いい。食事の用意はもうできている。私はけさ料理をした。

2. Est-ce que votre fils lit beaucoup ? (déjà)
   あなたの息子さんはよく読書しますか？
   — Oh oui ! Il *a déjà lu* tous mes livres !
   はい！　彼はすでに私の蔵書を全部読みました！

1. Tu vas travailler cet après-midi ? (déjà)

   — Non. J' ………………………………… ce matin.

2. Vous dînez au restaurant avec moi aujourd'hui ? (déjà)

   — Non, merci. On ………………………………… au restau hier soir.

3. Ils ne vont pas téléphoner à leurs parents ?

   行われた
   — C'est fait. Ils leur ………………………………… , il y a cinq minutes.

4. Tu danses avec moi, Patrick ? (déjà)

   — Ah, non ! J' ………………………………… toute la soirée.

5. Sandra et Julie ne déjeunent pas avec nous ?

   — Non, elles ………………………………… plus tôt avec des amis.

LEÇON 106

直説法複合過去形 (2)：助動詞に être をとる動詞

Elle est arrivée.　彼女は到着した。

形：助動詞 être の直説法現在形＋過去分詞（主語の性・数に一致）

je	suis	allé (*m.s.*)	(aller)	私は行った
je	suis	allé*e* (*f.s.*)		
tu	es	venu (*m.s.*)	(venir)	君は来た
tu	es	venu*e* (*f.s.*)		
il	est	arrivé (*m.s.*)	(arriver)	彼は到着した
elle	est	arrivé*e* (*f.s.*)		彼女は到着した
nous	sommes	monté*s* (*m.pl.*)	(monter)	私たちは上がった
nous	sommes	monté*es* (*f.pl.*)		
vous	êtes	descendu (*m.s.*)	(descendre)	あなたは下りた
vous	êtes	descendu*e* (*f.s.*)		
vous	êtes	descendu*s* (*m.pl.*)		あなたたちは下りた
vous	êtes	descendu*es* (*f.pl.*)		
ils	sont	né*s* (*m.pl.*)	(naître)	彼らは生まれた
elles	sont	né*es* (*f.pl.*)		彼女たちは生まれた

注　1）助動詞が être の場合，過去分詞は主語の性・数に一致します。この性・数一致は，形容詞の場合と同じです。(m.s. — , f.s. — *e*, m.pl. — *s*, f.pl. — *es*)

2）複合時制を構成するとき，多くの動詞は avoir を助動詞にとります。être を助動詞とするのは，次のような移動や変化を表わす自動詞の一部です。
aller 行く⇔ venir (venu) 来る，partir 出発する⇔ arriver 到着する，sortir 出る⇔ entrer 入る，monter 上がる ⇔ descendre (descendu) 下りる，tomber 落ちる，naître (né) 生まれる ⇔ mourir (mort) 死ぬ，rester とどまる，rentrer 帰る，retourner 戻る
上記の動詞に接頭辞がついたもの：devenir …になる，revenir 戻る，rentrer 帰る

3）上記の動詞であっても他動詞として使われている場合，助動詞には avoir をとります。
J'*ai* monté ma valise dans ma chambre.　私は部屋にスーツケースを運び上げた。

4）on はふつう男性・単数とみなしますが，女性や複数を意味するときは，慣用的に性・数一致があります。
On est entré*s* (*m.pl.*).　　On est entré*es* (*f.pl.*).　私たちは入った。

5）過去分詞は形容詞として用いられることがあります。
Aujourd'hui, le musée est *fermé*.　　きょうは美術館は閉館です。
Maintenant, la pharmacie est *ouverte*.　　いま薬局は開いている。

PRATIQUONS !　　練習しましょう!

例にならって，文を書き，CD を聞きながら繰り返し発音してください。
Complétez suivant le modèle, puis écoutez le CD et répétez.

例 1. Où ont-elles voyagé ? (aller)
   彼女たちはどこを旅行したのですか？
   — Elles *sont allées* dans le sud de la France.
   彼女たちはフランス南部へ行きました。

2. Tu habites à Toulouse, Lucie ? (naître)
   リュシー，君はトゥルーズに住んでるの？
   — Non, mais je *suis née* à Toulouse.
   いいえ，でも私はトゥルーズで生まれた。

1. Salut Anna, tu reviens du Vietnam ? (retourner)

   — Oui, j'y _____ avec Théo le mois dernier.

2. Vous êtes ici depuis longtemps, Messieurs ? (arriver)

   — Non, nous _____, il y a dix minutes.

3. Marie est à Paris en ce moment ? (venir)

   — Oui, elle _____ avec Pierre.

4. Vous avez passé de bonnes vacances, les filles ? (rester)

   — Oui, on _____ une semaine au bord de la mer.

5. Tiens ! Mais qu'est-ce que tu fais à l'hôpital, Louis ? (tomber)

   — Ben... Je _____ dans l'escalier hier soir.
   （階段）

LEÇON 107

直説法複合過去形 (3)：代名動詞

Je me suis levé à 6h00.　ぼくは6時に起きた。

形：再帰代名詞＋助動詞 être の直説法現在形＋過去分詞

je	me	suis	levé (*m.s.*)	(se lever)	私は起きた
je	me	suis	couchée (*f.s.*)	(se coucher)	私は寝た
tu	t'	es	réveillé (*m.s.*)	(se réveiller)	君は目をさました
tu	t'	es	habillée (*f.s.*)	(s'habiller)	君は服を着た
il	s'	est	rasé (*m.s.*)	(se raser)	彼はひげを剃った
elle	s'	est	peignée (*f.s.*)	(se peigner)	彼女は髪をといた
nous	nous	sommes	amusés (*m.pl.*)	(s'amuser)	私たちは楽しんだ
nous	nous	sommes	endormies (*f.pl.*)	(s'endormir)	私たちは寝ついた
vous	vous	êtes	promené (*m.s.*)	(se promener)	あなたは散歩した
vous	vous	êtes	absentée (*f.s.*)	(s'absenter)	あなたは欠席した
vous	vous	êtes	baignés (*m.pl.*)	(se baigner)	あなたたちは水浴びした
vous	vous	êtes	reposées (*f.pl.*)	(se reposer)	あなたたちは休養した
ils	se	sont	blessés (*m.pl.*)	(se blesser)	彼らは負傷した
elles	se	sont	maquillées (*f.pl.*)	(se maquiller)	彼女たちは化粧した

注 1) 代名動詞の直説法複合過去形では，助動詞はつねに être です。
　　2) 再帰代名詞が直接目的語の場合にかぎって，過去分詞は再帰代名詞（＝主語）の性・数に一致します。この課で学習するのは，再帰代名詞が直接目的語の場合です。

Tu *t'es levé* à quelle heure ce matin ?　　けさ君は何時に起きたの？
— Je *me suis levé* à 6h00.　　— ぼくは6時に起きた。
Combien de temps *s'est*-elle *absentée* ?　　彼女はどのくらい休んだの？
— Elle *s'est absentée* deux jours.　　— 2日休んだ。
Vous *vous êtes couchés* tôt hier ?　　君たちはきのうは早く寝ましたか？
— Oui, nous *nous sommes couchés* tôt.　　— はい，私たちは早く寝た。
Ils ne *se sont* pas *promenés* longuement.　　彼は長時間は散歩しなかった。

注 再帰代名詞が間接目的語の場合，過去分詞の性・数一致はありません。
　Ils *se sont* lavé *les mains*.　　彼らは手を洗った。（les mains ＝直接目的語, se ＝間接目的語）
　Ils *se sont* brossé *les dents*.　　彼らは歯を磨いた。（les dents ＝直接目的語, se ＝間接目的語）

PRATIQUONS !　練習しましょう!

例にならって，文を書き，CDを聞きながら繰り返し発音してください。
Complétez suivant le modèle, puis écoutez le CD et répétez.

例 1. Amélie, Mélanie, on sort un peu ? (se promener)
　　　アメリー，メラニー，ちょっと外出しますか？

　　— Non merci. Nous *nous sommes promenées* toute la matinée.
　　　いいえ，けっこうです。私たちは午前中いっぱい散歩した。

　2. Ludo ne dort pas encore. (s'endormir)
　　　リュドはまだ眠っていないの？

　　— Si, il *s'est endormi*, il y a un petit moment.
　　　いいえ，彼はさっき寝ついた。

1. Les filles sortent, ce soir ? (se maquiller)

　　— Oui. Elles _____ pendant une heure !

　　　　　　　　　　　　　　　遊園地
2. Alors, les enfants, vous avez aimé le parc d'attractions ? (s'amuser)
　　　すばらしい
　　— Super ! Nous _____ toute la journée.

　　　　　　　　　　　　　計算
3. Il y a un problème dans les comptes, Charlotte ? (se tromper)

　　— Oui, Monsieur. Vous _____ , je crois.

4. Est-ce qu'ils sont souvent malades ? (s'absenter)

　　— Oui. Ils _____ dix fois cette année.

5. Tu as l'air fatigué, Suzy. (se coucher)

　　— C'est parce que je _____ à 4h00 du matin.

LEÇON 108

直説法複合過去形と間接目的語人称代名詞の位置

Je lui ai parlé hier. きのうは私は彼(女)に話した。

間接目的語人称代名詞

主語人称代名詞	je	tu	il / elle	nous	vous	ils / elles
間接目的語 人称代名詞	**me (m')** 私に	**te (t')** 君に	**lui** 彼(女)に	**nous** 私たちに	**vous** あなた(たち)に	**leur** 彼(女)らに

〈avoir＋過去分詞〉の複合時制で，目的語人称代名詞は**助動詞の直前**におきます。

Est-ce que Paul *t*'a téléphoné hier ? きのうポールは君に電話した？
— Oui, il *m*'a téléphoné vers 21h00. — はい，21時ごろ彼は私に電話した。

Elle *t*'a offert quelque chose à boire ? 彼女は君になにか飲みものを出しましたか？
— Non, elle ne *m*'a rien offert ! — いいえ，彼女は私になにも出さなかった！

Est-ce que vous *lui* avez parlé ? あなたは彼(女)に話しましたか？
— Oui, je *lui* ai parlé hier. — はい，私はきのう彼(女)に話しました。

As-tu écrit à Sophie récemment ? 君は最近ソフィーに手紙を書いた？
— Non, je ne *lui* ai pas écrit. — いいえ，彼女に手紙を書いていない。

Tu as indiqué le chemin aux touristes ? 君は観光客たちに道を教えたの？
— Oui, je *leur* ai indiqué le chemin. — はい，彼らに道を教えた。

Didier, tu as dit merci à tes sœurs ? ディディエ，君は姉妹に礼を言った？
— Oui, je *leur* ai dit merci. — はい，ぼくは彼女たちに礼を言った。

Vous *nous* avez acheté un livre ? あなたたちはぼくたちに本を買ってくれたの？
— Oui, nous *vous* en avons acheté un. — はい，私たちは君たちにそれを1冊買った。

Tu *lui* as donné un cadeau ? 君は彼(女)にプレゼントをあげたの？
— Non, je ne *lui* en ai pas donné. — いや，私は彼(女)にそれをあげなかった。

PRATIQUONS ! 練習しましょう！

例にならって，文を書き，CD を聞きながら繰り返し発音してください。
Complétez suivant le modèle, puis écoutez le CD et répétez.

例 1. Est-ce que tu as téléphoné à Joseph ? (écrire)
君はジョゼフに電話した？

— Non, mais je *lui ai écrit*.
いいえ，でも私は彼に手紙を書いた。

2. Vous avez remercié vos grands-parents ? (dire)
君たちはおじいさんとおばあさんにお礼を言った？

— Oui, nous *leur avons dit* merci.
はい，私たちは彼らにお礼を言った。

_{用意する}
1. Elles ont prévu quelque chose pour Florence ? (acheter)

— Oui, elles _____ un cadeau.

_{発送する 小包}
2. Vous avez expédié les colis aux clients ? (envoyer)

— Oui, nous _____ les colis, il y a deux heures.

_{情報}
3. Messieurs, ma secrétaire vous a donné les renseignements ? (indiquer)

— Oui, merci. Elle _____ la procédure à suivre.
_{とるべき手続き}

4. Mme Bonnot a fait quoi avec ses étudiants, cette année ? (enseigner)

— Elle _____ la philosophie de Confucius.
_{哲学 孔子}

_{議論する 同僚}
5. M. Durand, avez-vous discuté avec votre associé ? (parler)

— Non, je ne _____ pas encore _____ .

LEÇON 109 直説法複合過去形と直接目的語人称代名詞の位置

Nos maris nous ont appelées ? 主人たちから私たちに電話がありましたか？

直接目的語人称代名詞

主語人称代名詞	je	tu	il	elle	nous	vous	ils / elles
直接目的語人称代名詞	**me (m')** 私を	**te (t')** 君を	**le (l')** 彼を それを	**la (l')** 彼女を それを	**nous** 私たちを	**vous** あなた(たち)を	**les** 彼(女)らを

〈avoir ＋ 過去分詞〉の複合時制で，目的語人称代名詞は**助動詞の直前**におきます。この目的語人称代名詞が直接目的語のとき，過去分詞はその性・数に一致します。

J'ai rencontré *Lucie* à l'université.　　私は大学でリュシーに会った。
→ Je *l'*ai rencontré*e* à l'université.　　私は大学で彼女に会った

> 直接目的語 l'（＝Lucie）が過去分詞よりまえにあるので，過去分詞は直接目的語の性・数（この場合は女性・単数）に一致します。

注 過去分詞の性・数一致

Je *l'*ai rencontré. (*m.s.*)　私は彼に会った。　　Je *l'*ai rencontrée. (*f.s.*)　私は彼女に会った。
Je *les* ai rencontrés. (*m.pl.*)　私は彼らに会った。　　Je *les* ai rencontrées. (*f.pl.*)　私は彼女たちに会った。

Tu *m'*as attendu longtemps ?　　　　　　　　君はぼくを長く待った？
— Oui, Marc, je *t'*ai attendu une heure.　　　— うん，マルク，君を1時間も待った。
Je n'ai pas vu mon amie samedi dernier.　　　私はこの前の土曜日友人と会えなかった。
— Pourquoi ne *l'*as-tu pas vu*e* ?　　　　　　— なぜ，彼女と会えなかったの？
J'ai contacté les voisins hier soir.　　　　　　昨晩，私は隣人たちと連絡をとった。
— Comment *les* as-tu contacté*s* ?　　　　　— どのようにして彼らと連絡をとったの？
Nos maris *nous* ont appelé*es* ?　　　　　　主人たちから私たちに電話はあった？
— Non, ils ne *vous* ont pas appelé*es*.　　　— いいえ，あなたがたへ電話はなかった。
Alex a déjà bouclé sa valise ?　　　　　　　　アレックスはもう荷造りを終えたの？
— Oui, il *l'*a déjà bouclé*e*.　　　　　　　　— はい，彼はもうそれを終えた。

PRATIQUONS !　練習しましょう!

例にならって，文を書き，CD を聞きながら繰り返し発音してください。
Complétez suivant le modèle, puis écoutez le CD et répétez.

例 1. Est-ce que vous avez vu Sophie récemment ? (rencontrer －)
　　　君たちは最近ソフィーに会った？
　　　— Non, on *ne l'a pas rencontrée* depuis longtemps.
　　　いいえ，彼女にはずっと前から会っていない。

　2. Tu n'as plus de gâteaux, maman ? (manger ＋)
　　　もうケーキはないの，ママ？
　　　— Non, désolée. Nous *les avons mangés* à midi.
　　　ええ，あいにく。正午にそれらを食べてしまった。

1. Elle a acheté les chaussures à 120 euros ? (prendre －)

　— Non, finalement, elle ＿＿＿＿＿＿＿＿＿＿＿＿＿＿＿＿ .

2. Julien, tu ne nous dit plus bonjour ? (voir －)

　— Oh, les filles ! Désolé, je ＿＿＿＿＿＿＿＿＿＿＿＿＿＿＿＿ .

3. Est-ce qu'ils ont téléphoné à Pierre et à Justine ? (appeler ＋)

　— Oui, ils ＿＿＿＿＿＿＿＿＿＿＿＿＿＿＿＿ hier soir.

4. Tu as trouvé cette étagère(棚) dans quel magasin ? (faire ＋)

　— Je ＿＿＿＿＿＿＿＿＿＿＿＿＿＿＿＿ moi-même.

5. Quoi ! Vous avez commencé à manger sans nous ? (attendre －)

　— Désolés ! On ＿＿＿＿＿＿＿＿＿＿＿＿＿＿＿＿ . On doit sortir.

LEÇON 110 直説法複合過去形と代名詞（y, en）の位置

Oui, j'y ai fait très attention.　　はい，私はそれにとても注意をはらった。

複合時制で，代名詞 y, en は**助動詞の直前**におきます。

1. y

Vous êtes allée *à Toulouse* ?	あなたはトゥルーズへ行きましたか？
— Non, je n'*y* suis pas allée.	— いいえ，私はそこへ行かなかった。
Il a pensé *à fermer la porte à clé* ?	彼はドアに鍵をかけるのを忘れなかった？
— Oui, il *y* a pensé.	— はい，彼はそうすることを忘れなかった。
Tu as fait attention *aux œufs* ?	君は卵に注意をはらった？
— Oui, j'*y* ai fait très attention.	— はい，私はそれにとても注意をはらった。

注　前置詞 à をとる表現
　　penser à …について考える，réfléchir à …について熟考する，faire attention à …に注意する

2. en

Fabienne est revenue *de l'université* ?	ファビエンヌは大学から帰ったの？
— Oui, elle *en* est revenue.	— はい，彼女はそこから帰った。
Il a bu *du café* ?	彼はコーヒーを飲んだ？
— Non, il n'*en* a pas bu.	— いいえ，彼はそれを飲まなかった。
Tu as été satisfaite de ton voyage?	君は旅行に満足でしたか？
— Non, je n'*en* ai pas été satisfaite.	— いや，私はそれに満足しなかった。

注　1) 前置詞 de をとる表現
　　　être satisfait de …に満足する，se souvenir de …を覚えている，avoir le droit de …する権利がある

　　2) 〈前置詞 à, de ＋ 人〉の場合，〈前置詞 à, de ＋ 強勢形人称代名詞（moi, toi, lui, elle, nous, vous, eux, elles）〉に代わることがあります。

Karim a souvent pensé *à sa fiancée*.	カリムはよくフィアンセのことを考えた。
→ Il a souvent pensé *à elle*.	彼はよく彼女のことを考えた。
Ma sœur s'est bien souvenue *de cet acteur*.	私の姉［妹］はその男優のことを思いだした。
→ Elle s'est bien souvenue *de lui*.	彼女は彼のことを思いだした。

déjà「すでに，もう」と ne ... pas encore「まだ...ない」

Tu as *déjà* pensé à cette éventualité?	君はもうその可能性について考えた？
— Non, je n'*y* ai *pas encore* pensé.	— いいえ，私はまだそのことを考えていない。

PRATIQUONS !　　練習しましょう!

例にならって，文を書き，CD を聞きながら繰り返し発音してください。
Complétez suivant le modèle, puis écoutez le CD et répétez.

例 1. Tu as déjà voyagé en Chine.（−）
　　　　君はもう中国を旅行したの？

　　　— Non, je *n'y ai pas* encore *voyagé*.
　　　いいえ，私はまだそこを旅行していない。

2. Avez-vous eu le droit de refuser ?（＋）
　　　あなたは拒否する権利がありましたか？

　　　— Oui, j'*en ai eu* entièrement le droit.
　　　はい，全面的にその権利がありました。

　　　　　　　　　努める　　改善する
1. Est-ce que le directeur a travaillé à améliorer la situation ?（＋）

　　— Oui, il .... un peu.

2. Chloé n'a pas réfléchi suffisamment à son projet ?（−）

　　— C'est ça. Elle .... assez ....

3. Tu fais attention à la voiture de ton père, Matthieu ?（＋）

　　— Bien sûr ! J' .... toujours très attention.

4. Elles se sont souvenues de leur enfance ?（＋）

　　— Oui, elles .... bien ....

5. Messieurs ! Vous n'avez pas le droit de faire cela, voyons !（＋）

　　— Mais si ! Nous .... tout à fait le droit.

LEÇON 111 ジェロンディフ

Il travaille en sifflant. 彼は口笛を吹きながら働いている。

形：en＋現在分詞

en travaillant 働きながら，*en* buvant 飲みながら，*en* conduisant 運転しながら

注 現在分詞形：

［語幹］：直説法現在1人称複数（nous）の活用形から，語尾 -ons をとりさったもの
例外：avoir ＞ **ay-**、être ＞ **ét-**, savoir 知っている＞ **sach-**

［語尾］：**-ant**

avoir ＞ ay*ant*, être ＞ ét*ant,* savoir ＞ sach*ant*, travailler 働く（nous travaill*ons*）＞ travaill*ant*, venir 来る（nous ven*ons*）＞ ven*ant*, sortir 外出する（nous sort*ons*）＞ sort*ant*, prendre 取る（nous pren*ons*）＞ pren*ant*, écrire 書く（nous écriv*ons*）＞ écriv*ant*, conduire 運転する（nous conduis*ons*）＞ conduis*ant*, faire …する（nous fais*ons*）＞ fais*ant*

用法：副詞的（動詞を修飾する）に用いられて，同時性，手段・方法，原因・理由，対立・譲歩，条件などを表わします。

同　時　性：Je regarde la télé *en buvant* du thé.　　私は紅茶を飲みながら、テレビを見ている。
Il travaille *en sifflant*.　　彼は口笛を吹きながら働いている。

手段・方法：Il étudie l'espagnol *en regardant* des films.
彼は映画を見ることによってスペイン語を勉強している。

Il gagne de l'argent *en vendant* des livres.
彼は本を売ることによってお金を稼いでいる。

原因・理由：Elle s'est mise à pleurer *en apprenant* une mauvaise nouvelle.
彼女は悪い知らせを聞いて，泣きだした。

対立・譲歩：Nina a trop mangé tout *en étant* au régime.
ニーナはダイエット中であるにもかかわらず食べすぎた。

条　件：Tu peux gagner de l'argent *en travaillant*.
君は働けばお金を稼ぐことができる。

En lui *parlant* gentiment, elle va accepter.
丁寧に話せば，彼女は承諾してくれる。

注 1）代名動詞のジェロンディフ
Il s'est coupé *en se rasant*.　　彼はひげを剃っているときけがをした。
2）ジェロンディフの否定形
Elle maigrit en *ne* prenant *pas* de dessert.　　デザートをとらなければ，彼女はやせる。

PRATIQUONS !   練習しましょう!

例にならって，文を書き，CD を聞きながら繰り返し発音してください。
Complétez suivant le modèle, puis écoutez le CD et répétez.

例 1. Quand est-ce que tu écoutes la radio ? (cuisiner)
   君はいつラジオを聞くの？

   — J'écoute la radio *en cuisinant*.
   私は料理をしながらラジオを聞く。

2. Il a appris à nager comment ? (prendre)
   彼はどんな方法で泳ぎを習ったのですか？

   — *En prenant* des cours de natation.
   水泳のレッスンを受けることによってです。

1. Quand a-t-elle mal à la tête ? (utiliser)

   — Elle a mal à la tête .... l'ordinateur.

2. Comment avez-vous provoqué cet accident ? (rouler)
   （ひき起こす）

   — Je l'ai provoqué .... vite.

3. Comment est-ce que Françoise peut maigrir ? (faire)

   — Par exemple, ... du sport régulièrement.

4. Votre fils a obtenu la mention « Très Bien » au bac facilement ? (étudier)
   （評価）

   — Non, il l'a obtenue .... beaucoup.

5. Comment faites-vous pour vous lever si tôt ? (se coucher)

   — C'est simple : .... tôt, bien sûr !

LEÇON 112 直説法半過去形

La voiture roulait vite. 車はスピードをあげて走っていた。

形：［語幹］直説法現在1人称複数（nous）の活用形から，語尾 -ons をとりさったもの（＝現在分詞形の語幹）

　　　　例外：être ＞ **ét**-

travailler 働く（nous travaill*ons*）＞ travaill-, finir 終える（nous finiss*ons*）＞ finiss-, vendre 売る（nous vend*ons*）＞ vend-, prendre 取る（nous pren*ons*）＞ pren-, écrire 書く（nous écriv*ons*）＞ écriv-, faire …する（nous fais*ons*）＞ fais-, lire 読む（nous lis*ons*）＞ lis-

　　　［語尾］**-ais, -ais, -ait, -ions, -iez, -aient**

prendre とる．乗る（nous pren*ons*）			
je	pren*ais*	nous	pren*ions*
tu	pren*ais*	vous	pren*iez*
il [elle]	pren*ait*	ils [elles]	pren*aient*

être			
j'	ét*ais*	nous	ét*ions*
tu	ét*ais*	vous	ét*iez*
il [elle]	ét*ait*	ils [elles]	ét*aient*

注　不定詞の語尾が -ier で終わる動詞（étudier 勉強する，oublier 忘れる，crier 叫ぶ，prier 祈る，remercier 感謝する，apprécier 高く評価する，skier スキーをする）は，nous, vous の活用形で i が重なります。étudier (nous étudi*ons*) ＞ étudi- → nous étudiions, vous étudiiez

用法：過去における継続，状態，反復，習慣を表わします。行為の始まりと終わりが示されることはありません。

Il *pleuvait*.　　　　　　　　　　　雨が降っていた。
La voiture *roulait* vite.　　　　　　車はスピードをあげて走っていた。
Sébastien n'*était* pas là.　　　　　　セバスチアンはいなかった。
Nous n'*avions* jamais le temps.　　私たちにはけしてひまがなかった。
Ils *se couchaient* toujours tard.　　彼らはいつも遅く寝ていた。

注　要求の語調を緩和したり，丁寧さを表わすために使われることがあります。
　　Vous *désiriez* quelque chose, Robert ?
　　　あなたはなにかお望みですか，ロベール？
　　— Oui, Patron ; je *pensais* partir plus tôt du travail, aujourd'hui. C'est possible ?
　　　はい，店主。きょうはいつもより早く退社しようと思うのですが。できますか？

PRATIQUONS !   練習しましょう！

例にならって，文を書き，CD を聞きながら繰り返し発音してください。
Complétez suivant le modèle, puis écoutez le CD et répétez.

例 1. Comment était la météo pendant tes vacances ? (faire)
　　　休暇中，天候はどうだった？

　　— Il *faisait* extrêmement beau.
　　　きわめていい天気だった。

2. Tu vivais où quand tu étais jeune ? (habiter)
　　君は若いころどこで暮らしていたの？

　　— J'*habitais* en Afrique, au Sénégal.
　　　私はアフリカのセネガルに住んでいた。

1. Qu'est-ce que Marie faisait à ce moment-là ? (parler)

　　— Elle ……………………… avec Alexia, je crois.

2. Mamie, c'était quoi la profession de papi ? (être, avoir)

　　— Il ……………………… médecin. Il ……………………… une petite clinique.
　　　　　　　　　　　　　医師　　　　　　　　　　　　　　　　　　　　　　　診療所

3. Pourquoi Josiane n'est-elle pas venue ce matin ? (faire)

　　— Elle ……………………… du sport.

4. Vous alliez souvent chez Isabelle avant ? (aller)

　　— Oui. Nous ……………………… souvent chez elle.

5. Est-ce que Stéphane et Laurent étaient tristes ? (pleurer)

　　— Oui, ils ……………………… en arrivant ici.

LEÇON 113 直説法複合過去形と直説法半過去形

Le ciel était bleu. 空は青かった。

1. 直説法複合過去形

話している現在(視点)からみてすでに完了している行為を表現するために用いられます。

Hier, j'*ai parlé* avec Jean pendant une heure.	きのう，私はジャンと1時間話した。
Ce matin, le bus n'*est* pas *arrivé* à l'heure.	けさ，バスは定刻に来なかった。
Mes amis *sont partis* tard dans la soirée.	私の友人たちは夜遅く出発した。
La semaine dernière, il *s'est blessé* en tombant.	先週，彼は転んで負傷した。
Ils se sont reposés, il y a une heure.	彼らは1時間まえに休憩した。

2. 直説法半過去形

1) 過去のある時点(視点)からみて進行中の行為を表現するために用いられます。つまり，この視点から見たとき，行為は進行中であって完了していません。その意味で「過去からみた現在」とも呼ばれます。

J'*écoutais* de la musique. （あのとき）私は音楽を聞いていた。
Elle *habitait* à Aix-en-Provence. （当時）彼女はエクサンプロヴァンスに住んでいた。

2) 背景を描写したり，習慣を表現するために用いられます。

Le ciel *était* bleu et les touristes *se baignaient* dans la mer.
　空は青かった，観光客は海で泳いでいた。

Chaque année, nous *allions* skier dans les Pyrénées.
　毎年，私たちはピレネーへスキーをしに行ったものだった。

3) ある過去の行為が行われたときに，進行中であった行為を表わすために用いられます。

J'*écoutais* de la musique quand Pierre est arrivé.
　ピエールが着いたとき，私は音楽を聞いていた。

Quand elle a rencontré son mari, elle *habitait* à Toulouse.
　今の夫と出会ったとき，彼女はトゥールーズに住んでいた。

PRATIQUONS !　　練習しましょう!

例にならって，文を書き，CD を聞きながら繰り返し発音してください。
Complétez suivant le modèle, puis écoutez le CD et répétez.

例　1. Qu'est-ce que tu faisais quand tu étais jeune ? (écouter)
　　　君は若いころなにをしていたの？

　　　— J'*écoutais* beaucoup de musique pop.
　　　私はたくさんのポップスを聞いていた。

2. Est-ce que Bruno a joué du piano samedi dernier ? (chanter)
　　ブリュノはこの前の土曜日ピアノを弾いたの？

　　— Non, mais il *a chanté*.
　　いいえ，でも彼は歌った。

1. Lili a dîné au restaurant hier soir ? (manger)

　　— Non, elle .... chez elle.

2. Vous préfériez la montagne quand vous étiez jeunes ? (aller)

　　— Non, nous .... plutôt à la mer.

3. Est-ce qu'ils ont joué au foot récemment ? (se reposer)

　　— Récemment, non. Ils ....

4. Tu as fait quelque chose hier soir, Marianne ? (sortir)

　　— Oui, je .... avec Alexandre.

5. Quand j'ai téléphoné vers 9h00, vous dormiez ? (être)

　　— Non, je n' .... pas chez moi.

deux cent trente-trois　233

LEÇON 114
未来のことを表わす直説法現在形

Demain, je vais au cinéma.　あす私は映画を見に行く。

直説法現在形は，未来を示す時間表現とともに用いることによって，未来の行為を表わすことができます。

Demain, je *vais* au cinéma.　　　　　　あす私は映画を見に行く。
Ma sœur *revient* dans trois ans.　　　私の姉[妹]は3年後に帰ってきます。
La bibliothèque *ferme* dans un moment.　図書館はもうすぐ閉館します。

注 未来を示す時間表現

demain あす，après-demain あさって，dans trois jours 3日後，dans deux semaines 2週間後，dans un mois 1ヶ月後，dans quatre ans 4年後，la semaine prochaine 来週，le mois prochain 来月，l'année prochaine 来年，tout à l'heure まもなく，dans un moment もうすぐ，plus tard あとで，bientôt まもなく，après …のあとで

On *mange* bientôt ? J'ai faim !　　そろそろ食事にしましょうか？ お腹がへった！
— Oui, nous *dînons* dans un quart d'heure.
　そうですね，15分後に夕食にしましょう。
On part maintenant. Ça va ?　　　もう出発します。いいかい？
— OK. Je vous *rejoins* bientôt.　— OK。私はすぐにあなたたちと合流します。
Tu as mis la table, Albert ?　　　食卓の用意をしたの，アルベール？
— Non, chérie. Mais, je la *mets* tout de suite.　— いや，でもすぐに用意するよ。
Dépêchons-nous ! Léo *prend* l'avion dans quatre heures.
　急ぎましょう！ レオは4時間後に飛行機に乗る。

si + 直説法現在形，直説法現在形　もし，…なら，…である

Si on *travaille*, on *réussit* dans la vie.　仕事をすれば，人生において成功します。
Si tu *veux*, je te *donne* ce CD.　もしお望みなら，私は君にこのCDをあげるよ。
Si je ne *suis* pas là à 20h00, *dînez* sans moi.
　私が20時にまにあわなかったら，私ぬきで夕食を食べてください。

PRATIQUONS !　練習しましょう!

例にならって，文を書き，CDを聞きながら繰り返し発音してください。
Complétez suivant le modèle, puis écoutez le CD et répétez.

例 1. Tu as étudié ce matin ?
　　　　君はけさ勉強した？

　　— Non, mais j'*étudie* ce soir.
　　　いや，でも今晩は勉強する。

2. Vous avez rencontré Stéphane ces derniers temps ?
　　君たちは最近ステファヌに会った？

　— Non, mais nous le *rencontrons* bientôt.
　　いいえ，でも私たちはもうすぐ彼に会う。

1. Est-ce que les magasins sont déjà ouverts ?

　— Non, pas encore. Ils .... dans 30 minutes.

2. Vous n'êtes pas encore partis ?

　— Non. On .... demain.

3. La famille Barrel a déjà déménagé ?

　— Non. Elle .... en juin, je pense.

4. Vous avez changé de voiture ?

　— Pas encore, mais nous la .... bientôt.

5. Vos enfants ont déjà pris l'avion avant ?

　— Non. Ils le .... lundi pour la première fois.
　　　　　　　　　　　　　　　　初めて

LEÇON 115 直説法単純未来形

J'essaierai la nouvelle voiture demain. 私はあす新しい車に試乗します。

形：[語幹] 原則として，動詞の不定詞語尾が -er, -ir, -re で終わるものは，不定詞語尾から，-r (-re) をとりさったもの

chanter 歌う > chante-, réussir 成功する > réussi-, prendre 取る > prend-

[語尾] **-rai, -ras, -ra, -rons, -rez, -ront**

chanter 歌う		venir 来る	
je chante*rai*	nous chante*rons*	je viend*rai*	nous viend*rons*
tu chante*ras*	vous chante*rez*	tu viend*ras*	vous viend*rez*
il [elle] chante*ra*	ils [elles] chante*ront*	il [elle] viend*ra*	ils [elles] viend*ront*

注 語幹の例外

1) être > je *se*rai ; avoir > j'*au*rai ; aller 行く > j'*i*rai ; venir 来る > je *vien*drai ; vouloir … したい > je *vou*drai ; falloir …が必要である > il *fau*dra ; devoir …しなければならない > je *dev*rai ; faire …をする > je *fe*rai ; savoir 知る > je *sau*rai : envoyer 送る > j'*enver*rai

2) 語幹と語尾の接続部で，r が重なる活用形に注意しましょう。
pouvoir …できる > je *pour*rai ; voir 見える > je *ver*rai

3) -er 型規則動詞の変則形（acheter 型，appeler 型）は，直説法現在 1 人称単数（je）の活用形がそのまま語幹になります。
acheter 買う (j'achète) > j'*achète*rai ; appeler 呼ぶ (j'appelle) > j'*appelle*rai。

4) 不定詞語尾が -yer で終わるものは，語幹の語尾が -ie になる場合があります。
appuyer 支える > j'*appuie*rai ; essayer 試す > j'*essaie*rai

用法

1) 未来に起こるであろう事柄を表わします。

J'essaierai la nouvelle voiture demain. 　私はあす新しい車に試乗します。

2) （2人称で用いて）やわらかな命令を表わします。

Vous me *téléphonerez* ce soir. 　今晩私に電話してください。

> **si ＋直説法現在形，直説法単純未来形　もし，…なら，…だろう**

Si nous *avons* de l'argent, nous *partirons* en Grèce.
お金があれば，私たちはギリシアへ行くだろう。

S'il ne *fait* pas beau demain, on ne *sortira pas*.
もしあす晴れなければ，私たちは出かけないだろう。

PRATIQUONS !   練習しましょう!

例にならって，文を書き，CD を聞きながら繰り返し発音してください。
Complétez suivant le modèle, puis écoutez le CD et répétez.

例 1. Tu vas aller à la mer ce week-end ? (rester)
   君は今週末海へ行くの？
   — Non, je *resterai* chez moi.
   いや，私は家にいるでしょう。

2. Anna entre au lycée l'année prochaine, c'est bien ça ? (être)
   アンナは来年リセに入学する，そうですか？
   — Mais non ! Elle *sera* en première année de droit.
   とんでもない！ 彼女は法学部の1年生になるだろう。

1. Qu'est-ce tu fais ce week-end ? (aller)

   — Je ne sais pas. J' .... peut-être au cinéma.

2. Il va chanter demain ? (jouer)

   — Non, mais il .... du piano.

3. Elles vont à Nice en voiture ? (prendre)

   — Non, elles .... le TGV.

4. C'est facile, le baccalauréat ? (réussir)

   — Non, mais tu ....

5. On peut aller à la plage demain, maman ? (pouvoir, pleuvoir)

   — Non, vous ne .... pas. Il ....

LEÇON 116 直説法大過去形

Je l'avais déjà vu la semaine dernière. 　私は先週すでにそれを見ていた。

形：助動詞（avoir または être）の直説法半過去形＋過去分詞

助動詞 avoir の直説法半過去形＋過去分詞

j'	avais	mangé	（manger 食べる）	nous	avions	dit	（dire 言う）
tu	avais	fini	（finir 終える）	vous	aviez	lu	（lire 読む）
il [elle]	avait	pris	（prendre とる）	ils [elles]	avaient	vu	（voir 見る）

助動詞 être の直説法半過去形＋過去分詞

j'	étais	allé(*e*)	（aller 行く）	nous	étions	sorti(*e*)s	（sortir 出る）
tu	étais	venu(*e*)	（venir 来る）	vous	étiez	entré(*e*)(*s*)	（entrer 入る）
il	était	parti	（partir 出発する）	ils	étaient	rentré*s*	（rentrer 帰る）
elle	était	arrivé*e*	（arriver 到着する）	elles	étaient	né*es*	（naître 生まれる）

注 1）過去分詞形は Leçon 105，助動詞に être をとる動詞および過去分詞の性・数一致は Leçon 106 参照。

　　2）否定形：je n'avais pas mangé, nous n'étions pas sorti(*e*)s

代名動詞の直説法大過去形：再帰代名詞＋助動詞 être の直説法半過去形＋過去分詞

je	m'	étais	levé(*e*)	（se lever 起きる）
tu	t'	étais	couché(*e*)	（se coucher 寝る）
il	s'	était	rasé	（se raser ひげを剃る）
elle	s'	était	réveillé*e*	（se réveiller 目をさます）
nous	nous	étions	habillé(*e*)s	（s'habiller 服を着る）
vous	vous	étiez	endormi(*e*)(*s*)	（s'endormir 寝つく）
ils	s'	étaient	reposé*s*	（se reposer 休養する）
elles	s'	étaient	maquillé*es*	（se maquiller 化粧する）

注 否定形：je ne m'étais pas levé(*e*), nous ne nous étions pas habillé(*e*)s

用法：過去のある時点よりまえに完了している事柄を表わします。

Mon mari a vu ce film hier, mais je l'*avais* déjà *vu* la semaine dernière.
夫はきのうその映画を見た，しかし私は先週すでにそれを見ていた。

Ils *étaient arrivés* à la salle de concert quand l'orage a commencé.
雷雨になったときには，彼らはコンサート会場に着いていた。

Il n'*avait* pas encore *lu* ce livre quand on en parlait beaucoup.
たいへん話題になっていたとき，彼はまだその本を読んでいなかった。

Elle *s'était maquillée* et *s'était habillée* avant de sortir.
彼女は出かけるまえに，化粧をして服を着替えていた。

PRATIQUONS !   練習しましょう！

例にならって，文を書き，CDを聞きながら繰り返し発音してください。
Complétez suivant le modèle, puis écoutez le CD et répétez.

例 1. Tu as vu ce film à la télé hier soir ?
　　　　君は昨晩テレビでその映画を見たの？
　　　　— Oui. Et je l'*avais* déjà *vu* quand il est sorti en salle.
　　　　そう。映画館で封切られたときにはすでにそれを見ていた。

　　2. Jean est allé aux États-Unis l'année dernière ?
　　　　ジャンは去年アメリカへ行ったのですか？
　　　　— Oui, mais il y *était* déjà *allé*, il y a deux ans.
　　　　そうです，でも彼はすでに２年まえにもそこへ行ったことがあった。

　　　　　　　　　　　　　　　　終わり　　授業
1. Henri est parti dix minutes avant la fin du cours ?

　　— Oui. Et Alice .... déjà .... avant lui.

　　　　　　　　　　　　　　　　　　　　　引っ越す
2. Ils ont étudié l'anglais quand ils ont déménagé en Australie ?

　　— Non, ils l'................. déjà .... avant.

　　　　　　　　　　　　小テスト
3. Julia a eu deux contrôles jeudi ?

　　— Oui. Et elle en .... déjà .... trois mardi.

4. Chéri, je suis sortie avec Aline et Louise hier soir.

　　　　　　　　　　　　　　　　　　　　　　いっしょに　おととい
　　— Mais vous n'................. pas déjà .... ensemble avant-hier ?

5. Ah, non ! Vous avez presque mangé tous les chocolats.
　　　　　冗談でしょう
　　— Tu plaisantes ! Tu en .... déjà .... la moitié avant !

LEÇON 117 直説法前未来形

Ils seront sortis du bureau à 18h00. 彼らは18時には会社を出ているだろう。

形：助動詞（avoir または être）の直説法単純未来形＋過去分詞

助動詞 avoir の直説法単純未来形＋過去分詞

j'	aurai	oublié	（oublier 忘れる）	nous	aurons	grandi	（grandir 成長する）
tu	auras	terminé	（terminer 終える）	vous	aurez	fait	（faire …をする）
il [elle]	aura	fini	（finir 終える）	ils [elles]	auront	reçu	（recevoir 受けとる）

助動詞 être の直説法単純未来形＋過去分詞

je	serai	parti(*e*)	（partir 出発する）	nous	serons	rentré(*e*)s	（rentrer 帰る）
tu	seras	arrivé(*e*)	（arriver 到着する）	vous	serez	monté(*e*)(s)	（monter 上る）
il	sera	sorti	（sortir 出る）	ils	seront	né*s*	（naître 生まれる）
elle	sera	entré*e*	（entrer 入る）	elles	seront	mort*es*	（mourir 死ぬ）

注 1) 過去分詞形は Leçon 105，助動詞に être をとる動詞および過去分詞の性・数一致は Leçon 106 参照。

2) 否定形：je n'aurai pas oublié, nous ne serons pas rentré(*e*)s

代名動詞の直説法前未来形：再帰代名詞＋助動詞 être の直説法単純未来形＋過去分詞

je	me	serai	levé(*e*)	（se lever 起きる）
tu	te	seras	couché(*e*)	（se coucher 寝る）
il	se	sera	rasé	（se raser ひげを剃る）
elle	se	sera	réveillé*e*	（se réveiller 目をさます）
nous	nous	serons	habillé(*e*)s	（s'habiller 服を着る）
vous	vous	serez	endormi(*e*)(s)	（s'endormir 寝つく）
ils	se	seront	reposé*s*	（se reposer 休養する）
elles	se	seront	maquillé*es*	（se maquiller 化粧する）

注 否定形：je ne me serai pas levé(*e*), nous ne nous serons pas habillé(*e*)s

用法：未来のある時点よりまえに完了している事柄を表わします。

Nous *aurons déménagé* en octobre prochain.
　　私たちは来年の10月には引っ越しているでしょう。

Ils *seront* déjà *sortis* du bureau à 18h00.
　　彼らは18時にはもう会社を出ているだろう。

Il n'*aura* pas encore *fini* son travail avant le dîner.
　　彼は夕食まえにはまだ仕事を終えていないでしょう。

Je *me serai* déjà *préparée* quand il arrivera.
　　私は彼が着くころにはすでに身支度をすませているでしょう。

PRATIQUONS !　　練習しましょう!

例にならって，文を書き，CD を聞きながら繰り返し発音してください。
Complétez suivant le modèle, puis écoutez le CD et répétez.

例 1. Est-ce qu'on peut faire confiance à Nicolas ? (oublier)
ニコラを信用できますか？

— Je ne pense pas. Demain, il *aura oublié* ses promesses.
そうは思えない。あすには約束を忘れているでしょう。

2. Vous allez aller chercher vos enfants à l'école ? (sortir)
あなたは学校へ子どもたちを迎えに行くのですか？

— Mais non ! Ils *seront* déjà *sortis* quand j'arriverai.
とんでもない！　彼らは，私が着くころにはもう出ているでしょう。

1. C'est pour bientôt les résultats du bac (結果) ? (réussir)

— Oui. J'espère (期待する) qu'Alex et Hugo l' ....

2. Vous venez manger maintenant, les enfants ? (finir)

— Non, après. Quand nous .... nos devoirs (宿題).

3. Antoine, tu vas aller voir tes copains quand ? (aller)

— J'irai les voir quand je .... chez ma mère.

4. J'ai faim, maman. On mange ? (rentrer)

— Non, on mangera quand papa et Lise ....

5. Tu seras encore chez toi vers 11h00, Martine ? (partir)

— Oui. Je ne .... pas encore .... à 11h00.

LEÇON 118 さまざまな仮定表現

Allons-y, si vous êtes prêts ! もし準備ができたのなら、そこへ行きましょう！

条件節〈si …もし…なら〉は，さまざまな叙法・時制の帰結節と組み合わせることができます。

1. Si＋直説法現在形，直説法現在形「もし…なら，…です」

Si tu *veux*, tu *peux* venir avec moi.
　もしそうしたいのなら，私といっしょに来てもいいよ。

S'il n'*a* pas d'argent, il ne *peut* rien faire.
　もしお金がなければ，彼にはなにもできない。

2. Si＋直説法現在形，直説法単純未来形「もし…なら，…でしょう」

Si elle *déménage* à Kyoto, on *ira* la voir.
　もし彼女が京都へ引っ越すのなら，私たちは彼女に会いに行くでしょう。

S'ils ne *trouvent* pas de solution, il y *aura* une crise.
　もし彼らが解決策を見いだせないなら，危機的状況になるでしょう。

3. Si＋直説法現在形，命令形「もし…なら，…しなさい」

Si tu *as* faim, *mange* quelque chose !
　もしお腹がすいているのなら，なにか食べなさい！

Si vous *aimez* ce chanteur, *écoutez*-le.
　もしその歌手が好きなら，彼の歌を聞いてください。

注 1) si は il と ils とのまえでだけエリズィオンします。
　　　si + il → s'il, si + ils → s'ils
　2) 帰結節が直説法現在形や直説法単純未来形の場合，実現の公算が高い事柄を表現します。
　　Si vous *travaillez* bien, vous *pouvez* réussir à votre examen.
　　　もし一生懸命勉強すれば，あなたは試験に合格できます。（合格の可能性が高い）
　　Si vous *travaillez* bien, vous *réussirez* à votre examen.
　　　もし一生懸命勉強すれば，あなたは試験に合格するでしょう。（合格の可能性が高い）
　3) 条件節はかならずしも帰結節のまえにおく必要はありません。
　　L'avion ne décollera pas, *s'il y a du brouillard*.
　　　もし霧がかかったら，飛行機は離陸しないでしょう。
　　Allons-y, *si vous êtes prêts* !
　　　もし準備ができたのなら，そこへ行きましょう！

PRATIQUONS !　　練習しましょう!

例にならって，文を書き，CD を聞きながら繰り返し発音してください。
Complétez suivant le modèle, puis écoutez le CD et répétez.

例 1. Il y a peut-être une grève des trains demain.（pouvoir の直説法単純未来形）
あすはおそらく鉄道のストだよ！

— S'il y a une grève des trains, nous ne *pourrons* pas aller en cours.
鉄道のストがあれば，私たちは授業へ行けないだろう。

2. Paul va demander Claire en mariage.（accepter の直説法現在形）
　　　　　　　　　　求婚する　　受諾する
ポールはまもなくクレールに求婚する。

— S'il la demande en mariage, elle accepte, c'est sûr !
もし彼が彼女に求婚すれば，彼女は受諾する，きっと！

3. Zut ! Je n'ai plus d'argent.（aller の命令形）
ちぇっ，お金がもうない。

— Si tu n'as plus d'argent, *va* à la banque.
もうお金がなければ，銀行へ行きなさい。

1. Papa, je veux voyager cet été.（travailler と économiser の命令形）
　　　　　　　　　　　　　　　　　　　節約する

— Alors, _____ et _____ un peu.

2. Nous n'étudions pas beaucoup en ce moment.（échouer の直説法単純未来形）

— Si vous n'étudiez pas, vous _____ à l'examen.

3. S'il fait beau demain, on peut aller à la mer, non ?（regarder の直説法現在形）

— Oui. Et s'il pleut, on _____ un DVD. D'accord ?

4. Lucie et Adrien mangent trop de gâteaux.（être の直説法単純未来形）

— S'ils en mangent trop, ils _____ malades.
　　　　　　　　　　　　　　　　　　　　　　病気の

LEÇON 119 条件法現在形

Je voudrais un café, s'il vous plaît. コーヒーが欲しいのですが。

形：[語幹] 直説法単純未来形の語幹（原則として不定詞の語尾から -r, -re をとりさったもの）

[語尾] **-rais, -rais, -rait, -rions, -riez, -raient**（= r ＋直説法半過去形の語尾）

parler 話す			
je	parler*ais*	nous	parler*ions*
tu	parler*ais*	vous	parler*iez*
il [elle]	parler*ait*	ils [elles]	parler*aient*

faire …する			
je	fe*rais*	nous	fe*rions*
tu	fe*rais*	vous	fe*riez*
il [elle]	fe*rait*	ils [elles]	fe*raient*

注 直説法単純未来形の語幹の例外（詳しくは Leçon 115参照）

être ＞ se-, avoir ＞ au-, aller 行く ＞ i-, venir 来る ＞ viend-, voir 見える ＞ ver-, vouloir …したい ＞ voud-, pouvoir…できる ＞ pour-, falloir …すべきである ＞ faud-, devoir …しなければならない ＞ dev-, faire …する ＞ fe-, savoir 知る ＞ sau-

用法

1）要求や提案を丁寧な語調で伝えたいときに用いられます。

　Je *voudrais* un café, s'il vous plaît.
　　コーヒーが欲しいのですが。

　Pourrions-nous vous rencontrer demain ?
　　あすあなたにお会いできますでしょうか？

　J'*aimerais* vous voir vers 11h00.
　　11時ごろあなたにお会いしたいのですが。

2）アドバイスや忠告をやわらかい語調で伝えたいときに用いられます。

　Si vous lui disiez cela, il *se fâcherait*.
　　もしあなたが彼にそんなことを言ったら，彼は怒るでしょう。

　Je ne lui *parlerais* pas de ça, si j'étais vous.
　　もし私があなたなら，彼（女）にそのことは話さないでしょう。

3）仮定表現〈Si＋直説法半過去形，条件法現在形　もし…なら，…なのだが〉の帰結節に用いられて，実現の公算の低い事柄を表わします。

　Si on m'offrait un voyage, je *ferais* le tour du monde.
　　もし旅行をプレゼントしてもらえたら，私は世界一周するのだが。

　Si je gagnais au loto, j'*arrêterais* de travailler.
　　もしロトでもうけたら，私は仕事をやめるのだが。

PRATIQUONS !   練習しましょう!

例にならって，文を書き，CD を聞きながら繰り返し発音してください。
Complétez suivant le modèle, puis écoutez le CD et répétez.

例 1. Que voulez-vous boire : du vin, de l'eau ? (vouloir)
    なにを飲みたいですか，ワイン？ 水？

    — Nous *voudrions* de l'eau minérale, s'il vous plaît.
    私たちはミネラルウォーターが欲しいのですが。

2. Tu vas voyager cet été ?
    君は今年の夏旅行する？

    — Non, mais si j'avais de l'argent, je *voyagerais*. C'est sûr !
    いや，でもお金があれば，旅行するんだけどね。きっと！

1. Vous désirez encore quelque chose, Monsieur ? (pouvoir)

    — Oui. ……………………-vous m'apporter la carte des vins ?

2. C'est l'anniversaire de ma copine. Je lui offre quoi ?

    — Si j'étais toi, je lui …………………… un bijou.
    （宝石）

3. Ma voiture est toujours en panne. Que me conseillez-vous ? (acheter)
    （故障している）（助言する）

    — Nous, nous en …………………… une neuve.
    （新車）

4. Elles viennent à Rome avec nous ce week-end ?

    — Non. Mais si elles avaient le temps, elles …………………… .

5. Ces chaussures vous plaisent, Madame ? (aimer)
    （靴）

    — Oui, beaucoup. J' …………………… les essayer.
    （試着する）

deux cent quarante-cinq 245

LEÇON 120 接続法現在形

J'aimerais que tu viennes avec moi. できれば君もいっしょに来てほしいのだが。

形：［語幹］：je, tu, il, ils の語幹（☐）は直説法現在形 3 人称複数（ils）の活用語幹
　　　　：nous, vous の語幹（☐）は直説法現在形 1 人称複数（nous）の活用語幹

　　　［語尾］ **-e, -es, -e, -ions, -iez, -ent**

1) ☐ = ☐ （全人称で語幹がかわらない動詞）

parler 話す（ils parlent, nous parlons）		
je　parle	nous	parlions
tu　parles	vous	parliez
il [elle]　parle	ils [elles]	parlent

同型：-er 型規則動詞，-ir 型規則動詞，mettre 置く，conduire 運転する，dire 言う，écrire 書く，lire 読む，attendre 待つ，connaître 知る

注 全人称でかわらない特殊語幹をもつ動詞
　　faire …する ＞ fass-, pouvoir …できる ＞ puiss-, savoir 知る ＞ sach-

2) ☐ ≠ ☐ （nous, vous で語幹がかわる動詞）

venir 来る（ils viennent, nous venons）		
je　vienne	nous	venions
tu　viennes	vous	veniez
il [elle]　vienne	ils [elles]	viennent

同型：-er 型規則動詞の変則形（acheter, appeler），prendre 取る，boire 飲む，croire 信じる，devoir …しなければならない，voir 見える，recevoir 受けとる

注 ☐ だけで特殊語幹をもつ動詞（☐ は nous の活用語幹を使います）
　　aller 行く ＞ ☐ ; aill-, ☐ ; nous allons,
　　vouloir …したい ＞ ☐ ; veuill-, ☐ ; nous voulons

3) avoir と être は語幹も語尾も特殊な形をとります。

　avoir : j'aie, tu aies, il [elle] ait, nous ayons, vous ayez, ils [elles] aient
　être　: je sois, tu sois, il [elle] soit, nous soyons, vous soyez, ils [elles] soient

用法：一般に従属節（que ...）で，実現の可能性が不確かな事柄を表現するために用います。

　J'aimerais que tu *viennes* avec moi. できれば君もいっしょに来てほしいのだが。
　Je doute que vous *compreniez* l'italien. 君がイタリア語を理解しているかどうか疑問だ。

注 主節の動詞（句）が願望，疑い，命令，感情を表わすとき，従属節の動詞は接続法になります。

　aimer que …であってほしい，vouloir que …を望む，douter que …を疑わしく思う，
　Il faut que …しなければならない，avoir peur que (ne) …ではないかと心配する

PRATIQUONS !　　練習しましょう!

例にならって，文を書き，CD を聞きながら繰り返し発音してください。
Complétez suivant le modèle, puis écoutez le CD et répétez.

例 1. Cette personne boit de l'eau non potable à la fontaine.
あの人は泉で飲用に適していない水を飲んでるよ。
— Il ne faut pas qu'elle en *boive* !（Il ne faut pas que＋接続法…すべきではない）
飲んではいけないね！

2. Je suis content d'aller en France cet été.
私は今年の夏フランスへ行けることがうれしい。
— Moi aussi, je suis contente que tu y *ailles*.（être content que＋接続法…がうれしい）
私も君がそこへ行けることがうれしい。

1. Je ne comprends rien à cette leçon de maths.
理解する　　　　　　　　　　　　　数学
— Pourtant, il faut bien que tu la ＿＿＿＿＿＿＿＿ .
（Il faut que＋接続法…すべきである）

2. Nous achetons des gâteaux pour mamie ?
ケーキ
— Non, il vaut mieux que nous ＿＿＿＿＿＿＿＿ des chocolats.
（Il vaut mieux que＋接続法…するほうがいい）

3. Louise vient te voir souvent ?
— Non, mais j'aimerais bien qu'elle ＿＿＿＿＿＿＿＿ plus souvent.
（aimer que＋接続法…を望む）

4. Nous devons être sages en classe ?
聞きわけがいい
— Oui. Votre professeur souhaite que vous ＿＿＿＿＿＿＿＿ sages.
（souhaiter que＋接続法…を望む）

5. Quand devons-nous choisir notre destination de voyage ?
目的地
— Il est préférable que vous la ＿＿＿＿＿＿＿＿ au plus tôt.
（Il est préférable que＋接続法…するほうが好ましい）

著者略歴

富田　正二（とみた　しょうじ）
獨協大学外国語学部講師
著書：「完全予想仏検3級」（駿河台出版社），「アルチュール・ランボー伝」（共訳，水声社）など．

セルジュ・ジュンタ（Serge GIUNTA）
愛知大学文学部教授
著書：「Clef」（駿河台出版社），「C'est la vie !」（早美出版社），「Nouveau-Expression」（第三書房）など．

ミシェル・サガズ（Michel SAGAZ）
熊本大学文学部准教授
著書：「Civi-Langue」（駿河台出版社），「A la page」（朝日出版社），「Début !」（朝日出版社）など．

聞けちゃう，書けちゃう，フランス語ドリル
（MP3 CD-ROM付）

富田　正二
セルジュ・ジュンタ　著
ミシェル・サガズ

2013．4．1　初版発行
2014．7．1　2刷発行

発行者　井田洋二

〒101-0062　東京都千代田区神田駿河台3の7
発行所　電話 03(3291)1676 FAX 03(3291)1675　株式会社　駿河台出版社
振替 00190-3-56669

製版／印刷　㈱フォレスト
ISBN978-4-411-00527-4 C0085
http://www.e-surugadai.com